全国普通高等院校食品专业系列规划教材

食品进出口标准与法规

主 编 金缀桥
副主编 汪遵瑛

SHIPIN JINCHUKOU BIAOZHUN YU FAGUI

湘潭大学出版社
XIANGTAN UNIVERSITY PRESS

图书在版编目（CIP）数据

食品进出口标准与法规 / 金缀桥主编. -- 湘潭 : 湘潭大学出版社，2023.7
ISBN 978-7-5687-1252-1

Ⅰ. ①食… Ⅱ. ①金… Ⅲ. ①进出口贸易—食品卫生法—研究—中国 Ⅳ. ①D922.16

中国国家版本馆 CIP 数据核字（2023）第 180784 号

食品进出口标准与法规

SHIPIN JINCHUKOU BIAOZHUN YU FAGUI

金缀桥 主编

责任编辑： 丁立松　李玉洁
封面设计： 李跃平
出版发行： 湘潭大学出版社
社　　址： 湖南省湘潭大学工程训练大楼
电　　话： 0731-58298960 0731-58298966（传真）
邮　　编： 411105
网　　址： http://press.xtu.edu.cn/
印　　刷： 长沙印通印刷有限公司
经　　销： 湖南省新华书店
开　　本： 787 mm×1092 mm 1/16
印　　张： 13
字　　数： 301 千字
版　　次： 2023 年 7 月第 1 版
印　　次： 2023 年 7 月第 1 次印刷
书　　号： ISBN 978-7-5687-1252-1
定　　价： 48.00 元

前言

为了理解我国及其他主要国家或地区进出口食品安全监管及最新法规要求，提升我国进出口食品安全水平和应对进出口食品安全突发事件的综合能力，本教材从我国食品进出口贸易的现状分析入手，围绕我国食品进出口主要市场有关食品方面的标准，从多角度深入阐述与食品进出口有关的法律法规，为从业者提供相关食品生产知识与法律服务知识。

《食品进出口标准与法规》作为高等院校学生的专业课程教材，能够针对食品进出口方向学生的培养要求与学习特点，按照理论与实践相结合的指导方针，以专业理论为引导，以实践流程为支撑，以企业案例为依托，融合教学、实践、实务，具有理论扎实、实务突出、实践丰富的特点。具体特色如下：

1. 注重基础法律与法规的导入。本书从相关代表国家地区有关食品安全的主要法律法规入手，帮助读者较清晰地掌握有关食品立法的特点。

2. 体裁新颖。本书共有六章，每章均包含五大模块：

（1）学习目标。对每章的学习要求进行凝练，从而有利于读者对章节的重点内容得到充分认识。

（2）基本概念。提炼出每章的基本概念，让读者对重要概念一目了然。

（3）实践指导。通过提出实践要求，布置实践任务让学生们将课堂内容与实践操作有机结合，相辅相成。

（4）拓展阅读。通过介绍有关“食品进出口标准与法规”的最新动态及发展趋势，为读者拓宽思路，了解和掌握不同出口目的地国家有关食品进出口的法律法规的最新要求和变化趋势。

（5）练习与思考。基于“教学”一体的理念，每章都附有练习题，通过“动手做”，使读者将“巩固知识”和“运用知识”两环节交叉学习、融会贯通。

3. 要求明确。通过对该门课程的学习，要求学生了解并掌握有关我国食品进出口的基本原则和相关法律法规，并结合具体的案例有针对性地运用这些原则和法规去分析问题、解决问题，做到理论与实践相结合，理论指导实践，实践检验理论。这样，对未来有志于从事与食品进出口相关工作的学生提供理论指导和实践依据。

本书主要包括六章内容。第一章主要介绍了中国食品安全标准与法规；第二章介绍国际组织有关食品进出口的标准与法规；第三章主要分析了中国和美国食品进出口标准与法规的对比；第四章主要介绍了中国和欧盟食品进出口标准与法规的对比；第五章对比了中国和日本食品进出口标准与法规；第六章对比了中国和韩国食品进出口标准与法规。

本教材由金缀桥担任主编，由汪遵瑛担任副主编。

本教材在编写过程中参阅了大量的文献资料，在此不能一一列举，在此谨向这些文献的作者表示深深的敬意和由衷的感谢！

影响食品进出口的因素很多，其中相关法规和标准在其中处于基础及核心地位。在推动我国食品出口高质量发展，通过进口高质量的食品来满足人民美好生活需要的过程中，“食品进出口标准与法规”作为国际经济与贸易食品进出口方向的一门专业课，必将发挥日益重要的作用。尽管作者在教材编写过程中尽力做到资料来源可靠、以实践为导向，但由于理论水平与实践经验有限，本教材的缺憾在所难免，恳请广大读者对本教材提出宝贵的意见和建议，使之更臻完善。

目录

第一章 中国食品安全标准与法规

第二章 国际组织有关食品进出口的标准与法规

第三章 中国和美国食品进出口标准与法规的对比

第四章 中国和欧盟食品进出口标准与法规的对比

第五章 中国和日本食品进出口标准与法规的对比

第六章 中国和韩国食品进出口标准与法规的对比

第一章

中国食品安全标准与法规

学习目标

学完本章，你应该能够：

一、了解中国主要食品安全法律法规；

二、认识中国食品安全法律法规体系；

三、熟悉中国食品安全基本监管制度；

四、掌握中国食品安全标准体系。

基本概念

食品安全；中国食品安全法律法规体系；中国食品安全基本监管制度；中国食品安全标准体系

第一节　中国食品安全法律法规体系

一、中国食品安全立法现状

《中华人民共和国食品安全法》是中国食品安全立法的核心。《中华人民共和国农产品质量安全法》《中华人民共和国食品安全法实施条例》等其他一系列法律、行政法规、部门规章以及司法解释，构成了中国食品安全法律体系的配套支持和辅助措施，这些法律、行政法规分别对食品质量标准、食品质量检测以及食品认证等方面作出了一系列细致的规定，形成了以《中华人民共和国食品安全法》为中心，行政法规、部门规章和司法解释为依托的较为完善的食品安全法律体系。

二、中国食品安全法律法规的起源与发展

（一）中华人民共和国成立初期

在中华人民共和国成立初期，由于解决温饱问题是当时食品安全最大的目标，所以食品安全的概念主要局限于数量安全方面。到了二十世纪五六十年代，食品质量安全问题逐渐成为食品卫生问题。1965 年，当时的卫生部、商业部、第一轻工业部、中央工商行政管理局和全国供销合作总社联合制定实施的《食品卫生管理试行条例》，成为中华人民共和国成立以来，第一部中央层面上综合性的食品卫生管理法规，它在内容上体现出计划经济时代我国政府食品安全管控的体制特征。

在 1966 至 1976 年近 10 年时间中，中国食品安全体系和食品卫生监督体系的建设、食品卫生立法的改进几乎没有进展，停滞不前。

（二）《中华人民共和国食品卫生法》的制定和实施

党的十一届三中全会后，由于餐饮业以及食品加工业吸纳了大批个体经济、民营经济体进入，食品生产经营日益向复杂化与多样化发展，食品受到污染的风险也相继加大，食物中毒事故频发，并且呈上升态势，使得人民群众的健康和生命安全受到威胁。在市场化的不断推进下，市场繁荣的背后也暴露出了一些新的食品问题，如：食物急性中毒事件不断发生，经食品传染的消化道疾病发病情况增多；某些地区的农药、工业三废、霉变食品中毒素等有害物质污染食品的情况较为严重；某些食品企业存在生产不符合标准的食品的现象；某些食品卫生严重违规事件不能得到应有的法律制裁；等等。全社会对食品卫生环境的安全需求日益迫切，对完善食品卫生法律体系建设提出了新要求。

基于上述理由，国务院开始起草中华人民共和国食品卫生相关法律，在广泛征求意见的基础上，全国人大常委会于 1982 年 11 月 19 日通过了《中华人民共和国食品卫生法（试行）》，并于 1983 年 7 月 1 日起开始施行。该法在内容上相对于之前的食品安全管理和控制体制而言，取得了一定的进步和突破。这部试行法的基本内容包括提出食品卫生要求、食品添加剂生产经营实施国家管制、实行卫生标准制度等七个方面。而在监管体系上，该法初步建立了以食品卫生监督机构为核心的分段监管体系，包括工商行政管理部门、农牧渔业主管等部门，为今后的食品卫生安全监管格局奠定了基础。

这部试行法自试行之日起，一直使用至 1995 年 10 月第八届全国人大常委会第十六次会议。为了适应新的形势，在当时国务院法制局、卫生部的推动下，《中华人民共和国食品卫生法（试行）》开始进行修改，通过修改的《中华人民共和国食品卫生法》正式成为适应新形势变化的法律。该法从试行到成为正式的法律，历时 12 年多。这期间，国家

在 1992 年提出建立社会主义市场经济体制目标后，食品工业也实现了迅猛发展。食品工业企业单位数由五万一千多个增加至七万五千多个，从业职工人数由二千多万人增加到四千八百多万人，新型食品、保健食品、开发利用新资源生产的食品也大量涌现。可以说，《中华人民共和国食品卫生法》的制定和执行，对改革开放后食品行业在快速发展过程中产生的新情况、新问题的解决起到了很大作用，对当时食品卫生监督产生了积极效果。全国食品中毒事故发生数、中毒人数、死亡人数显著减少。部分地方的人大常委会和政府对该法律进行了执行性立法，充实和丰富了食品卫生的法规体系。

（三）食品安全分段监管法律体系的确立

在《中华人民共和国食品卫生法》实施下，卫生部门主导食品安全监管的具体落地。1998 年，国务院对与食品安全相关的国家质量技术监督局、卫生局、粮食局、工商总局和监管部门等职能部门进行了改革和调整。在 2003 年国务院机构改革中，为了在多个监管层之间进行协调，国务院又进一步决定将原有的国家药品监督管理局调整为国家食品药品监督管理局，并将食品安全的综合监督、组织协调和依法组织查处重大事故的职能赋予该机构。

国务院在 2004 年 9 月颁布的《国务院关于进一步加强食品安全工作的决定》（国发〔2004〕23 号）中，首次明确提出在现行食品安全监管体系中，“按照一个监管环节由一个部门监管的原则，采取分段监管为主、品种监管为辅的方式，进一步理顺食品安全监管职能”，对农业、质检、卫生、工商、食品药品、发展改革和商务等部门的职责进行了划分。随着食品行业的发展，《中华人民共和国食品卫生法》中一些有待完善和补充的地方也逐步显现，《中华人民共和国农产品质量安全法》（2006 年）等法律作为补充性立法应运而生。

（四）《中华人民共和国食品安全法》实施以后至今

中国加入世界贸易组织（WTO）之后，为了使自身食品监管在法律层面与世界接轨，进一步融入世界贸易体系，立法思路发生了转变，从基于卫生、质量等单一要素的立法思路转变为结合卫生、质量和安全等要素的立法思路。

传统的食品卫生观念仅限于餐饮消费环节，无法适应食品行业外延的变化，远不能满足广大社会群众对食品安全质量的要求。快速发展的食品行业已经向全产业链体系外延扩展，包括农业、农产品加工业、食品工业、食品经营业、餐饮业、食用农产品种植和饲养业、食品物流业等等。相对于食品卫生来说，食品安全这一理念也被人们越发关注。世界卫生组织所发布的《加强国家级食品安全性计划指南》将食品安全解读为“对于食品按照原有使用方式制作、食用时不会使消费者健康收到损害的一种保证”，同时将食品卫生界定为“为确保食品安全性和适合性在食物链的所有阶段必须采取的一切条件和措施”，趋于完善的《中华人民共和国食品卫生法》更加符合社会和公众对于食品安全消费的标准和需求，强调食品种植养殖、加工生产、销售流通和餐饮消费四大环节综合安全的食品安全概念。

《中华人民共和国食品安全法》于2009年6月1日起取代了《中华人民共和国食品卫生法》,作为食品安全领域的基本法开始施行。相对于《中华人民共和国食品卫生法》而言，《中华人民共和国食品安全法》总体思路有很多创新性的举措，比如建立以食品安全风险评估为基础的科学管理制度；坚持预防为主；强化生产经营者作为食品安全保障第一责任人的责任；建立以责任制为基础，分工明确，职责明确，权限高效，决策落实适当分离，食品安全监管相互协调的制度体系；建立消费维权畅通便民渠道。总之,《中华人民共和国食品安全法》的宗旨就是要对"从农田到餐桌"全过程中的食品安全相关问题进行全面监管。因此，要运用好食品质量安全标准，统筹食品相关标准，避免食品卫生、食品质量等标准与食品营养等标准交叉重复。

2009年出台的《中华人民共和国食品安全法》对于规范食品生产经营活动和确保食品安全起到了非常重要的作用，使食品安全总体水平得到了提高，国内食品安全保障总体平稳向好。同时，中国食品企业违规生产经营现象依然存在，食品安全事件时有发生，监管体系和治理手段等还不能完全适应食品安全需求，食品安全形势依旧严峻。为进一步加大食品安全监管力度，同时也要配合国务院新一轮机构改革，2013年10月10日，经过各界专家工作组讨论起草，原国家食品药品监督管理总局向国务院提交了《中华人民共和国食品安全法（修订草案送审稿）》，并对《中华人民共和国食品安全法》进行了修订。2015年4月24日，第十二届全国人民代表大会常务委员会第十四次会议通过了《中华人民共和国食品安全法》修订稿。新版《中华人民共和国食品安全法》共十章一百五十四条，于2015年10月1日正式实施，被称为"史上最严"的《中华人民共和国食品安全法》。此次修改被定义为"中修"，经过此次修改后，新的《中华人民共和国食品安全法》成为中国有史以来监管力度最严、监管思路最先进、监管体系最合理的食品安全法。

2018年12月29日第十三届全国人民代表大会常务委员会第七次会议《全国人民代表大会常务委员会关于修改〈中华人民共和国产品质量法〉等五部法律的决定》和2021年4月29日第十三届全国人民代表大会常务委员会第二十八次会议《全国人民代表大会常务委员会关于修改〈中华人民共和国道路交通安全法〉等八部法律的决定》对《中华人民共和国食品安全法》进行了修正。作为一部保障食品质量和人民群众饮食安全的法律，新法必然会对食品监督、食品行业发展和消费者饮食安全带来直接影响。

（五）现行食品安全法律法规体系的主要特点

中国目前已初步形成了以《中华人民共和国食品安全法》为核心的综合性食品安全法律法规体系，以其他专门的法律为依托，并且与产品质量、检验检疫、环保等法律相衔接。目前，这一体系具有以下三个方面的特点：

首先，中国食品安全法律法规体系的法律渊源和效力层次具有多样性和丰富性的特点。中国食品安全法律法规体系涵盖了《中华人民共和国立法法》中规定的法律、法规、规章、其他规范性文件四个层次的立法形式。

其次，中国食品安全法律法规体系结构合理、主次分明。目前中国食品安全法律法规体系以《中华人民共和国食品安全法》为核心，日趋充实和完善，基本保证了食品安全各领域有法可依。

最后，中国食品安全法律法规体系涉及多方面的法律，其中主要是行政法和经济法，此外还有一些民法和刑法的内容。在中国法律体系中，《中华人民共和国食品安全法》和《中华人民共和国农产品质量安全法》是食品安全领域的两部重要法律。两部法律均体现了行政法的主要特征，通过确立行政许可、行政处罚等监管措施，以及政府部门的监管职责和权限，构建了食品安全领域的行政监管体系。虽然这两部法律也涉及市场准入、产业标准等经济法内容，但这些规范主要服务于行政监管目的，其本质仍属于行政法范畴，分别针对食品生产经营和农产品质量安全实施监督管理。行政法领域的内容在这一体系中占据最为主要的地位，其在有国家强制力保障实施的法律中明确政府食品安全监管部门的职责，并以此来保障食品安全。中国食品安全法律法规体系包括对行政管理事项调整的行政组织法，以及监督法等内容，比较完整地覆盖了行政法的基本内容。

由于食品生产经营者在食品安全方面发挥着重要作用，经济法方面的相关内容也在制度上具有重要地位，比如《中华人民共和国食品安全法》明确规定了食品生产经营者是食品安全第一责任人。

另外，《中华人民共和国食品安全法》包含备受关注的“十倍赔偿”条款，属于民法的范畴；同时对于违反食品安全法律并构成犯罪的，则适用刑法的规定。

小案例

以“四个最严”持续提升食品安全治理水平

——我国食品安全监管事业发展综述

“锄禾日当午，汗滴禾下土”“春种一粒粟，秋收万颗子”“夜来南风起，小麦覆陇黄”……从一首首动人的古诗词中，能够品味到国人对“食”这一民生大事始终怀有最深切的关注与敬意。改革开放以来，经济社会发展日新月异，百姓餐桌日渐丰盛，饮食观念也与时俱进。从追求温饱到确保“舌尖上的安全”，映射出我国食品安全监管事业的发展变迁。

党的十八大以来，习近平总书记和党中央、国务院高度重视食品安全问题，总书记对食品安全监管提出了“四个最严”要求，党中央、国务院接连出台食品安全治理新政，持续加大监管力度，不断完善法律法规，扎实推进社会共治，切实营造良好食品安全生态环境，推动食品安全形势总体稳定向好，百姓“舌尖上的安全”得到有力保障。

高度重视

民以食为天，食以安为先。党中央高度重视食品安全工作，把食品安全放到民生问题和政治问题高度，不断提出食品安全工作新要求。党的十九大报告明确提出，实施食品安全战略，让人民吃得放心。

习近平总书记多次对食品安全工作作出重要指示、批示，提出了一系列新理念、新思想、新论断，确立了食品安全工作的思想基础、理论指导、制度框架、实践方法。总书记强调，民以食为天，加强食品安全工作，关系我国14多亿人的身体健康和生命安全，必须抓得紧而又紧。

习近平总书记在2013年12月中央农村工作会议上、2015年5月29日中共中央政治局第二十三次集体学习会议上、2016年12月21日中央财经领导小组第十四次会议上以及2017年1月初对食品安全工作的重要指示中，多次提出做好食品安全工作要坚持“四个最严”，即最严谨的标准、最严格的监管、最严厉的处罚、最严肃的问责；要求加快建立科学完善的食品药品安全治理体系，增强食品安全监管的统一性和专业性，切实提高食品安全监管水平和能力；严防严管严控食品安全风险，保证广大人民群众吃得放心、安心。

以“四个最严”为指引，2019年2月中共中央办公厅和国务院办公厅印发了《地方党政领导干部食品安全责任制规定》。2019年5月出台的《中共中央 国务院关于深化改革加强食品安全工作的意见》，成为我国首份以中共中央、国务院名义出台的食品安全工作纲领性文件。两份重要文件的陆续发布，再次彰显了党中央确保人民群众“舌尖上的安全”的决心。

当前，面对新形势，党中央、国务院始终把食品安全放在重要的位置，持续出台食品安全相关文件，强调从农田到餐桌的安全保障。按照党中央、国务院部署要求，各地各级党委和政府高度重视食品安全工作，严格落实“四个最严”要求，不断加大监管力度，增强群众安全意识，筑牢食品安全防线。

顶层设计

改革开放以来，我国不断完善食品安全制度顶层设计，逐步形成由食品安全法律、行政法规、地方性法规、地方政府规章、部门规章、食品安全标准及其他各种规范性文件共同组成的食品安全法律法规体系，为食品安全事业奠定了坚实基础。

回顾我国食品安全发展历程，经历了从以“食品卫生”管理向“食品安全”管理的转变。1953年，“食品卫生”的概念出现，并在此后一直沿用了几十年。1965年，《食品卫生管理试行条例》的出台，标志着我国食品卫生管理从空白向规范化、法制化管理的目标迈出了第一步。1979 年，国务院正式颁布了《中华人民共和国食品卫生管理条例》，昭示着我国不断加强食品卫生法制化管理的决心与力度。

1995 年 10 月 30 日，第八届全国人民代表大会常务委员会第十六次会议通过我国第一部食品卫生法律《中华人民共和国食品卫生法》。2004 年 9 月 1 日，《国务院关于进一步加强食品安全工作的决定》（国发〔2004〕23 号）颁布，“食品安全”的概念开始为社会公众所广泛知晓。2009 年 2 月 28 日，第十一届全国人民代表大会常务委员会第七次会议通过《中华人民共和国食品安全法》，并于当年 6 月 1 日正式实施。2015 年 4 月 24 日，该法被重新修订。这标志着我国从“食品卫生”管理向“食品安全”监管迈出了关键一步。

2015 修订的《中华人民共和国食品安全法》被称为“史上最严”，该法加大对各类违法行为的处罚力度，包括以刑事责任为先、最高处罚 30 倍、增加行政拘留、五年市场禁入、多次违法吊销许可证、网购食品出问题网站赔偿损失、惩罚性赔偿最低 1 000 元、确立首负责任制等。根据 2018 年 12 月 29 日第十三届全国人民代表大会常务委员会第七次会议《全国人民代表大会常务委员会关于修改〈中华人民共和国产品质量法〉等五部法律的决定》对《中华人民共和国食品安全法》作了修正。根据 2021 年 4 月 29 日第十三届全国人民代表大会常务委员会第二十八次会议《关于修改〈中华人民共和国道路交通安全法〉等八部法律的决定》对该法作了第二次修正。作为一部保证食品质量、保障人民群众饮食安全的法典，新法对食品监管、食品行业发展以及消费者的饮食安全均带来直接影响。

与法律法规体系建设同步，我国政府持续加强食品安全工作规划。2012 年 6 月 28 日，国务院办公厅印发《国家食品安全监管体系“十二五”规划》（国办法〔2012〕36 号）通知；2017 年 2 月 14 日，国务院发布《“十三五”国家食品安全规划》（国发〔2017〕12 号）。

标准先行

“最严谨的标准”是保障食品安全的基石。习近平总书记对保障食品安全提出了“四个最严”的要求，“最严谨的标准”居于首位。作为食品安全治理的重要技术依据，我国食品安全标准体系正在实践中不断完善，推动食品质量安全水平稳步提升。

1965 年，“食品卫生标准”的概念，在我国第一部食品卫生领域的行政法规《食品卫生管理试行条例》中被首次提出。1979 年，国务院颁布《中华人民共和国标准化管理条例》，并于 1988 年成立国家技术监督局，以统一管理全国标准化工作。1989 年，《中华人民共和国标准化法》正式实施后，我国标准化工作开始走向依法管理的快车道。随着《中华人民共和国食品卫生管理条例》《中华人民共和国食品卫生法》《中华人民共和国产品质量法》《中华人民共和国食品安全法》等法律法规的颁布实施，我国食品标准也在不断地出台和完善。

2021 年 8 月 9 日，国家市场监督管理总局公布相关数据，仅 2020 年以来，国家卫生健康委员会、农业农村部、市场监督管理总局联合发布 97 项食品安全国家标准，其中包括《食品安全国家标准 婴儿配方食品》等多项社会关注度高的标准。新冠疫情防控期间，国家市场监督管理总局制定和发布《食品安全国家标准 食品冷链物流卫生规范》，明确食品冷链物流中与卫生防疫有关措施。

作为标准执行部门，国家市场监督管理总局不断加大与标准制定部门的合作力度，及时将标准使用中发现的问题反馈有关部门，提升标准的科学性、适用性、可操作性。在消费流通领域，2021 年 1 月，国家市场监督管理总局、商务部、文化和旅游部联合印发了《关于以标准化促进餐饮节约反对餐饮浪费的意见》。2021 年 2 月，国家市场监督管理总局发布《餐饮业供应链管理指南》《外卖餐品信息描述规范》《绿色餐饮经营与管理》等三项推荐性国家标准。国家市场监督管理总局还指导中国国际贸易促进委员会商业行业委员会、中国饭店协会发布了《外卖配送服务规范》《餐饮业分餐制实施指南》等团体标准，推动餐饮服务提供者和上下游相关企业实现资源协同、集约高效发展。目前：我国食品安全标准按层级分为国家标准、行业标准、地方标准、团体标准、企业标准；按性质分为强制性标准、推荐性标准、指导性技术文件；按内容分为通用标准、产品标准、生产经营规范标准和检验方法与规程标准等。国家鼓励食品生产企业制定严于食品安全国家标准、地方标准的企业标准，鼓励行业协会制定严于食品安全国家标准的团体标准。按照我国现行食品标准体系，已完成了对 5 000 余项食品标准的清理整合，审查修订了 1 000 多项标准，并发布了 1 000 多项食品安全国家标准，涵盖指标 2 万余项。

强化监管

如果把从农田到餐桌的食品产业链比作一条长河，那么清理水质、去除污秽，无疑当从源头抓起。新中国成立以来，我国食品安全监管体制从单一事后消费环节的食品卫生监管，过渡到“从田间到餐桌”的全过程食品安全综合监管。

2004 年以前，原国家卫生部作为食品卫生的主要监管部门，主要围绕某一种或某一类食品的规章和标准，聚焦其突出问题进行监督管理。2004 年，《国务院关于进一步加强食品安全工作的决定》提出，“按照一个监管环节由一个部门监管的原则，采取分段监管为主、品种监管为辅的方式，进一步理顺食品安全监管职能”，对农业、质检、卫生、工商、食品药品、发展改革和商务等部门的职责进行了划分。同时，商务、出入境、公安、城管等部门也分别承担了一些相关职责，形成了“多部门分段式”食品安全监管体制。

2010 年 2 月 6 日，按照《中华人民共和国食品安全法》（2009 年）规定，国务院食品安全委员会成立，主要职责是分析食品安全形势，研究部署、统筹指导工作，提出重大监管政策措施，督促落实食品安全监管责任。

2013 年 3 月 22 日，国家食品药品监督管理局（2003 年设立）更名为国家食品药品监督管理总局，意味着食品安全多头分段管理的“九龙治水”局面结束。2018 年，国务院机构改革启动，国家市场监督管理总局挂牌成立，标志着食品安全监管进入了新阶段。

国家市场监督管理总局挂牌成立以来：一方面将最初仅限事后消费环节的食品卫生管理，转向贯穿于事前、事中、事后，从“田间到餐桌”的全过程食品安全风险管控；另一方面将食品安全监管纳入市场综合监管和综合执法的重要内容，逐步构建起权责清晰、督促有力、齐抓共管的食品安全责任体系，推动食品安全治理效能不断提升。

在国家市场监督管理总局部署推动下，市场监管部门认真落实“四个最严”要求，在机构职能整合加强的同时，不断优化创新食品安全监管的思路、方法和手段。扩大“双随机、一公开”监管领域，强化食品安全信用体系建设，构建食品安全追溯体系……一连串“组合拳”有效提升了食品安全监管效能。

从各部门单打独斗到齐抓共管、联合惩戒，监管力量在不断补强。从单纯的政府管理到社会共治格局的形成，更为食品安全构筑起坚实的防线。据统计，2020 年全国执法稽查系统共查处食品安全违法案件 28.62 万件，罚没款 27.26 亿元，移送公安机关 3 490 件，从业资格限制 74411 人。2020 年 1 月至 2021 年 3 月，全系统查处虚假违法食品广告案件 5 476 件，其中查处虚假违法保健食品广告案件 664 件。食品安全抽检已覆盖全部 33 大类食品，注重风险分析和风险预警，通过大量数据分析全国食品安全风险点，加大抽检力度。

共享共治

食品安全体系建设是一项复杂的系统工程，合部门之力、张全国之网，方可解人民之忧、彰监管之威。

在国务院食品安全委员会的指导协调下，各部门协同合作，持续开展食品安全各项工作。国家市场监督管理总局会同最高人民检察院在全国开展“落实‘四个最严’要求专项行动”，联合在新华社发布落实“四个最严”要求专项行动新闻，通报专项行动开展情况、公布典型案例，有效发挥了警示震慑作用。

围绕食品安全重点领域，国家市场监督管理总局会同相关单位，持续开展针对保健食品、农村假冒伪劣食品等领域的专项整治行动。2017 年，由国务院食品安全办等 9 部门部署开展，国家市场监督管理总局牵头组织实施了食品、保健食品欺诈和虚假宣传专项整治行动。2019 年，国家市场监督管理总局联合公安部等 13 部门开展整治“保健”市场乱象百日行动。2020 年，国家市场监督管理总局会同公安部、农业农村部等 5 部门开展为期一年的农村假冒伪劣食品专项执法行动，取得显著成效。

加快建立食品企业信用档案、构建食品安全“吹哨人”制度、发挥企业联盟作用……

各地开展的全国食品安全宣传周活动，受到社会舆论普遍关注。

在国家市场监督管理总局组织下，“全国食品安全宣传周”“世界食品安全日”“提升餐饮质量、制止餐饮浪费”等一系列活动，为全民参与食品安全社会共治提供了窗口。从食品企业到新闻媒体，从学界专家到普通消费者，越来越多的人参与到食品安全社会共治之中。

作为我国食品领域规格最高、涉及面最广的主题宣传活动，“全国食品安全宣传周”活动从2011年起每年举办，2019年已累计覆盖13亿多人次，主办单位从最初的9个部门扩大到20多个部门。

通过“全国食品安全宣传周”活动，企业进一步增强了自我管理、自我约束、自我规范、自我提升的意识，公众食品安全素养得到有效提升，媒体和消费者积极参与食品安全违法行为监督，推动形成社会共治合力。

与时俱进

回首“十三五”时期，在党和国家持续推动下，我国食品行业发生巨变，在自主创新、改善民生、国企改革、产业结构调整与区域协调发展等领域中实现重要突破。“十四五”时期，随着全国统一大市场逐渐形成，我国食品行业进入了新格局、新常态的发展关键期，食品安全事业迈上新台阶。

当前，新产业、新业态、新就业群体快速发展，自动现制现售食品、网络订餐等食品行业新类别的出现，极大地丰富了食品行业的内涵，拓展了外延。特别是近年来新冠疫情的出现，极大地改变了人们的餐饮方式和健康观念，给食品安全工作带来了新课题、新挑战。

食品安全工作要随着社会的发展不断完善。2016年10月1日起，《网络食品安全违法行为查处办法》正式实施；2018年1月1日起，《网络餐饮服务食品安全监督管理办法》正式实施。2021年4月举行的全国市场监管系统食品安全工作会议提出，要注重源头防范、综合治理，不断巩固食品药品等安全稳中向好基础。要加快实施智慧监管，综合运用大数据、人工智能、“互联网+”等信息技术手段赋能食品安全监管。

目前，从即时可查的食品溯源码，到逐步构建的企业信用档案，各地实践证明，信息技术手段的应用为食品安全风险管控提供了有力支撑。疫情防控期间，国家市场监督管理总局创新运用“异构识别”等新技术，推动建成了进口冷链食品追溯管理平台，在各省（区、市）共同努力下，初步实现了全国互联互通，把追溯链打造成风险管控链和责任落实链，在强化监管效能方面取得了成效。

目前，各地各部门综合运用大数据、区块链、云计算、人工智能等新技术，提高食品安全监管能力，丰富监测手段，提升检测技术，建立全面系统的风险监控体系，实现了食品安全工作的智慧化、数字化、自动化。《中华人民共和国食品安全法》及其实施条例对食品安全信用档案、信用信息公示、黑名单制度等提出了明确要求。

机构改革以来，国家市场监督管理总局探索建立以信用为基础的食品安全监管体系，推进食品安全信用监管，并明确了建立完善食品安全信用档案、强化信用信息运用、实施联合惩戒等任务。各地根据国家市场监督管理总局的部署，积极推进全国市场监管系统信息化智慧监管平台建设，加快食品行政许可、抽检监测、检查检验、稽查执法、企业信用、风险预警领域等全国性食品监管数据的有效归集及开发利用，进一步提升了食品安全工作效能。

2022 年是党的二十大召开之年，是凝心聚力建设新时代中国特色社会主义，实现伟大复兴中国梦，向第二个百年奋斗目标进军的重要一年。回首过去，我国食品安全事业走过了改革创新、持续奋进的光辉历程。站在新的起点，我国食品安全工作必将迈上新的台阶、迎来更大辉煌。

（原载：杨晓晶．国家市场监督管理总局：优化流通渠道，加强农村食品安全监管[N]．中国食品报，2022 年 11 月 24 日 003 版．）

小总结

中国食品安全立法起步较晚，目前形成的食品安全立法体系以《中华人民共和国食品安全法》为核心，以《中华人民共和国食品安全法实施条例》《中华人民共和国农产品质量安全法》为配套的集中立法，以《中华人民共和国标准化法》《中华人民共和国产品质量法》《中华人民共和国进出口商品检验法》《中华人民共和国广告法》等为补充的分散立法，对食品安全风险监测和评估、安全标准、生产经营、检验、进出口、安全事故处置、监督管理等方面作了较为全面的规定，形成了一个较为完善的食品安全立法体系。

第二节　中国食品安全主要法律法规简介

一、《中华人民共和国食品安全法》

（一）立法背景和意义

作为中国食品卫生法制建设的重要里程碑，《中华人民共和国食品卫生法》从 1995 年修订通过并施行到被《中华人民共和国食品安全法》所取代，在保证中国的食品卫生、预防和控制食源性疾病、保障人民群众身体健康方面发挥了重要作用。但是食品安全问题仍然较为突出，如违法生产经营行为屡禁不绝、食品安全分段监管不足、食品行业的生产力水平较低，并且食品安全事件频发等。《中华人民共和国食品安全法》在出台过程中，整体的立法思路是从食品安全这一角度出发的。

2015 年 4 月 24 日，第十二届全国人民代表大会常务委员会第十四次会议审议通过新修订的〈中华人民共和国食品安全法〉。这部史称最严《中华人民共和国食品安全法》的修订具有重要的意义。首先，《中华人民共和国食品安全法》的修订根据食品安全新形势，针对食品安全监管中的漏洞，建立起保障食品安全的长效机制和法律屏障，完善了中国的食品安全法律制度。其次，《中华人民共和国食品安全法》的修订不仅在食品安全总体思路上提出了“预防为主、风险防范”和“建立最严格的过程监管制度”，增加了“建立最为严格的法律责任制度”和“社会共治”等基本要求，还对婴幼儿配方乳粉、农药使用、保健食品、特殊医学用途配方食品、食用农产品销售许可等受争议的五大核心问题作了部分修改。上述修订对中国食品安全规制产生了深远影响，对保障人民群众生命安全、健康具有重大意义。

（二）基本内容

根据 2021 年 4 月 29 日第十三届全国人民代表大会常务委员会第二十八次会议《关于修改〈中华人民共和国道路交通安全法〉等八部法律的决定》第二次修正，《中华人民共和国食品安全法（2021 修正）》共十章一百五十四条，包括总则、食品安全风险监测和评估、食品安全标准、食品生产经营、食品检验、食品进出口、食品安全事故处置、监督管理、法律责任、附则共十个部分。

立法宗旨。《中华人民共和国食品安全法》第一章第一条规定：“为了保证食品安全，保障公众身体健康和生命安全，制定本法。”在制定《中华人民共和国食品安全法》的过程中，如何从食品链的各环节、各方面保证食品安全、保障公众身体健康和生命安全成为立法宗旨所在。

适用范围。《中华人民共和国食品安全法》第一章第二条规定了该法的范围：①食品生产和加工（以下称食品生产），食品销售和餐饮服务（以下称食品经营）；②食品添加剂的生产经营；③用于食品的包装材料、容器、洗涤剂、消毒剂和用于食品生产经营的工具、设备（以下称食品相关产品）的生产经营；④食品生产经营者使用食品添加剂、食品相关产品；⑤食品的贮存和运输；⑥对食品、食品添加剂和食品相关产品的安全管理。

对于食用农产品，质量安全管理需要遵守《中华人民共和国农产品质量安全法》的规定，而质量安全标准的制定和食用农产品有关信息的发布，则依然需要遵守《中华人民共和国食品安全法》的有关规定。

关于保健食品的相关内容包含在第四章第七十四条到七十九条，规定了与保健食品有关的条款和食品安全监管体制。

《中华人民共和国食品安全法》对于国务院有关食品安全监管部门的职责进行了明确

界定：

（1）《中华人民共和国食品安全法》第五条规定：国务院设立食品安全委员会，其职责由国务院规定。国务院食品安全监督管理部门依照本法和国务院规定的职责，对食品生产经营活动实施监督管理。国务院卫生行政部门依照本法和国务院规定的职责，组织开展食品安全风险监测和风险评估，会同国务院食品安全监督管理部门制定并公布食品安全国家标准。国务院其他有关部门依照本法和国务院规定的职责，承担有关食品安全工作。

（2）在县级以上地方政府层面，要进一步明确食品安全监管职责，理顺工作关系。《中华人民共和国食品安全法》第六条规定：县级以上地方人民政府对本行政区域的食品安全监督管理工作负责，统一领导、组织、协调本行政区域的食品安全监督管理工作以及食品安全突发事件应对工作，建立健全食品安全全程监督管理工作机制和信息共享机制。县级以上地方人民政府依照本法和国务院的规定，确定本级食品安全监督管理、卫生行政部门和其他有关部门的职责。有关部门在各自职责范围内负责本行政区域的食品安全监督管理工作。县级人民政府食品安全监督管理部门可以在乡镇或者特定区域设立派出机构。

（3）为了使得食品安全监管各部门的工作能够协调和衔接，《中华人民共和国食品安全法》第八条规定：县级以上人民政府应当将食品安全工作纳入本级国民经济和社会发展规划，将食品安全工作经费列入本级政府财政预算，加强食品安全监督管理能力建设，为食品安全工作提供保障。县级以上人民政府食品安全监督管理部门和其他有关部门应当加强沟通、密切配合，按照各自职责分工，依法行使职权，承担责任。

（4）《中华人民共和国食品安全法（2021 修正）》规定：国务院根据实际需要，可以对食品安全监督管理体制作出调整。

想一想：

1. 结合实际，请描绘日常生活中遇到的食品安全案例。

2.《中华人民共和国食品安全法》在哪些方面进行了修订？你认为在哪些领域还需要进一步完善？

二、《中华人民共和国产品质量法》

（一）立法背景和意义

在中国，对产品质量责任的立法始于 20 世纪 80 年代，20 世纪 80 年代以来，中国制定了《工业企业全面质量管理暂行办法》（已废止）《工业产品生产许可证试行条例》（已废止）《进口商品质量监督管理办法》《工业产品质量责任条例》（已废止）等一系列单行法规，这些法规都对食品在内的各领域产品的质量管理有所涉及。而真正为产品质量责任立法则是 1993 年 2 月 22 日第七届全国人民代表大会常务委员会第三十次会议上《中华人民共和国产品质量法》经过审议并通过，于1993年9月1日起施行。2000年7月8日第九届全国人民代表大会常务委员会第十六次会议公布了《关于修改〈中华人民共和国产品质量法〉的决定》，并于2000年9月1日起施行。2018年12月29日第十三届全国人民代表大会常务委员会第七次会议对《中华人民共和国产品质量法》作了进一步修正。

《中华人民共和国产品质量法》的宗旨是提高产品质量，明确产品责任，强化产品监督管理，保护消费者合法权益。经过加工并用于销售的食品作为一种产品，食品质量的监管和检测等方面的管理需要遵守该法的规定。制定和实施这部法律的意义在于：一是明确了产品责任，维护了社会经济秩序。该法明确了生产者、经营者和销售者在产品质量方面的责任和国家对产品质量的监管职能，有利于维护产品生产、经营和销售的正常秩序，从而保障市场经济的健康发展。二是强化了产品监督管理，提高了产品质量水平。《中华人民共和国产品质量法》的制定和实施有利于促进生产者、经营者和销售者改善经营管理，增强竞争能力。三是《中华人民共和国产品质量法》是保护消费者合法权益的法律武器。产品质量问题关乎广大人民群众的切身利益，《中华人民共和国产品质量法》的实施使得消费者所购商品有了质量保证，同时也督促了企业产品质量的提高，打击了假冒伪劣产品的生产与销售，维护了产品生产经营的正常秩序，规范了市场，有利于保护消费者的合法权益。

（二）基本内容

《中华人民共和国产品质量法》共六章七十四条，包括总则，产品质量的监督，生产者、销售者的产品质量责任和义务，损害赔偿，罚则和附则。《中华人民共和国产品质量法》中所指的产品，是指经过加工、制作，用于销售的产品。在这里，广义的“产品”一词是指通过人类劳动获得的具有一定使用价值的商品，包括直接从自然界获得的各种农产品和矿产品，以及手工业和加工业的各种产品。法律要求生产者、销售者对产品质量承担责任的，应当是生产者、销售者能够控制的产品质量，即经过“加工、生产”的产品，不包括内部质量主要取决于自然因素的产品。适用《中华人民共和国产品质量法》各项规定的产品，必须是用于销售的产品。即不作为商品使用的产品，如为自用或作为礼品生产的产品，不在国家质量监督管理范围内，因此《中华人民共和国产品质量法》的相关规定不能适用于生产者。产品质量监督管理是指由《中华人民共和国产品质量法》确认的产品质量监督管理机构、制度、办法和措施的总称。它是促进产品的生产和经营者提高产品质量的基本手段，是国家从宏观上对产品的质量进行监督管理的重要措施，其目的主要是通过建立和完善各种产品质量监督管理制度和办法，实现国家对产品生产的调控职能，促进产品质量的提高。我国的《中华人民共和国产品质量法》按照国际惯例和我国实际，确立了产品质量监督管理机构、产品质量监督管理制度以及相应的措施与办法。

对于企业而言，产品质量监督管理是外部和内部监督管理的结合，监督主体包括国家产品质量监督管理机构、社会各界、生产者和销售者自身，而产品质量管理的主要责任主体是企业。企业应建立和完善内部产品质量管理体系，依法承担产品质量责任。《中华人民共和国产品质量法》第三章第一节对生产者提出法律约束，第二十六条明确规定，产品质量应当符合以下要求：①不存在危及人身、财产安全的不合理危险，有保障人体健康和人身、财产安全的国家标准、行业标准的，应当符合该标准；②具备产品应当具备的使用性能，但是，对产品存在使用性能的瑕疵作出说明的除外，③符合在产品或者其包装上注明采用的产品标准，符合以产品说明、实物样品等方式表明的质量状况。国家市场监督管理总局负责宏观管理，将提高产品质量纳入国民经济和社会发展计划，并加强统筹规划和组织领导，指导和督促生产、销售单位加强产品质量管理。政府的产品质量监督部门负责具体的质量监督，国家实行产品质量监督检验制度。

产品质量责任制度在《中华人民共和国产品质量法》中得以确立。随着科技的进步和生产力的发展，产品的制造、产品的质量特性、产品的流通等越来越复杂，产品质量责任越来越受到重视；并且在运用现代先进的科学技术成功生产并提供给消费者的产品中的风险有所增加，人们对产品可能会引致的相关风险的担心也相应增加，这种情况下对消费者的保护应当增强；另外，在现代化生产的大条件下，尽管是买方市场，但消费者相对于生产者和销售者在拥有的条件和掌握的知识方面处于弱势地位，因此产品的制造者以及销售者（卖方）应当比消费者（买方）更多地承担产品质量引致的风险，生产者、销售者应当对产品质量向消费者和社会负责，建立这一制度是符合时代趋势的，也是合理的。

三、《中华人民共和国农产品质量安全法》

（一）立法背景及意义

在日常消费的食品中，相当一部分初级产品直接来自农业，即受到质量安全法规监管的农产品：如蔬菜、水果、水产品；也有以农产品为原料加工生产的食品。在《中华人民共和国农产品质量安全法》实施之前，中国已经有了《中华人民共和国食品卫生法》和《中华人民共和国产品质量法》两部重要法律，但是《中华人民共和国食品卫生法》并没有涉及有关种植、养殖等农业生产活动的条款，《中华人民共和国产品质量法》只适用于经过加工生产的产品，而不适用于未经加工、生产的初级农业产品。为了从源头上保障农产品质量安全，维护公共卫生，促进农业和农村经济发展，《中华人民共和国农产品质量安全法》于 2006 年 4 月 29 日由第十届全国人民代表大会常务委员会第二十一次会议表决通过，并于 2006 年 11 月 1 日起实施。2018 年 10 月 26 日第十三届全国人民代表大会常务委员会第六次会议对其进行修正。这部法律是新时期农业发展的一部重要法律，填补了中国农产品质量监管的法律空白，是农产品质量安全监管的重要里程碑。该法使得中国农产品管理从注重数量，提升到数量、质量、安全并行的新阶段。《中华人民共和国农产品质量安全法》是农业行政管理部门加强农产品质量安全监管的有效手段，也标志着农产品质量安全监管从此走上依法监管的轨道。最新版《中华人民共和国农产品质量安全法》已由第十三届全国人民代表大会常务委员会第三十六次会议于 2022 年 9 月 2 日修订通过，现已公布，自 2023 年 1 月 1 日起施行。

（二）基本内容

2018 年 10 月 26 日第十三届全国人民代表大会常务委员会第六次会议对《中华人民共和国农产品质量安全法》进行修正。其内容主要包括三个方面：一是关于需要调整的产品范围。该法将农产品定义为源自农业的初级产品，即在农业活动中获得的植物、动物、微生物及其产品。二是关于行为主体的规范调整范围，即农产品生产者、销售者、农产品质量安全管理者、相应的检测技术机构和人员。三是关于标准调整的管理环节，主要涉及产地环境、农业投入品的科学使用，农产品生产和产后处理的规范化管理，农产品的包装、标签、标识和市场准入管理。

这部法律主要建立了七项基本制度：一是建立政府统一领导下的农产品质量安全管理体制，由农业主管部门依法监督，其他相关部门分管。二是建立农产品质量安全标准的强制实施制度。政府有关部门应当根据保证农产品质量安全的要求，依法制定、公布农产品质量安全标准，并监督执行；不得销售不符合农产品质量安全标准的农产品。三是建立农产品产地管理制度，防止农产品产地污染对农产品质量安全造成危害。四是建立农产品的包装标识和管理制度。五是建立农产品质量安全监督检查制度。六是建立农产品质量安全的风险分析、评估制度和农产品质量安全的信息发布制度。七是建立农产品质量安全违法行为的责任追究制度。2018 年 10 月对该法进行修正时，又在此基础之上进一步完善。

2022 年 9 月 2 日修订的《中华人民共和国农产品质量安全法》贯彻落实党中央决策部署，按照“四个最严”的要求，完善农产品质量安全监督管理制度，回应社会关切，做好与《中华人民共和国食品安全法》的衔接，实现从田间地头到百姓餐桌的全过程、全链条监管，进一步强化农产品质量安全法治保障。

新修订的《中华人民共和国农产品质量安全法》共八章八十一条，比原法新增了二十五条，进一步明确了各级政府、有关部门和各类主体法律责任，优化完善农产品质量安全风险管理与标准制定，建立健全产地环境管控、承诺达标合格证、农产品追溯、责任约谈等管理制度，并加大了对违法行为的处罚力度。

四、食品安全行政法规

中国已经颁布的与食品安全相关的主要行政法规、规范性文件、司法解释和部门规章，既包括针对某一法律进行的执行性立法:《中华人民共和国食品安全法实施条例》《农产品质量安全监测管理办法》《中华人民共和国标准化法实施条例》《中华人民共和国计量法实施细则》《中华人民共和国进出口商品检验法实施条例》等，也包括针对某一特定领域的立法:《生猪屠宰管理条例》《农业转基因生物安全管理条例》《食品标识管理规定》《新食品原料安全性审查管理办法》。

（一）《中华人民共和国食品安全法实施条例》

2019年新修订的《中华人民共和国食品安全法》的实施，有力推动了我国食品安全整体水平提升。同时，食品安全工作仍面临不少困难和挑战，监管实践中一些有效做法也需要总结并上升为法律规范。为进一步细化和落实新修订的《中华人民共和国食品安全法》，解决实践中仍存在的问题，有必要对《中华人民共和国食品安全法实施条例》进行修订。

2019年3月26日国务院第42次常务会议对《中华人民共和国食品安全法实施条例》（本章简称《条例》）进行了修订，于2019年12月1日起施行，该条例包括：总则、食品安全风险监测和评估、食品安全标准、食品生产经营、食品检验、食品进出口、食品安全事故处置、监督管理、法律责任和附则共十章八十六条。

《条例》强化了食品安全监管，要求县级以上人民政府建立统一权威的监管体制，加强监管能力建设，补充规定了随机监督检查、异地监督检查等监管手段，完善举报奖励制度，并建立严重违法生产经营者黑名单制度和失信联合惩戒机制。

《条例》完善了食品安全风险监测、食品安全标准等基础性制度，强化食品安全风险监测结果的运用，规范食品安全地方标准的制定，明确企业标准的备案范围，切实提高食品安全工作的科学性。

《条例》进一步落实了生产经营者的食品安全主体责任，细化企业主要负责人的责任，规范食品的贮存、运输，禁止对食品进行虚假宣传，并完善了特殊食品的管理制度。

《条例》完善了食品安全违法行为的法律责任，规定对存在故意实施违法行为等情形的单位的法定代表人、主要负责人、直接负责的主管人员和其他直接责任人员处以罚款，并对新增的义务性规定设定相应严格的法律责任。

（二）《食品生产许可管理办法》

为规范食品、食品添加剂生产许可活动，加强食品生产监督管理，保障食品安全，根据《中华人民共和国食品安全法》和《中华人民共和国行政许可法》等法律法规，2015年8月31日原国家食品药品监督管理总局令第16号公布《食品生产许可管理办法》，于同年10月1日起正式施行。《食品生产许可管理办法》最新版已于2019年12月23日经国家市场监督管理总局2019年第18次局务会议审议通过，自2020年3月1日起施行。原国家食品药品监督管理总局于2015年8月31日公布，并根据2017年11月7日原国家食品药品监督管理总局发布的《关于修改部分规章的决定》修正的《食品生产许可管理办法》同时废止。最新版《食品生产许可管理办法》包括总则，申请与受理，审查与决定，许可证管理，变更、延续与注销，监督检查，法律责任，附则共八章六十一条。

《食品生产许可管理办法》第三十条明确规定食品生产许可证编号由SC（“生产”的汉语拼音字母缩写）和14位阿拉伯数字组成。数字从左到右依次为：3位食品类别编码、2位省

（自治区、直辖市）代码、2 位市（地）代码、2 位县（区）代码、4 位顺序码、1 位校验码。2015 年修订的《食品生产许可管理办法》中，食品“QS”标志就已经取消，2018 年 10 月 1 日起，食品生产者生产的食品不得再使用原包装、标签和“QS”标志。取消“QS”标志：一是严格执行法律法规的要求，《中华人民共和国食品安全法》明确规定食品包装上应当标注食品生产许可证编号，没有要求标注食品生产许可证标志；二是新的食品生产许可证编号完全可以达到识别、查询的目的，取消“QS”标志有利于增强食品生产者食品安全主体责任意识。

（三）《食品召回管理办法》

食品召回对于中国消费者来说已经不再是一个陌生的概念了。作为在国际上受到一致认可的食品安全事后监管有效措施，它既能够有效应对食品安全突发事件，保障消费者的生命健康安全，又能够明确产品质量责任主体，规范食品生产加工企业行为，从而全面提高食品行业的质量安全水平和市场竞争力。2007 年 8 月 27 日，原国家质量监督检验检疫总局在《中华人民共和国产品质量法》《中华人民共和国食品卫生法》《国务院关于加强食品等产品安全监督管理的特别办法》等法律法规的基础上制定发布了《食品召回管理规定》，对食品召回的范围、类型、级别，召回后的处理、监督管理以及法律责任等作出了较为明确的规定，意味着备受社会关注的不安全食品召回制度从此开始在中国正式实施。2009 年颁布的《中华人民共和国食品安全法》明确规定国家建立食品召回制度，进一步完善了中国食品召回制度的内容。2015 年修订颁布的《中华人民共和国食品安全法》在保留原《中华人民共和国食品安全法》对于食品召回的有关合理内容外，进一步对食品召回作出了修改和完善。为配合和有效执行 2015 年修订颁布的《中华人民共和国食品安全法》中有关食品召回的相关规定，原国家食品药品监督管理总局（现其职能并入国家市场监督管理总局）在充分吸收借鉴国内外有益经验的基础上，经广泛调研、多次论证，起草了《食品召回和停止经营监督管理办法（征求意见稿）》并在 2014 年 8 月公开征求社会意见后，最终形成《食品召回管理办法》，于 2015 年 2 月 9 日经原国家食品药品监督管理总局局务会议审议通过，2015 年 9 月 1 日起正式实施。之后，《食品召回管理办法》根据国家市场监督管理总局令第 31 号修订，修订后的版本于 2020 年 10 月 23 日颁布并实施。

五、现行食品安全法律法规在管理上的重要创新

（一）建立统一监管体制

（1）现行的食品安全法律法规建立了从田间到餐桌的全链条监管。在审议《中华人民共和国食品安全法（修订草案）》过程中，《中华人民共和国食品安全法（修订草案三次审议稿）》着力解决现阶段食品安全领域中存在的突出问题，完善从田间到餐桌的全链条监管。

（2）将食用农产品纳入食品安全监管范围。现行的食品安全法律法规将“食用农产品”定义为“源于农业的食用初级产品”，即在农业活动中获得的植物、动物、微生物及其产

品，并规定食用农产品的质量安全管理应当符合《中华人民共和国农产品质量安全法》的规定。食用农产品的营销、相关质量安全标准的制定、相关安全信息的发布应当符合新法律的规定。

（二）建立全程追溯制度

实现食品安全全程溯源。现行食品安全法律法规明确规定国家建立食品安全全程追溯制度，国家鼓励食品生产经营企业采用信息化手段采集、留存生产经营信息，建立食品安全追溯体系。食品生产经营者应当依照规定，建立食品安全追溯体系，保证食品可追溯。

（三）加大惩罚力度

现行食品安全法律法规规定，对非法添加化学物质、经营病死畜禽等行为，如果涉嫌犯罪，直接由公安部门进行侦查，追究刑事责任。对因食品安全犯罪被判处有期徒刑以上刑罚的，终身不得从事食品生产经营的管理工作。如果不构成刑事犯罪，则由行政执法部门进行行政处罚。2015 年修订时大幅度提高了行政罚款的额度。

现行食品安全法律法规规定：违法生产经营的食品、食品添加剂货值金额不足 1 万元的，并处 5 万元以上 10 万元以下罚款；货值金额 1 万元以上的，并处货值金额 10 倍以上 20 倍以下罚款。又如，对生产经营添加药品的食品，生产经营营养成分不符合国家标准的婴幼儿配方乳粉等违法行为，2009 年最初版的《中华人民共和国食品安全法》规定，最高可以处罚货值金额 10 倍的罚款，2015 年修订时提高到 30 倍，这是中国所有法律中最高罚款倍数，足以体现《中华人民共和国食品安全法（2015 修订）》的严格，也因此被称为“史上最严法律”。

（四）完善食品召回制度

现行食品安全法律法规增设食品经营者应有召回义务，规定由于食品经营者的原因造成不符合食品安全标准或者有证据证明可能危害人体健康的食品，食品经营者应当召回。此外，还规定食品生产经营者应当将食品召回和处理情况向所在地县级人民政府食品安全监督管理部门报告；需要对召回的食品进行无害化处理、销毁的，应当提前报告时间、地点。

（五）完善奖励制度

按照激励与惩罚相结合的原则，现行《中华人民共和国食品安全法》在强化食品安全法律责任追究的同时，借鉴《中华人民共和国环境保护法》《中华人民共和国消防法》等的规定，增设了奖励制度。新法第十三条规定：“对在食品安全工作中做出突出贡献的单位和个人，按照国家有关规定给予表彰、奖励。”既往实践证明，行政奖励是引导社会行为、树立新的食品安全文化的一项有效举措，也是有效实施《中华人民共和国食品安全法》一个柔性、便利的抓手。

（六）建立网络食品交易监管制度

根据现行的食品安全法律法规，网络食品交易的第三方平台提供者需要对入网食品经营者承担一定的管理责任，确保食品安全。具体要求如下：（1）实名登记。第三方平台提供者需要对入网食品经营者进行实名登记，以确保交易双方的真实身份。（2）明确食品安全管理责任。第三方平台提供者需要明确入网食品经营者的食品安全管理责任，确保经营者遵守食品安全法规。（3）审查许可证。对于需要取得许可证的入网食品经营者，第三方平台提供者应当审查其许可证，确保其合法经营。（4）制止违法行为。一旦发现入网食品经营者有违法行为，第三方平台提供者应当及时制止，并立即报告所在地县级人民政府食品安全监督管理部门。（5）停止提供服务。对于发现严重违法行为的入网食品经营者，第三方平台提供者应当立即停止提供网络交易平台服务，以防止进一步的食品安全问题。

（七）完善保健食品监管制度

现行食品安全法律法规明确保健食品原料目录，除名称、用量外，还应当包括原料对应的功效；明确保健食品标签、说明书应当与注册或者备案的内容相一致，并声明“本品不能代替药物”；明确食品安全监督管理部门应当对注册或者备案中获知的企业商业秘密予以保密。

（八）完善婴儿配方食品和特殊医学用途配方食品的监管制度

现行食品安全法律法规要求食品注册，新修订版本增加规定，特殊医学用途配方食品应当经国务院食品安全监管部门注册。特殊医学用途配方食品是适用于患有特定疾病人群的特殊食品，2009 年最初版本的《中华人民共和国食品安全法》对这类食品未作规定。一直以来，中国对这类食品按药品实行注册管理，截至 2015 年共批准了 69 个肠内营养制剂的药品批准文号。2013 年，原国家卫生和计划生育委员会颁布了特殊医学用途配方食品的国家标准，将其纳入食品范畴。原国家食品药品监督管理总局提出，特殊医学用途配方食品是为了满足特定疾病状态人群的特殊需要，专门加工配制而成的配方食品。不同于普通食品，安全性要求高，需要在医生指导下使用，建议在《中华人民共和国食品安全法》中明确对其继续实行注册管理，避免形成监管缺失。

（九）建立责任约谈制度

行政约谈是现行食品安全法律法规的又一亮点，是在法律层面确立的柔性行政监管模式。现行《中华人民共和国食品安全法》中体现行政约谈的条款包括：第一百一十四条、第一百一十七条。行政约谈作为一种新型的柔性行政管理模式，是刚柔并济有效实施新法的一个便利抓手，在全面实施依法治国方略和提升国家治理现代化水平方面将日显其特殊功用。

想一想：

一、食品标准体系还需在哪些方面进一步完善？

1. 覆盖面不全，国家食品标准体系的覆盖面还不够全，部分产品无标准可依。

技术指标不能完全反映产品质量要求，标准体系水平偏低。

2. 标准体现不协调，虽由国家标准委统一发布，但标准起草部门众多，致使中国的食品标准不够协调统一。

3. 食品标准滞后，复审和修订不及时。

食品标准更新速度慢，按《中华人民共和国标准化法实施条例》第二十条规定，标准复审周期一般不超过5年。但实际上，现行国家标准标龄普遍偏长，平均标龄已超过10年，有的甚至达20年。

4. 食品标准制定缺乏国际高度。

中国制定标准时同国际交流少，中国的优势产品标准没有与国际标准接轨，多参照已有国标或类似产品标准制定，技术要求低。

二、解决的方法有哪些？

1. 统一食品标准管理体系。

2. 完善食品标准体系。

3. 严格贯彻执行《中华人民共和国食品安全法》。

4. 制定食品标准修订制度。

5. 推动食品标准的国际化进程。

第三节　中国食品安全基本监管制度

一、中国食品安全监管体制概述

食品安全监管体制与食品安全监管不同，食品安全监管是食品安全监管体制的上位概念。一直以来，食品安全监管体制、食品安全监管模式、食品安全监管行政体制以及食品安全监管制度这几个概念十分容易混用。

食品安全监管是指为了对食品安全进行有效的监管，政府围绕食品安全监管所建立的制度体系、组织体系以及所选择的监管的方式方法等。

食品安全监管体制是指为了加强对食品安全的监督管理，保障公众健康与安全，对食品生产经营等环节进行监督和管理的一系列政府机构设置和制度。

中国的食品安全监管体制经过多年的发展，不断完善，以确保食品安全和质量。最高级别的监管机构是国家市场监督管理总局，负责制定和执行食品监管政策。食品药品监管方面，国家药品监督管理局负责管理药品和医疗器械，而各级地方药监局在各省份和地区执行监管任务。国务院食品安全办公室协调各部门的食品安全工作。此外，卫生健康委员会和农业农村部分别负责卫生标准和农产品监管。食品监管体系包括食品生产许可、检验检测、流通监管等多个环节，以确保全程监管。中国还依靠一系列法律法规来管理食品安全，如《中华人民共和国食品安全法》和食品安全国家标准。最重要的是，食品监管体系还鼓励食品安全宣传教育，提高公众对食品安全的认识和重视，以保护消费者的权益。这个体制不断演变以适应不断变化的挑战，确保食品供应链的可追溯性和合规性。

二、中国食品安全监管机构与职能

为解决部门之间职责交叉的问题，2008 年国务院批准了原卫生部的“三定”（定职能、定机构、定编制）方案，原卫生部管理国家食品药品监督管理局（国家局由部委管理），国家食品药品监督管理局负责食品和饮料消费的安全监督以及保健品和化妆品的质量监督，以及全面协调和组织重大食品安全事故调查处理。2009 年 6 月 1 日，《中华人民共和国食品安全法》正式实施。根据《中华人民共和国食品安全法》的规定，2010 年 2 月，国务院成立了食品安全委员会，统筹各部门在分段监管体制下的工作。至此，形成了以国务院食品安全委员会为协调机构，多部门分工协作，地方政府负总责的食品安全监管体系。

2013 年，党的十八届二中全会后通过的《国务院机构改革和职能转变方案》，给食品安全监管体制带来新的重大变化。这是中国改革开放以来的第七次政府机构改革。

这次改革后，国务院正部级机构减少 4 个，其中组成部门减少 2 个，副部级机构数量不变。改革后，除国务院办公厅外，国务院设置了 25 个组成部门。其中，食品安全监管方面的改革如下：

（1）改组了国家卫生和计划生育委员会（正部级），规定了 18 项主要职责。将食品安全监管中的主要职责调整为：组织开展食品安全风险监测和评估，依法制定并公布食品安全标准，负责食品、食品添加剂及相关产品新原料、新品种的安全性审查。

（2）整合国务院食品安全委员会办公室的职责、国家食品药品监督管理局的职责、国家质量监督检验检疫总局在生产环节的食品安全监督管理职责，以及国家工商行政管理总局在流通环节的食品安全监督管理等职责。组建国家食品药品监督管理总局，其主要职责是对生产、流通、消费等环节的食品安全和药品安全有效性实施统一监督管理，将工商行政管理和质量技术监督部门相应的食品安全监督管理队伍和检验检测机构移交食品安全监督管理部门。

2015 年新修订的《中华人民共和国食品安全法》规定，国务院设立食品安全委员会，由国务院食品安全监督管理部门对食品生产经营活动进行监督管理。同时由国务院卫生行政部门组织食品安全风险监测和风险评估，会同国务院食品安全监督管理部门制定并公布食品安全国家标准。国务院其他有关部门依法承担有关食品安全工作。地方政府负责本行政区域的食品安全监督管理工作，统一领导、组织、协调本行政区域的食品安全监督管理工作和应对食品安全突发事件，建立健全食品安全全程监督管理工作机制和信息共享机制。地方政府确定本级食品药品监督管理、卫生行政部门和其他有关部门的职责，有关部门在各自职责范围内负责本行政区域的食品安全监督管理工作。

2018 年 3 月，第十三届全国人民代表大会第一次会议通过了国务院机构改革方案。涉及食品安全方面的政府职能调整有以下方面，并沿用至今。

（1）组建农业农村部，不再保留农业部；组建国家卫生健康委员会，不再保留国家卫生和计划生育委员会。

（2）组建国家市场监督管理总局，不再保留国家工商行政管理总局、国家质量监督检验检疫总局、国家食品药品监督管理总局。

三、中国食品安全基本监管制度

中国食品安全基本监管制度主要包括：食品安全标准、食品安全认证、食品检验、食品召回、进出口食品检疫、农产品管理、食品安全风险监测与评估体系，除上述食品安全监管制度外，中国还有食品质量安全市场准入、食品专项监管、食品安全信用档案、食品信息安全公告等相关制度。

（一）食品安全标准制度

食品安全标准是指食品安全监管部门在食品的生产、加工、流通和消费过程中，为保障食品安全而作出的技术要求。根据中国法律的规定，中国的食品安全标准分为国家标准、行业标准、地方标准和团体标准、企业标准。此外，《中华人民共和国食品安全法》及其条例以及其他法律法规也对食品安全标准的制定、制定的程序等作出相关规定，要求各省级政府在其网站上公布国家、地方、企业食品安全标准。

（二）食品安全认证制度

根据中国现行法律法规，中国食品安全认证可分为体系认证和产品（服务）认证。生产企业的认证有质量管理体系、环境管理体系等，具体有 ISO 9000 系列标准认证和 HACCP 认证。ISO 是国际标准化组织（the International Organization for Standardization）的简称。ISO 9000 体系是由 ISO/TC176 技术委员会制定的所有国际标准。HACCP 英文为 Hazard Analysis and Critical Control Point，是指危害分析与关键控制点；目的在于确保食品在生产过程中的安全。ISO 9000 与 HACCP 都是预防性的质量保证体系。

ISO 9000 适用于各种产业，而 HACCP 只应用于食品行业，强调保证食品的安全、卫生。产品认证分为强制性产品认证（China Compulsory Certification，简称 CCC 认证），以及自愿性产品认证（China Voluntary Certification，简称 CVC 认证）。强制性产品认证是中国政府为保护消费者人身安全和国家安全、加强产品质量管理、依照法律法规实施的一种产品合格评定制度。强制认证目录中并未包含食品类产品，即食品类的全部认证种类都属于自愿性认证。

（三）食品检验制度

中国食品安全检验体系包括对食品原料、半成品和成品的检验。中国食品检验由有资质的食品检验机构进行，实行食品检验机构和检验人员负责制。县级以上人民政府食品安全监督管理部门负责对食品进行定期或者不定期的抽样检验。食品生产企业可以自行检验，也可以委托有资质的食品检验机构进行检验。《中华人民共和国食品安全法》还要求食品添加剂生产者建立食品添加剂出厂检验记录制度，检查出厂产品的检验合格证明和安全状况，并保存相关合格证。国家出入境检验检疫部门负责进出口食品的安全检验，并公开检验结果。违反相关食品检验制度的机构、单位和个人，应当承担相应的法律责任。

（四）食品召回制度

根据现行《中华人民共和国食品安全法》，国家应建立食品召回制度。对召回的食品，由食品生产者发出召回令，并通知相关生产经营者和消费者，记录召回和通知情况。如未按规定召回或者停止经营的，县级以上人民政府食品安全监督管理部门可以责令其召回或者停止经营。对于进口食品，上述召回的规定也适用。违反召回规定的相关企业或单位，应当承担相应的法律责任。

（五）进出口食品检疫制度

中国国家出入境检验检疫部门对进出口食品安全实施统一监督管理。中国进出口食品检疫制度规定，进口到中国的食品、食品添加剂、食品相关产品应符合中国食品安全国家标准。县级以上人民政府食品安全监督管理部门对在国内市场销售的进口食品和食品添加剂实施监督管理。并规定了进口食品的包装、标签、说明书等信息。进口商应当建立食品和食品添加剂进口和销售记录制度，并保存相关凭证。出口食品企业还应确保其出口食品符合进口国（地区）的标准或要求。

（六）农产品管理制度

中国对农产品的管理是按照农产品的种类和阶段分别进行的。根据《中华人民共和国食品安全法》和《中华人民共和国农产品质量安全法》的规定，用于消费的农业初级产品（即食用农产品）的质量安全管理要符合《中华人民共和国农产品质量安全法》的规定。但是，食用农产品的市场销售、有关质量安全标准的制定、有关安全信息的公布等，都应当在《中华人民共和国食品安全法》中作出规定。

（七）食品安全风险监测与评估制度

根据《中华人民共和国食品安全法》，可分为食品安全风险监测制度和食品安全评估制度。食品安全风险监测是指监管机构对食品安全水平的检查、分析、评价和公布。目前，中国法律规定，政府应首先针对国家食品安全风险制定相应的监测计划。从中央看，是国务院卫生行政部门会同国务院食品安全监督管理等部门制定食品安全风险监测规划并实施；从各地看，省、自治区、直辖市人民政府卫生行政部门会同同级食品安全监督管理等部门根据国家食品安全风险监测计划，结合本行政区域具体情况制定食品安全风险监测规划，并报国务院卫生行政省、自治区、直辖市人民政府卫生行政，部门会同同级食品安全监督管理等部门部门备案，并组织实施。食源性疾病、食品污染、食品中的有害因素均在中国食品安全检测范围内。

食品安全风险评估是指针对食品、食品添加剂以及食品中的生物、化学和物理危害对人体健康可能产生的不良影响，建立科学的评估体系。食品安全风险评估是国际通行的做法，可为国家主管部门作出相关决策、制定和修改食品安全标准提供科学依据，是食品安全管理的重要技术依据。根据中国法律的规定，食品安全风险评估具体包括危害识别、危害特征描述、暴露评估和风险特征描述四个阶段。食品风险评估由中国食品安全风险评估专家委员会承担。

（八）食品安全监管的其他制度

除上述食品安全监管体系外，中国还有食品质量安全市场准入制度、特殊食品监管制度、食品安全信用档案制度、食品信息安全公告制度等。食品质量安全市场准入制度包括食品生产加工生产许可证管理制度、食品强制出厂检验制度、食品安全市场准入标志管理制度。特殊食品监管制度是指对保健食品、特殊医学用途配方食品和婴幼儿配方食品实行特殊监管。这三类食品比普通食品有更严格的规定。食品安全信用档案制度是指根据中国法律的规定，县级以上食品安全监督管理部门应当建立食品安全信用档案。监管部门可以对食品生产经营者的信用等级状况进行分类监管。食品信息安全公告制度是指根据中国法律的规定，在中国实施的一种信息安全公告制度，包括建立食品安全信息平台和统一的食品安全信息公告制度。

第四节　中国食品安全标准体系

一、中国食品标准分类

（一）按照级别分类

中国食品标准按级别分类可分为：国家标准、行业标准、地方标准、团体标准和企业标准。

国家标准是指在全国范围内统一技术要求所制定的标准。国家标准在全国范围内适用，其他各级标准不得与之相抵触。国家标准是标准体系中的主体，是由国家标准化主管机构批准发布，对全国经济、技术发展有重大意义，且在全国范围内统一的标准。编号由国家标准代号（强制性国家标准 GB 或推荐性国家标准 GB/T）、发布顺序号和发布年号三个部分组成。标准发布年号不是标准的执行日期，如 GB 7718-2011《食品安全国家标准 预包装食品标签通则》取代 GB 7718-2004 于 2012 年 4 月 20 日开始实施。

行业标准是指对没有国家标准而又需要在全国某个行业范围内统一的技术要求所制定的标准。行业标准是专业性、技术性较强的标准，是对国家标准的补充。行业标准的制定不得与国家标准相抵触，国家标准公布实施后，相应的行业标准即行废止。行业标准由我国各主管部、委（局）批准发布，在该部门范围内统一使用。各类行业标准均有分类代号。截至 2022 年底，已批准了 73 个行业标准代号。轻工业归口的推荐性行业标准代号为“QB/T”，如：QB/T 2076-2021《果蔬脆》、QB/T 2829-2022《螺旋藻碘盐》等。水产品归口的推荐性行业标准代号为“SC/T”，如：SC/T 3040-2008《水产品中三氯杀螨醇残留量的测定气相色谱法》、SC/T 1102-2008《虾类性状测定》、SC/T 1103-2008《松浦鲤》等。商业行业标准代号为“SB”，如：SB/T 10371-2003《鸡精调味料》、SB/T 10379-2012《速冻调制食品》等。

地方标准是由地方（省、自治区、直辖市）标准化主管机构或专业主管部门批准、发布，在某一地区范围内统一的标准。地方标准在本行政区域内适用，不得与国家标准和行业标准相抵触。在公布国家标准或者行业标准之后，该地方标准即应废止。地方标准代号是由“DB”加上行政区划代码前两位数字，如 DBS 50/021-2021《食品安全地方标准 麻辣调料》。

团体标准是由团体按照团体确立的标准制定程序自主制定发布，由社会自愿采用的标准。社会团体可在没有国家标准、行业标准和地方标准的情况下，制定团体标准，快速响应创新和市场对标准的需求，填补现有标准空白。国家鼓励社会团体制定严于国家标准和行业标准的团体标准，引领产业和企业的发展，提升产品和服务的市场竞争力。

企业标准是指企业所制定的产品标准以及在企业范围内为统一、协调技术要求、管理要求和工作要求所制定的标准。企业标准由企业制定，由企业法人代表或法人代表授权的主管领导批准、发布，是企业组织生产、经营活动的依据。企业标准一般以“Q”作为开头。《中华人民共和国食品安全法》规定：国家鼓励食品生产企业制定严于食品安全国家标准或者地方标准的企业标准，在本企业适用，并报省、自治区、直辖市人民政府卫生行政部门备案。省级以上人民政府卫生行政部门应当在其网站上公布制定和备案的食品安全国家标准、地方标准和企业标准，供公众免费查阅、下载。企业可以根据需要自行制定企业标准，或者与其他企业联合制定企业标准。国家支持在重要行业、战略性新兴产业、关键共性技术等领域利用自主创新技术制定团体标准、企业标准。企业应当按照标准组织、生产经营活动，其生产的产品、提供的服务应当符合企业公开标准的技术要求。

（二）按照性质分类

中国食品标准中的国家标准分为强制性标准、推荐性标准。行业标准、地方标准都是推荐性标准。强制性标准指具有法律属性，在一定范围内通过法律、行政法规等强制手段加以实施的标准。强制性国家标准的代号是“GB”，“GB”是“国标”两字汉语拼音首字母的大写，如 GB 7718-2011《食品安全国家标准 预包装食品标签通则》。推荐性国家标准不具有强制性，任何单位均有权决定是否采用，违反这类标准，不构成经济或法律方面的责任。应当指出的是，推荐性标准一经接受并采用，或各方商定同意纳入商品经济合同中，就成为各方必须共同遵守的技术依据，具有法律上的约束性。推荐性标准的代号是“GB/T”，字母“T”是表示“推荐”的意思，如 GB/T 5835-2009《干制红枣》等。

中国强制性标准属于技术法规的范畴，推荐性标准在一定情况下可以转化为强制性标准。

（三）按照内容分类

按内容可以分为食品工业基础及相关标准、食品卫生标准、食品通用检验方法标准、食品产品质量标准、食品包装材料及容器标准、食品添加剂标准等。

（四）按照标准的作用范围分类

（1）技术标准。技术标准指对标准化领域中需要协调统一的技术事项所制定的标准。技术标准的形式可以是标准、技术规范、规程等文件，以及标准样品实物。

（2）管理标准。管理标准指对标准化领域中需要协调统一的管理事项所制定的标准，如 ISO 9000 质量管理体系标准、ISO 14000 环境管理体系标准等管理体系标准、管理程序标准、定额标准以及期量标准。

（3）工作标准。工作标准是指为实现整个工作过程的协调，提高工作质量和效率，对工作岗位所制定的标准。

二、中国食品基础标准

食品基础标准在食品领域具有广泛的使用范围，涵盖整个食品或某个食品专业领域内的通用条款。食品基础标准主要包括通用的食品技术术语标准，相关量和单位标准，通用的符号、代号标准等。

（一）食品术语标准

食品术语标准的制定及其标准化既是当代食品工业发展和国际贸易的需要，也是信息技术兴起的需要。和其他术语一样，食品标准中的术语表现形式有两种：一是制定成一项单独的术语标准或单独的部分；二是编制在含有其他内容的标准中的“术语和定义”一章中。

除了编制于众多技术标准中的术语和定义外，中国先后颁布了多部食品术语集的国家标准和行业标准，如GB/T 15091-1994《食品工业基本术语》、GB/T 25171-2010《畜禽养殖废弃物管理术语》、GB/T 12728-2006《食用菌术语》、GB/T 12140-2007《糕点术语》、GB/T 15109-2021《白酒工业术语》、GB/T 26632-2011《粮油名词术语 粮油仓库设备与设施》、GB/T 8873-2008《粮油名词术语 油脂工业》、GB/T 18007-2011《咖啡及其制品 术语》、GB/T 9289-2010《制糖工业术语》、GB/T 31120-2014《糖果术语》、SC/T 3012-2002《水产品加工术语》等。

（二）食品图形符号、代号类标准

术语标准体系和图形符号标准体系隶属于标准体系中的两大分支，各行各业都需要以此为基础展开工作。

食品的图形符号、代号标准主要包括GB/T 191-2008《包装储运图示标志》、GB/T 13385-2008《包装图样要求》、GB/T 16900-2008《图形符号表示规则 总则》、GB/T 12529.1-2008《粮油工业用图形符号、代号 第1部分：通用部分》、GB/T 12529.2-2008《粮油工业用图形符号、代号 第2部分：碾米工业》、GB/T 12529.3-2008《粮油工业用图形符号、代号 第3部分：制粉工业》、GB/T 12529.4-2008《粮油工业用图形符号、代号 第4部分：油脂工业》、GB/T 12529.5-2010《粮油工业用图形符号、代号 第5部分：仓储工业》等。

（三）食品分类标准

食品分类的标准化是食品行业发展和技术进步的基础，其基础性功能体现在以下几方面：

（1）食品分类标准是规范市场的工具，是食品生产监督管理部门对食品生产企业进行分类管理、行业统计、经济预测和决策分析的重要依据，也是进行消费者调查的重要工具。

（2）食品分类识别标准是食品安全风险暴露评估的依据，是食品安全的标准。

（3）食品分类标准是国家和地区食品成分表的重要组成部分，是进行国家和地区膳食评估比较的依据。

（4）建立食品分类标准并使之与国际接轨，是国际贸易发展和信息化的需要，缺乏统一认可的食品分类识别标准，会给国际食品贸易和安全信息交流带来困难。

因食品分类的目的、原则和方法各异，其分类结果也大不相同。食品分类标准应当在逻辑上是严密的，在用语上是规范的，在操作上是直观的，既要具有食品行业的学科属性，体现完整性和系统性的特点，又要强调食品分类的社会实用性，充分考虑应用分类的社会各组织、各社会组织体系的客观基础。在结构设置上，应尽量避免类级的轻重不当，不能为了突出一点而忽略其他。随着食品产业的细化，国际上食品分类正朝着开放性的方向发展。

三、中国食品流通标准

所谓食品流通，是指以食品质量安全为核心，以消费者需求为目标，围绕食品采购、储存、运输、供应、销售等过程所进行的管理和控制活动。食品（尤其是生鲜食品）在流通过程中对环境条件（如温度、湿度）有着极其严格的要求，需要在最短的时间内迅速送到目的地，否则其营养、品质、安全性都会大打折扣，甚至严重影响消费者的健康和权益。食品流通一般包括商流和物流两个方面。其基本活动主要包括运输、储存、装卸、包装、流通加工、配送、信息处理和销售。食品流通过程与食品安全密切相关，涉及原材料、加工工艺、包装、储运和生产加工（环境、物品、人员等）等一系列可能影响食品质量安全的因素。因此，必须在田间生产—收购—加工—流通—消费整个过程中，建立统一的安全管理体系和标准体系。

（一）食品贮藏标准

储运是流通过程中的两个关键控制环节，被称为“物流的支柱”。仓储的概念包括商品分类、计量、仓储、出库、库存控制和配送等多种功能。中国有关食品储藏的标准主要有以下几种：

1. 仓库布局标准

如 GB/T 18768-2002《数码仓库应用系统规范》、GB 50072-2021《冷库设计标准》等标准。

2. 贮藏保鲜技术规程

此项技术标准大多是关于果蔬的，如 GB/T 51124-2015《马铃薯贮藏设施设计规范》、GB/T 26432-2010《新鲜蔬菜贮藏与运输准则》、GB/T 29372-2012《食用农产品保鲜贮藏管理规范》等标准，分别规定了贮藏前的处理，贮藏的温度、湿度和贮藏期限等内容。

3. 堆码苫垫技术标准

对食品的堆垛方式和技术，货架以及苫盖、衬垫方式和技术等都应制定相应的标准和操作规程。

（二）食品包装工艺标准

包装过程是对各种包装原料或半成品进行加工，最后将产品包装成商品的过程。包装工艺规范是文件形式的包装工艺。食品包装技术和法规的标准化意味着必须设计每个包装过程，必须确定每个包装过程的科学性，必须按照“提高质量，严格控制有害物质含量”的有关标准制定严格可行的操作规程。包装过程的标准化应包括产品和包装材料按规定的方式组合成可供销售的包装产品，然后内包装产品在流通过程中受到保护，并在销售和消费时得到消费者的认可。主要内容是：

（1）容量标准化。容量是每个包装中的产品数量。食品包装能力是标准化的重要内容。数量过多或过少都是不符合标准的，对食品的储存、运输和销售都不方便。

（2）产品状态条件的标准化。包装产品的状态，如温度、物理形状或浓度，会影响食品的储存期，因此应规范产品的状态条件。

（3）包装材料的标准化。在选择合适卫生的包装材料的同时，应规范现场操作期间的材料准备状态。如有必要，包装材料部件应组装成型，用于产品填充。

（4）包装速度的标准化。包装速度也要标准化，它是控制成本和质量的因素之一，包装速度取决于所用工艺设备的自动化程度。包装步骤参考所选生产线的操作程序。

（5）规定质量控制要求。

（三）运输方式及作用规范标准

运输是一个系统。制定各种运输方式标准和作业规范，将有利于运输的合理分工、配合协作，有利于发挥各种运输方式的运输潜力。

GB/T 7635.1-2002《全国主要产品分类与代码 第 1 部分：可运输产品》规定了全国主要产品（可运输产品）的分类原则与方法、代码结构、编码方法、分类与代码，适用于信息处理和信息交换。在运输作业规范方面，中国颁布了 GB/T 20014.11-2005《良好农业规范 第 11 部分：畜禽公路运输控制点与符合性规范》。

（四）食品配送标准

配送是根据用户要求，在经济合理的区域内对物品进行选择、加工、包装、分割、组装，并按时送达指定地点的物流活动。配送是物流中一种特殊而全面的活动形式。它是商流和物流的紧密结合。它包括业务流活动和物流活动。它是集、发、交有机结合而形成的流通活动。配送中的配送是短途运输。配送不仅是送货、分货、配货等活动的有机结合，而且与订货、销售系统密切相关。因此，必须依靠物流信息的作用，建立完善的配送体系，形成现代化的配送方式。目前中国颁布的配送方面的标准有 GB/T 18715-2002《配送备货与货物移动报文》。该标准适用于国内和国际贸易，以通用的商业管理为基础，而不局限于特定的业务类型和行业，规定了在配送中心管辖范围内的仓库之间发生的配送备货服务和所需的货物移动所用到的报文的基本框架结构。

（五）食品销售标准

食品销售是将产品的所有权转移给用户的过程，也是一种以实现企业销售利润为目的的经营活动。产品只有通过销售才能实现其价值，创造利润。销售是包装、运输、仓储、配送等各个环节的统一，是流通的最后一个环节。实现食品销售的重要因素是市场。商务部等 8 部委联合组织制定了 GB/T 19220-2003《农副产品绿色批发市场》和 GB/T 19221-2003《农副产品绿色零售市场》两个国家标准，二者均从场地环境、设施设备、商品管理、市场管理等方面对销售市场进行了规定。农副产品绿色批发市场是指环境设施清洁卫生、交易商品符合国家标准的质量管理要求、经营管理具有较好信誉的农副产品批发市场；农副产品绿色零售市场是指环境设施清洁卫生、交易商品符合国家标准的质量管理要求、经营管理具有较好信誉的农副产品零售市场。这两个绿色市场标准对建设市场流通标准体系和规范市场流通环节具有重要意义。

小知识：

目前，中国食品分类体系根据不同的专业领域的需求制定有不同的食品分类系统，在使用过程中要特别注意同一种食品在不同的食品分类系统中类别可能是不同的。

中国的食品分类体系主要有食品生产许可食品分类体系、食品安全标准食品分类体系、食品安全监督抽检实施细则中食品分类体系等。

因为目前没有一套适用于食品安全国家标准体系的统一指导性食品分类体系，我们国家也在积极地推动统一的食品分类系统的建立。在 2014 年，原国家卫生和计划生育委员会立项启动《食品安全名词术语及食品分类》的标准制定工作；2017 年，食品评估中心联合中国食品工业协会起草了包括 25 大类食品的分类体系；2018 年，食品安全国家标准审评委员会在内部征求了《用于食品安全国家标准的食品分类体系》的意见。但是，《用于食品安全国家标准的食品分类体系》仅作为食品安全风险管理工作的参考，不会取代目前食品行业现有分类方式，也不会代替各类食品安全通用标准和食品安全监管工作所采用的分类方式，所以食品行业从业者还是要熟练掌握各食品分类体系。

（原载：食品伙伴网食品安全合规事业部．食品标准制定与修订动态［R］.2021 年度食品标准法规与食品安全盘点报告，2021 年 02 月）

第五节 实践指导

一、实践任务

通过本章学习，引导学生了解中国食品安全的监管体系，认识中国食品安全的构成要素。要求学生掌握中国在进出口食品方面的法律法规的具体内容，并尝试运用实践案例进行分析，以及了解中国食品安全的标准体系。收集有关案例资料，借助案例分析加强对中国食品安全的认识，从而更好地实现课程教学目标。

二、实践步骤

（一）分组讨论并进行交流，找出分析案例中的关键问题。

（二）确定是否还需查找与已找出关键问题相关的背景资料。

（三）筛选并优化分析此案例的答题思路。

（四）明确构成小组分析逻辑的依据，并展开进一步的逻辑整理。

（五）小组做出文字报告并进行汇报。

三、实践要求

（一）彻底读懂案例——当小组分发到一篇案例时，成员需要对案例进行反复阅读，对案例中的重要信息尝试消化理解。在阅读的过程中，对案例中的背景资料、主要事实、面临的难题以及难点、重要论点、重要结论和针对性的对策建议等内容进行一一记录，以方便下一个步骤的进行。

（二）分组交流讨论，大胆提出自己对问题的看法——对案例中的主要角色所面临的问题进行分析，尝试对案例所给的背景资料进行仔细阅读、筛选分类、归纳总结。若需要引证资料来佐证个人观点，可以依靠电子资料、图书馆实体资料等，获取相关领域的多方面知识，保证分析的正确性。

（三）全面并正确概括问题——在对案例进行认真分析之后，小组尝试根据案例的相关资料找出问题的症结所在，并对需要解决的问题进行正确概括，注意概括问题的逻辑性与针对性。

（四）撰写分析报告——报告中对资料的分析运用要求准确，以所学理论为指导分析资料。资料分析要求全面充实、紧扣主题、结构合理、层次清楚、中心突出。除此之外，提交的报告要注意格式规范、用词准确、表达通顺。

四、实践内容

2021 年食品安全与健康热点发布

“‘0 糖’是不是就没有糖？”“临期食品是不是变质食品？”……这些是 2021 年备受媒体和公众关注的食品安全热点。在 2021 年食品安全与健康热点科学解读媒体沟通会上都一一得到解答。

热点一：月饼“减糖”引发风波，“0 糖”不是目标。

中国工程院院士、国家食品安全风险评估中心总顾问陈君石认为：“减糖”是当下的热点话题，也是食品工业创新发展的趋势之一。应科学看待糖，不能“谈糖色变”。消费者在见到“无糖”“0 糖”标识时，要查看配料表以了解产品是否真的没有添加糖、是否使用了甜味剂。只要按规定使用甜味剂就是安全的。

热点二：油脂“哈喇味儿”的罪魁祸首——过氧化值超标。

江南大学食品学院教授、脂质营养与安全国际联合实验室主任王兴国表示：过氧化值是反映食品中油脂氧化程度的重要指标之一。长期食用过氧化值超标的食品确实存在潜在的健康风险。过氧化值（POV）是指食用油和含油食品中脂肪酸过氧化产物的总量。主要涉及食用油、饼干、糕点、坚果等富含油脂的食品。建议食品生产企业应根据不同食品的特点加强过程控制，消费者亦要合理贮存富含油脂的食品，并适量食用。

热点三：临期食品受热议，市场火热勿“变质”。

中国食品科学技术学会名誉副理事长、中国农业大学特殊食品研究中心主任罗云波表示：临期食品与过期食品有本质区别。食品经营者通过打折等方式，对临期食品进行集中销售，有效避免了食物浪费，同时也贴合了部分消费者对“物美价廉”商品的需求。目前，我国也正在通过政策的监管、规范与引导，推进临期食品市场的规范化发展。建议消费者通过正规渠道购买临期食品，科学理性消费。

（原载：食品伙伴网食品安全合规事业部 .2021 年食品安全与健康热点发布［R］.2021 年度食品标准法规与食品安全盘点报告，2021 年 02 月）

上述案例的 3 个热点可以分别反映出以下 3 个问题：

问题一：广告宣传是否与配料表相同？

问题二：注意一些物质摄入过量的问题。

问题三：临期食品不同于过期食品。

五、实践范例

借助数字化全链条监管食品安全

2021年4月以来，“小龙坎”火锅店、“蜜雪冰城”奶茶店、“华莱士”快餐店、“杨国福”麻辣烫店、“奈雪的茶”奶茶店、“大润发”超市相继曝出食品安全问题，引起社会广泛关注。

为加强连锁食品经营企业食品安全监管，守护好人民群众“舌尖上的安全”，国家市场监督管理总局办公厅印发《关于加强连锁食品经营企业食品安全监管的通知》，将连锁企业的食品安全责任主体明确为连锁经营企业总部，连锁食品经营企业总部要严格落实主体责任，对食品安全负总责。连锁食品企业要建立健全覆盖从总部到门店的食品安全管理体系，有效发挥食品安全管理机构作用，督促门店严格执行食品安全管理制度、操作规程等。同时加强自查自纠，定期全面开展食品安全自查，纠正违法违规行为，防范和消除风险隐患。此外还要制止餐饮浪费，要制定细化措施，通过主动提示提醒、在醒目位置张贴或摆放反食品浪费标识、合理确定数量分量、提供小份餐等措施减少餐饮浪费。国家市场监督管理总局相关负责人表示，食品安全没有“零风险”，但对食品安全领域的任何违法违规行为，必须坚持“零容忍”。

中央民族大学法学院教授陈群峰分析认为，连锁门店食品安全领域薄弱与连锁食品企业对于食品安全的重视程度以及企业管理科学严谨程度密不可分。陈群峰表示，连锁门店旗下分店、加盟店众多，门店又有自己的员工、店长，运营体系各不相同。总部要求与各个门店实际操作严谨程度存在差异。

以海鲜生鲜食材举例称，海鲜死后，体内蛋白质迅速分解，其中一些物质会转化为有毒物质——组胺。人食用一定量的组胺后会中毒，严重时甚至可致命。因此保证海鲜产品鲜活要从食材本身、保鲜设备上下功夫。

中国人民大学法学院教授刘俊海介绍，食品行业向上可以追溯到食用农产品、农药、种子等“三农”问题，向下可以延伸至食品的生产、加工、包装、保鲜、贮存、运输、销售与餐饮服务等产业。食品安全责任制需要覆盖与食品安全相关的方方面面。与此同时，我国食品产业规模化、集约化程度加强，市场活力显著。市场扩张的同时也对市场秩序提出更高的要求。当监管对象由点变成面时，先前的管控手段和管控力度被削弱。规模化市场控制难度较大，力度跟不上扩张速度，市场秩序容易失衡，易出现漏网之鱼。

国家市场监督管理总局相关负责人介绍，今后市场监管部门将继续充分利用监督检查、抽检监测、媒体监督、投诉举报等途径发现食品安全风险隐患，综合运用信用联合惩戒等手段对违法者及上下游相关生产经营者实行最严格的监管。同时，对食品安全典型案件查处一批曝光一批，不断净化食品安全环境，强化食品安全社会共治。

在食品市场经营活动中，总部和分店、加盟店的法律关系不论是否相对独立，在共同经营运用同一个品牌的责任方面都是统一不可分割的。按照《中华人民共和国食品安全法》的规定，企业是承担食品安全责任的第一人，需要对分店或者具体门店进行约束和监督。刘俊海认为，应坚持和完善对食品安全全链条的监管，“将食用农产品质量安全、食品生产经营安全以及食品安全相关领域工作，纳入食品安全责任制范畴，有助于完善食品安全监管和执法体制，整合监管职能，加强监管协同，有利于形成市场监管合力。”

连锁食品企业往往供应链较长，这就需要从供应商、原材料、分销渠道到最终的物流等，借助数字化的力量实现前端可溯源、生产加工可监控、后端可追溯，最大限度保障送到加盟商手中的食材新鲜健康。在刘俊海看来，涉及人工操作的环节是食品安全高风险环节之一。因此除了关心常规的生产制作、物流渠道等方面，还应该关注人的行动。对加盟商的员工进行培训是至关重要的一个环节，配套的奖惩措施也要制定并严格落实。

（原载：食品伙伴网食品安全合规事业部 . 借助数字化全链条监管食品安全［R］.2021 年度食品标准法规与食品安全盘点报告，2021 年 02 月）

前沿研究

食品安全法律法规的建立和完善，与食品安全检测技术息息相关。法律法规需要根据与时俱进的技术来不断修改国家标准，更新危及人体的元素，进而更好地保障国民饮食方面的安全。

从“三聚氰胺”开始，很多食品安全重大事件的罪魁祸首都是不在监管目录中的化学有害物。中国的食品安全监管目录已有 2 000 余种有害物，但相对 4 亿多已知的化学物质来说，简直是沧海一粟，如何发现这些监管目录外的有害物质成为分析检测领域的重大挑战。此外，随着对食品安全的重视，国内外对有害物质的限量设置得越来越低，也不断地挑战检测仪器、材料和方法的极限。解决监管目录外未知新型有害物的发现难题、解决痕量物质的检测难题，正是张峰 2019 年获得国家科技进步奖二等奖的研究项目——“食品中化学性有害物检测关键技术创新及应用”的主要成果。

2020 年 1 月 10 日，2019 年国家科学技术奖励大会在人民大会堂隆重召开。党和国家领导人出席大会并向获奖代表颁奖。食品安全领域喜获奖项，其中，中国检验检疫科学研究院（以下简称中国检科院）副院长张峰研究员作为第一完成人的“食品中化学性有害物检测关键技术创新及应用”荣获国家科技进步奖二等奖。张峰对食品安全未来发展也提出了展望，希望对关注食品安全检测技术的分析测试研究和应用人员有更多启发。

未来中国食品安全检测技术的发展方向

作为多项国家重点研发计划项目的负责人、国家中长期科技发展规划的编制专家，张峰结合自己的研究方向，为我们展望了中国食品安全检测技术的发展方向。

1. 智能化

首先，检测的自动化不是智能化，是智能化的前提。其次，智能化检测不能简单理解为检测后端的数据获取、大数据分析。只有真正解放检测人员的双手才是真正实现了智能化。目前，食品检测人员的苦恼就在烦琐的前处理环节，耗时耗力又危害检测人员的身体健康。虽然有自动化前处理装备在研发或销售，但效果往往不尽如人意。主要原因就在于食品的基质复杂，比如同样是猪肉，肥的和瘦的就需要不同的前处理方法（这也是很多检测标准实施效果不好的原因之一，没有经验的检测人员不会根据样品基质的特点去优化改进标准所规定的前处理条件）。因此，为了实现检测的智能化，就必须实现食品基质的标准化。比如猪肉中兽药的检测，不仅仅需要兽药的标准化，也需要猪肉的标准化。这就需要全面标准化的饲养条件，包括品种、生产环境、饲料等，使生产出来的猪肉中脂肪、蛋白质等基质的含量都能够实现标准化。这些基质含量实现标准化，才能够开发出通用的前处理净化方法，从而实现检测方法的标准化。不同品种、不同产地的猪，经过标准化饲养，能够得到标准化的基质含量数据。这些数据输入数据库，就可以在检测前，根据样品的来源调取其基质数据和预先开发的前处理方法，结合自动化的前处理装备、标准的仪器检测方法以及数据处理方法，实现无人工的智能化检测。因此，畜禽养殖的规模化、标准化和溯源体系的建立，是智能检测的前提。

2. 可视化

传统的定性、定量检测技术只能获取有害物的性质和含量，很难获取整体分布情况。随着成像技术的发展，人们可获得可视化检测结果。张峰认为，人们不仅可以获知有害物在食品中的整体分布情况，甚至可以进行食品中有害物的动态代谢机理研究。

3. 在线监控

目前中国的食品安全问题不仅包括安全检测，也有食品安全控制问题，同时解决这两个问题需要在线监测技术。比如对储存的玉米进行安全性筛选，首先通过使用高光谱成像等多种可视化技术，再结合机械分离，就能实现霉变玉米和未霉变玉米的分离。但在线监测技术的发展需要结合其他手段才能真正实现。

4. 绿色检测

当前食品检测实验室污染问题比较严重。由于食品基质十分复杂，检测前需要大量有机溶剂进行提取和净化，而大量有机溶剂排放会造成严重的生态污染，这也就是很多检测实验室搬到郊区的原因。目前，人们使用的绿色检测技术主要包括使用超临界流体萃取和分离分析技术，使用 DART、DBDI 电离质谱、拉曼等直接分析技术等。这类技术的定性、定量分析能力的提高，将有望解决有机溶剂污染的问题。

5. 科学技术

首先，组学技术可以进行食品的真伪鉴别、掺假鉴别等，例如鉴别真假阿胶、真假红酒。张峰实验室利用 REIMS 离子刀 - 质谱技术，建立了相关数据库，可在 3 秒钟内鉴别三文鱼品种和产地。

其次，组学技术可以用于过度加工食品的鉴别问题。食品当前的加工环节很多，每一个环节都有可能使食品本身的物质基础、成分发生改变；发生改变之后到底对安全性有什么影响，需要进一步评估。在应用组学技术、化学计量学技术后，可以判定食品是否被过度加工。张峰实验室已经开发了针对过度加工牛奶、过度加工烤肉等的鉴别方法。张峰举例说："传统上，我们针对烤肉检测其中的苯并芘、杂环胺，但即使没有检出也不见得安全，因为加工过程中可能还产生了其他我们不知道的有害物。我们通过一系列模拟实验，运用质谱技术和化学计量学技术，实现不同温度加工烤肉的区分，并筛选出标志物，研究其含量随温度变化的曲线，从而可以判定是否存在过度加工。"

（原载：分析测试百科网 . https://www.antpedia.com/news/09/n-2376809.html）

补充阅读材料

食品标准是食品工业领域各类标准的总和，我国食品标准从无到有、从重要食品到一般食品的覆盖，最终形成以食品安全国家标准为核心，以展现地方特色及风俗的地方标准、统一技术要求的行业标准、体现市场经济行为的团体标准和企业标准为补充的食品标准体系。值此第 53 届世界标准日之际，让我们共同了解一下食品标准。

（一）标准概念

目前对于标准的概念有两种，一是来源于《中华人民共和国标准化法》的规定：标准（含标准样品）是指农业、工业、服务业以及社会事业等领域需要统一的技术要求。二是来源于 GB/T 20000.1-2014《标准化工作指南 第 1 部分：标准化和相关活动的通用术语》的定义：通过标准化活动，按照规定的程序经协商一致制定，为各种活动或其结果提供规则、指南或特性，供共同使用和重复使用的文件。其中标准化是为了在既定范围内获得最佳秩序，促进共同效益，对现实问题或潜在问题确立共同使用和重复使用的条款以及编制、发布和应用文件的活动。

（二）标准管理

《中华人民共和国标准化法》规定，标准包括国家标准、行业标准、地方标准、团体标准和企业标准。国家标准分为强制性标准、推荐性标准，行业标准、地方标准是推荐性标准，强制性标准必须执行。国家鼓励采用推荐性标准。这里需要注意的是，法律法规另有规定的从其规定，如根据《中华人民共和国食品安全法》的规定，食品安全地方标准为强制性标准。

标准的制定、实施以及监督管理服从《中华人民共和国标准化法》，该法是规范标准化工作的一部基本法律，同时为了加强标准管理，有针对性地规范标准的制定、实施和监督，各个类型的标准由配套的法规进行管理，如《国家标准管理办法》《行业标准管理办法》等。

食品、粮油等行业领域的标准还应符合其特有的规定，如食品安全国家标准的管理应符合《食品安全标准管理办法》的要求；粮油行业领域的标准管理应符合《粮食和物资储备标准化工作管理办法》。

（三）参与标准制定、修订优势

标准是保证产品质量，规范行业秩序，提高行业整体竞争力的有力保障。一流的企业做标准，标准有利于企事业单位成为行业的标杆和领头羊。参与标准制定有助于企事业单位战略与形象提升；有助于掌握规则的话语权，抢占市场先机；有利于促进科技成果转化。

企事业单位一方面可参与标准文本的编写，将本单位科学有效、技术先进的研究成果或实践经验在标准中体现；另一方面可在立项、征求意见、跟踪评价阶段向起草单位或归口单位反馈意见，使标准化更加有效地推动国家综合竞争力提升，促进经济社会高质量发展，在构建新发展格局中发挥更大作用。

标准化创造美好生活，向每一位标准化工作者致敬。

（原载：食品伙伴网 . http://news.foodmate.net/2022/10/643505.html）

练习与思考

一、单项选择题

1. 生产食品，必须先取得（　　）。

A. 食品生产许可证　　B. 餐饮服务许可证

C. 食品流通许可证　　D. 食品储存许可证

2. 企业标准的代号由“Q”后加（　　）形成。

A. 行政区代　　B. 企业代码

C. 行业代码　　D. 地方标准代码

3. 推荐性国家标准的代号为（　　）。

A. GB/T　　B. GB

C. QB　　D. SB

4. 对于食品的质量安全市场准入制度，负责组织、指导、监督的政府部门是（　　）。

A. 防疫部门　　B. 质量技术监督部门

C. 市场监督管理局　　D. 轻工业总会

二、简答题

请简述中国食品安全监管机构与职能。

第二章

国际组织有关食品进出口的标准与法规

学习目标

学完本章，你应该能够：

一、了解国际有关食品安全的监管体制；

二、熟悉国际食品安全的认证体系；

三、掌握与食品进出口标准与法规制定相关的国际组织结构知识。

基本概念

WTO 的组织结构；世界卫生组织（WHO）；联合国粮食及农业组织（FAO）；国际食品法典委员会（CAC）

第一节　世界贸易组织法规和标准

一、WTO 的组织结构

世界贸易组织（World Trade Organization，缩写 WTO，简称世贸组织），是一个独立于联合国的永久性国际组织，其总部位于瑞士日内瓦，世界贸易组织作为世界上最重要的经济组织之一，目前拥有 166 个成员，这些成员的贸易总额占世界贸易总额的比例高达 98%，世界贸易组织有一套相应的组织机构来完成其日常任务，从而有效发挥世界贸易组织的功能，确保各国给予的资源得到有效利用，同时也能够保障组织机构的正常运转。对于重大战略决策部署，将由全体成员和部长或其大使代表通过协商一致作出。

世贸组织成员之间谈判的结果是，世贸组织将其规则纪律应用于或融入到成员国的国家政策中。该规则由成员自行根据其商定妥当的程序执行，这些程序中也可能包含贸易制裁。但想要实施贸易制裁，必须要得到全体成员国的认可。

WTO 最高权力机构是部长级会议。各国通过各种理事会和委员会作出决定，其成员包含所有 WTO 成员。部长级会议是最重要的，必须至少每两年召开一次。部长级会议之间的日常工作由三个机构处理：总理事会、争端解决机构和贸易政策审查机构。三个机构均由所有 WTO 成员组成，他们向部长级会议报告。总理事会负责监督解决成员之间争端的程序并分析成员的贸易政策。

在 WTO 组织中，包含着三个理事会，分别为货物贸易理事会（货物理事会）、服务贸易理事会（服务理事会）、与贸易有关的知识产权理事会（TRIPS 理事会）。他们负责贸易领域的管理、向总理事会报告，并且负责处理各自贸易领域的 WTO 协定，理事会由所有 WTO 成员组成。其他六个机构分别是贸易与发展委员会、贸易与环境委员会、国际收支限制委员会、预算财务与行政委员会、区域贸易协议委员会和最不发达国家小组委员会。这六个机构也向总理事会报告。它们的覆盖范围较小，也是由所有 WTO 成员组成。职责涵盖贸易发展、环境、区域贸易安排和行政等问题。

这些较高层次的理事会都设有下属机构。如货物理事会下有十三个委员会处理具体议题（如农业、市场准入、补贴、反倾销措施等）。除了这十三个委员会以外，还有向货物理事会报告的纺织品监督机构，该机构由 1 名主席和 10 名成员组成，他们分别以个人身份工作。

《服务贸易总协定》（The General Agreement on Trade in Services，缩写 GATS）是关贸总协定乌拉圭回合谈判达成的第一套有关国际服务贸易的具有法律效力的多边协定。服务理事会各附属机构分别处理金融服务、专业服务和 GATS 规则及具体承诺。

在总理事会一级，争端解决机构还设有两个分支机构：对争端进行裁决的争端解决“专家组”，以及处理上诉的上诉机构。由于决策是通过协商一致作出的，因此，世贸组织内部的非正式会议在将广泛多样的成员回合达成协议方面发挥着至关重要的作用。

非正式会议也包括正式成员，例如代表团团长。在非正式会议中常见的一种做法是，谈判小组的主席试图与各代表团进行磋商，以两三人一组或以最感兴趣的代表团（20 至 30 人）为一组，确保即使没有参加特定的磋商或会议，每个人都可以随时了解正在进行的事情，该过程必须是“透明的”，并确保他们有机会参与或提供意见与建议。

各种形式的非正式会议在达成共识方面起着至关重要的作用。

二、WTO 的职能与作用

在世界贸易组织（WTO）中，秘书处是用来协调日常活动从而保证活动顺利开展的部门。秘书处雇用600多名工作人员，其中包括律师、经济学家、统计学家和传播专家。定期为WTO成员提供帮助，以确保谈判能顺利进行，国际贸易规则得到正确执行。

（一）贸易谈判

WTO协定涵盖商品、服务和知识产权，阐明了上述贸易内容的自由化原则以及允许的例外。其中包括各个国家对降低关税、调整贸易壁垒以及开放和保持开放服务市场的承诺。需要特别注意的是，关于争端解决机制的协定并非一成不变，这些程序可以进行重新协商，并且可以将新协议纳入该机制中。

（二）实施和监测

WTO协定要求政府通过向WTO通报现行法律规定和所采取的措施，使贸易政策透明化。WTO的各个理事会和委员会都在努力确保遵守这些要求，并正确执行世贸组织的协定。WTO所有成员必须定期审查其贸易政策和做法，每次审查均应载有有关国家和WTO秘书处的报告。

（三）争端解决

对于程序的执行规则来说确保贸易顺畅至关重要。WTO根据《争端解决规则和程序谅解》协议来解决贸易争端，当某些贸易协议规定侵犯到了成员国的权利时，受侵犯的国家便会向WTO提出争端申诉，由独立的专家小组根据对相关协议的解释及涉事国家的承诺进行分析，从而制定解决方案。

（四）建立贸易能力

WTO的协定包含对发展中国家的特殊规定，例如给予发展中国家更长的时间来执行协定和承诺、采取措施增加发展中国家的贸易机会，帮助其建立贸易能力支持，协助其处理争端，支持其执行技术标准。对此，WTO提出贸易援助这一概念，这一概念的提出旨在帮助发展中国家掌握扩大贸易所需的技能，并帮助其建设开展贸易所需的基础设施。为此，WTO每年组织数百个技术合作团队前往发展中国家提供技术支持，也在日内瓦为政府官员举办许多课程帮助其掌握技能。

（五）外展

WTO就该组织的各个方面和非政府组织、议员、其他国际组织、媒体和公众保持定期对话，以加强合作，提高他们对WTO活动的认识。

三、WTO的技术法规与标准——《技术性贸易壁垒协议》

WTO颁布了《技术性贸易壁垒协议》（Agreement on Technical Barriers to Trade，简称《TBT协议》），该协议是WTO管辖的一项多边贸易协议，是在关贸总协定东京回合同名协议的基础上修改和补充的。它由前言和 15 条条款及 3 个附件组成。主要条款有：总则、技术法规和标准、符合技术法规和标准、信息和援助、机构、磋商和争端解决、最后条款。协议适用于所有产品，包括工业品和农产品，但涉及卫生与植物卫生措施，由《实施卫生与植物检疫措施协议》进行规范，政府采购实体制定的采购规则不受本协议的约束。

（一）《TBT 协议》中的技术法规、标准、合格评定

《TBT 协议》中技术法规的定义是规定了强制执行的产品特性或其相关工艺和生产方法，包括适用的管理规定在内的文件。专门规定用于产品、产品加工或产品生产的一些术语、符号、包装、标志或标签要求等内容。在我国，技术法规的主要表现形式是强制性标准。

《TBT 协议》中标准的定义是有公认机构批准的，非强制性的，以通用或反复使用为目的的，为产品或相关加工和生产方法提供规则、指南或特性。标准的专门规定与技术法规的专门规定范围相同。推荐性是《TBT 协议》的一大特点。

《TBT 协议》中合格评定程序是确认产品是否符合技术法规和标准要求的技术性程序，包括检测、验证、检验和认证等。合格评定程序分为三个程序：第一是产品能够经过取样、测试并检查的程序；第二个是能够对程序进行评估，验证是否有效，确定合格保证的程序；第三个是能够注册并认可批准一系列综合性程序。合格评定的范围很广，例如：质量管理体系认证 GB/T 19000-ISO 9000、环境管理体系认证 GB/T 24000-ISO 14000，我国实施的 3C 认证、农产品的认证等。我国已经成立了国家认证认可监督管理委员会，负责统一监督管理这方面的工作。

（二）《TBT 协议》

1. 产生背景

为了避免技术性壁垒在国际贸易中对欧盟成员国产生的不利影响，在 1969 年，欧共体制定了《消除商品贸易中技术性壁垒的一般性纲领》作为限制技术性贸易壁垒的贸易规则。

为了更好地解决技术标准与质量认证程序等方面的问题，1970 年，关贸总协定建立了一个政策工作组，专门研究这一类问题，并负责拟订防止贸易中技术性壁垒的《TBT 协议》草案。政策工作组相互多次讨论和协商后，就《TBT 协议》草案中技术法规、标准和合格评定程序的制定与实施，以及解决争端等问题达成一致，并于 1979 年 4 月签署了《关贸总协定 - 贸易技术壁垒协议》，该协议自 1980 年 1 月 1 日起正式实施，简称《GATT-TBT 协议》。在关贸总协定乌拉圭回合中，该协议于 1991 年重新修订，1994 年于马拉喀什正式签署生效，并改称《TBT 协议》。

2. 目的和宗旨

签订《TBT 协议》的目的是为了在国际贸易中减少和消除技术壁垒，规范各成员的贸易行为和必须履行的义务，实现国际贸易的自由化和便利化。《TBT 协议》的宗旨是：加强

国际标准和合格评定程序的制定以增加生产量和提升效率，只要避免一些标准和合格评定程序中的限制，就能够更好地推动国际贸易。任何国家都可以采取合理合法不干扰其他国家正常贸易的手段和措施保护其本国的基本安全利益。运用国际标准化来帮助发达国家向发展中国家转让技术从而帮助其克服制定、采用技术法规、标准、合格评定程序方面的困难。

3. 原则

（1）总原则。《TBT 协议》规定，成员在实行强制性产品标准时，不应对国际贸易造成不必要的障碍，并且标准应以科学资料和证据为基础。从协议内容来看，由于地理、气候及其他方面的原因，成员不得已改变强制性规定的标准时，他们需要将这些强制性规定公布出来，并借鉴其他成员的意见。协议还要求，为了与其他成员生产和出口产品的特性要求相符，在确定最终标准时，成员应充分考虑其他成员国的意见与建议，此外，若有必要，可以积极进行协商。

（2）基本原则。在总原则的要求下，涉及的基本原则包括：正当目的原则、非歧视性原则、国民待遇原则、透明度原则、产品性能原则、影响最小原则、遵守良好行为原则、特殊和差别对待原则、优先适用国际标准原则、例外原则。

4. 主要内容

（1）技术法规的制定、采用与实施。在《TBT 协议》第二条中详细规定了成员方中央政府对技术法规的制定、采用和实施所应遵守的规则。

就国民待遇原则和非歧视性原则而言，各成员方应遵守技术法规在进出口产品上给予其他成员方相同的优惠待遇。当发生国家安全问题、欺诈行为、人类健康安全问题、动植物生命健康问题、环境问题，这些限制都属于合理的限制措施，各成员方可以在技术法规中限制贸易。各成员方在制定技术法规时，在已存在有关的国际标准或在国际标准即将完成的情况下，各成员方应使用这些国际标准或其有关部分，作为制定技术法规的基础，除非这些国际标准或有关部分对实现有关目标显得无效或不适当。在合理情况下，各成员方应该用产品的性能要求来解释技术法规，而设计特性或说明性质是无法解释技术法规的。在技术法规协商通过之后，成员方应第一时间公布，使各成员方都能了解并熟悉这些技术法规。在正常情况下，技术法规公布与正式生效之间会有一段空档期，这是为了能使国与国之间在进出口方面有充足的时间适应与调整，从而满足相互进出口的要求。

与上述方法相同，地方政府制定的技术法规也应通知和公布。

（2）与技术条例和标准规定的一致性问题。在合格评定过程中，缔约方中央政府的标准化机构需对其他缔约方在境内生产的产品进行抽样、测试、检验、评价、证实、合格保证、注册、认可和核准等过程。在此过程中，应遵守如下规则：①合格评定在遵守总原则和基本原则的同时不能形成对国际贸易的阻碍。②每一项合格评定的标准处理期限应在第一时间被公布，并且在得到请求后，对方将得知预计的处理期限。③合格评定的资料提供不应超过合格评定要求提供的范围，并且此资料具有严格的保密措施。④在合格评定过程中需要遵守国际统一标准法律法规，如有特殊情况要按照自己的技术标准来制定，需要公开发布这些标准，告知其他缔约方。除了特殊情况以外，公布合格评定程序之后不会立即正式生效，之间将有一段空档期，为了使其他缔约方有充足的时间调整来满足进出口的要求。⑤各缔约方在相互磋商时应认可并接受其他缔约方作出的合格评定结果。

（3）技术信息通报与技术援助。各缔约方在对有关技术法规、标准和合格评定程序的信息情报的处理上，应遵循下列规则：①各个成员方应视情况而定，设立解决问题的咨询点，且咨询点的个数不少于一个，咨询点提供中央或地方政府或有权实施技术法规的非政府机构所采用的技术法规、技术标准文件以及技术合格评定程序文件，而且需要在第一时间通报参与的活动、签署的技术标准法规协定和其他相关信息。②在收到请求时，按照技术标准法规，对成员方提出合理的建议，特别是针对处于缔约进程中的成员方。③在收到请求的同时，应该在技术上帮助其他成员方，特别是针对处于缔约进程中的成员方，例如：在技术上支持成员方设立国家标准化机构，拥有能够制定规定章程的机构和合格评定机构，在技术上对症下药，合理运用合格评定体系，并履行国际标准化机构义务。

（4）对发展中国家和地区成员的不同待遇。因发展中国家和地区成员的技术水平欠缺，发展进步空间大，所以在履行《TBT 协议》时，对发展中国家和地区成员提供以下特殊和差别的待遇：①由于发展中成员方技术水平较弱，需要适当考虑发展中成员方进出口贸易的未来发展，应在技术法规和技术标准中减少或降低对成员方进出口贸易的限制要求。②在特殊情况下，发展中成员方可以根据自己发展情况合理地制定国际标准法规和合格评定程序。③对于发展中成员方提出的要求，各成员方应采取合理措施，确保国际标准化机构在审议对发展中成员方有特殊利益的产品时考虑制定相关国际标准的可能性，并在可能时制定这些标准。④在得到发展中成员方的请求时，贸易技术壁垒委员会可以在规定时间内免除发展中成员方在《TBT 协议》中承担的部分或全部义务。特别是需给发展程度低的成员方给予特殊照顾。除此以外，《TBT 协议》还对监督机构的设置、争端解决等方面作了规定。

第二节　世界卫生组织

一、WHO 的组织结构

世界卫生组织（World Health Organization，缩写 WHO，简称世卫组织）是联合国下属的一个专门机构，总部设置在瑞士日内瓦，只有主权国家才能参加，并且它是国际上最大的政府间卫生组织。WHO 为了建立自身的法律框架，发行了大量指导成员卫生行为的出版物，同时也提出了在执行职能时的规范与准则，其中主要的两部法律法规为《世界卫生组织组织法》和《国际卫生条例》。《世界卫生组织组织法》主要规定了 WHO 的内部结构，并规范了 WHO 的运行机制。

总干事作为 WHO 的首长，由卫生大会根据执行委员会提名任命，组织中设有世界卫生大会、执行委员会和秘书处。

执行委员会是 WHO 的最高执行机构，每年举行两次全体会议，负责执行大会的决议、政策和委托的任务，它由 34 名在卫生领域具有卓越技术专长的委员组成。

秘书处为 WHO 的常设机构，在总部配备约 8 000 名定期任职的卫生和其他专家以及支助工作人员，下设非洲地区办公室、美洲地区办公室、欧洲地区办公室、东地中海地区办公室、东南亚地区办公室、西太平洋地区办公室 6 个地区委员会作为办事处。

二、WHO 食品安全职能框架规划

在过去几十年内，食源性疾病严重危害人们的健康，世界各地经常暴发大规模、长时间的食源性疾病问题，这些问题严重影响了社会的发展，给国家与个人带来了极大的损失。2002 年《WHO 全球食品安全战略》草案基于对进食不安全食品导致亿万人发病和死亡的关注，设计战略目标是减轻食源性疾病对健康和社会造成的负担。

在此草案中，WHO 提出食品主要存在的安全问题在于：微生物性有害因素、化学性有害因素、食源性疾病监测不到位、新技术开发缓慢、能力建设不足等等。关于 WHO 在食品安全中的职责，宪章规定包括：协助政府部门加强与食品安全有关的卫生服务；促进改善营养、卫生设备和环境卫生；制定食品国际标准；协助在大众中宣传食品安全。对于 WHO 来说，不仅要建立规范和标准，还要对其进行评估。为了达成这些目标，三条主线方针和七项战略措施需重点关注。

（一）主线方针

围绕减轻食源性疾病对健康和社会造成的负担这一主要目标，WHO 提出了三项主线方针：

（1）对以风险为基础的、持续的综合食品安全系统的开发给予宣传和支持；以危险性分析作为基础，倡导并建立可持续的、综合性的食品安全体系。

（2）以技术科学为依据设计整个食品生产链，加强在生产过程中的食品安全措施，禁止食品被其他有害物质所污染，保障食品安全。

（3）部门间相互合作，对食源性风险进行评估和管理并相互交流信息。

（二）战略措施

在三项主线方针的支持下，《WHO 全球食品安全战略》提出以下措施对食品安全进行控制，即七项战略措施。

1. 加强食源性疾病监测体系

目前，不论是人们的身体健康还是社会的经济发展都受到了食源性疾病的影响。在这一背景下，考虑到食源性疾病监测的重要性，应当建立食品安全基础结构，WHO 提出了加强食源性疾病监测体系的草案。具体战略措施为鼓励各成员国积极承诺开展食源性疾病的监测，同时帮助加强食源性疾病监测体系（包含实验室及流行病学）和食品监督项目，促进在发展中国家建立监测哨点，呼吁全球各国建立并协调食源性疾病的全球监测手段。

2. 改进风险评估评价方法

风险评估评价方法由国际食品法典委员会（CAC）创建，WHO 长期以来一直服务于 CAC 和各成员国，对于食品中有害化学物质评价工作有着独到的办法。在这项工作中 WHO 与联合国粮食及农业组织（FAO）合作，掌握了食品中有害物质管理的危险性分析方法，并且建立了对食品中有害物质进行危险性分析的良好体系。只要风险评估过程完善改进，就能够在很大程度上保障食品卫生。具体战略措施为建立一些国际上认可的方法，用于制定国际和国家标准以及确定国家优先解决的问题和食品安全行动计划，及时并适宜地进行危险性评价，以便为国际标准、指南和国家法规提供依据，在全球范围内搜集准确、全面的有关食源性疾病和食品中有害化学物质和致病菌污染资料，使各成员国及时、迅速地获取资料，国与国之间相互交流微生物学危险性评价技术和数据。

3. 建立评价新技术的安全性方法

食品发展方面的新技术使得消费者面临新的挑战和问题，如基因工程等。目前关于生物技术在食品方面的应用的舆论影响很大，WHO 在生物技术方面提供技术科技支持，并对食品的安全和营养价值进行评估，自身还在不断地努力拓展评估范围。具体战略措施为对传统和新的生产方法（包括基因工程）产生的食品和食品成分的生产过程及安全食用性采用整体综合评价的方法，创建国际上认可的用于评价新技术安全性的方法和指南，规范对基因工程食品及食物成分应用的政策和指南，制定一个用于评估新技术食品的安全性、健康受益、环境影响以及所产生的社会经济效果等诸因素的技术框架。

4. 提高 WHO 在食品法典中的公共卫生作用

随着食品全球化的快速发展，食品在全球的流通也同样加快，因此，部分食品污染可能会导致全球食品消费者的健康受到威胁。由于 WHO 在卫生安全方面有足够的经验，所以在食品法典中需充分考虑 WHO 的作用。具体战略措施为鼓励、支持卫生部门更多地参与制定法典标准、指南和建议等有关工作。保证法典的一切决定必须以保护消费者的健康为前提，鼓励并帮助发展中国家有效地参与法典的各项工作，促进法典工作的全面审视、使之最优化。

5. 加强风险交流与宣传

WHO 认为，在食源性危害中，各部门之间加强关于危险性的交流是非常重要的，这在全球和地方性实施活动中起到了重要作用。WHO 的危险性交流战略必须包括来自危险性评价、应急反应、快速警报系统和危险感知等方面的信息。这些能够保障消费者、企业、生产者的权益不被侵犯，从中起到明显的促进作用，而且在提高成员国对 WHO 的信任方面也有很大的帮助。具体战略措施为主张保障食品安全，确保以易于理解的方式交流危险性评价分析结果，以便包括消费者在内的有关各方进行对话，制作和发放用于目标人群的有关食品安全的宣传产品和出版物，通过对话、制定办法鼓励参与，包括注重关于危险性评价分析结果的交流效果并对其进行评估。

6. 增进国内外相互合作

增进国内外相互合作是非常必要的。WHO 必须与其他国际组织合作将保障食品安全作为其重要的公共卫生职能。例如，积极开展与食品安全有关的各项活动，在各成员国从事食品安全的机构之间建立有效的联系。具体战略措施为与 WTO 合作，在食品贸易全球化过程中支持成员国重视健康问题，成立食品安全国际协调组，以保证一致的、有效的食品安全分析方法，在国家一级，协调和支持由国际组织开展的与食品安全有关的各项活动，在各成员国从事食品安全的机构之间建立有效的联系及协调机制。

7. 加强发展中国家食品安全能力建设

发展中国家的技术水平低于发达国家，为了改善发展中国家的食品安全问题，WHO 在当地设立办事处，减少发展中国家在实施中的困难。目前已经取得了较大的成绩，但仍有许多工作需要改进。具体战略措施为鼓励捐赠者将食品安全作为发展中国家公共卫生的优先重点并给予支持，以 WHO 食品安全战略计划中的基本要素和地区的特殊需要为基础，制定地区的食品安全战略计划，建立从事能力建设的 WHO 合作中心网络，为食品安全行动提供技术帮助和教育用具。

第三节　联合国粮食及农业组织

一、FAO 的组织结构

联合国粮食及农业组织（Food and Agriculture Organization of the United Nations，简写 UNFAO，简称 FAO）是联合国的专门机构之一，其任务是为更好地解决国际上粮食和农业的问题，将饥饿人群减少到最小。FAO 的目标是保证全世界人的粮食安全，使人们在日常生活中能够健康饮食，避免饥饿。粮农组织分布在全球各地，成员国数量 194 个，在全球 130 多个国家从事解决国际上粮食和农业问题的工作。FAO 的存在就是为了不断减少国际上的饥饿问题。

1. 粮农组织大会

粮农组织大会是由 FAO 成员所构成的。粮农组织大会作为 FAO 的最高领导机构，每两年举行一届例会。其主要职能是决定本组织的政策，批准工作计划和预算，向成员和国际组织提出建议。粮农组织大会的宗旨是：制定 FAO 的规章政策和预算，依照章程行使权力，成员国提出关于粮食和农业的问题，大会就国家行动实施给予相应意见。

2. 粮农组织理事会

在粮农组织大会闭会期间，理事会在一定的权限范围内作为闭会期间的执行机构。理事会的主要职能有：公布国际粮食和农业的趋势；制定工作计划和预算，组织各国活动；从行政和财政两方面制定章程。理事会不同于粮农组织大会，通常每两年至少举行五次会议。理事会下设 8 个委员会：计划委员会、财政委员会、章程及法律事务委员会、农业委员会、渔业委员会、林业委员会、商品问题委员会和世界粮食安全委员会。

3. 秘书处

FAO 的执行机构秘书处负责处理大会和其他主要机关委任的各项日常工作，执行大会和理事会的有关决议。秘书处的工作人员遍布世界各地。秘书处下设多个部门，每个部门或办事处都有明确的行动和责任范畴。各个部门相互协调共同协商，制定出最优的工作方案。

小知识：FAO 治理机构结构图

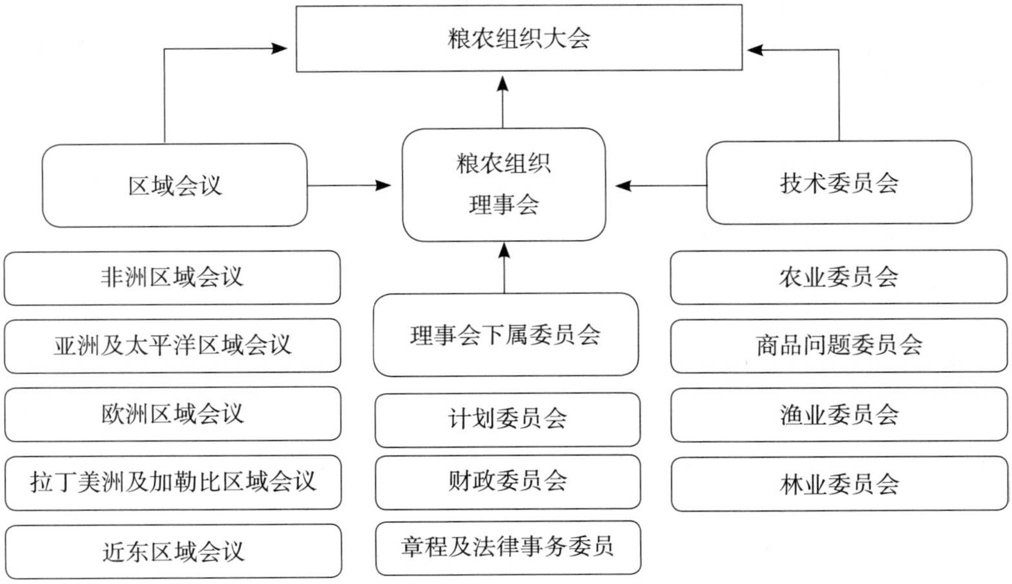

（原载：联合国粮食及农业组织治理机构和法定机构网站 . https://www.fao.org/governing-bodies/zh）

二、FAO 的职责

FAO 坚信，人们在未来一定会从根本上消除世界上的饥饿和营养不良。FAO 与各个国家政府开展合作，通过各个国家自身的优势来提升全球粮食的质量，保证全球粮食的安全。FAO 的活动主要包括五大领域：一是将原有农业类型转为可持续发展农业；二是从政治上入手传播有效的专业知识；三是作为各国的交流平台，加强合作关系，重点提升小农农业；四是将有效信息带入当地；五是作为各国预防和减轻风险的保护伞。

小知识：

2021 世界粮食安全和营养状况

近年来，在多种主要因素的作用下，世界已无法实现到 2030 年消除饥饿和一切形式营养不良的目标。新冠疫情和相关防疫措施使得我们面临的挑战愈发严峻。《2021 年世界粮食安全和营养状况》报告对 2020 年全球粮食不安全和营养不良状况进行了首次评估，并就在疫情影响挥之不去的复杂背景下饥饿到 2030 年将呈现何种状况提出了一些看法。报告还对健康膳食的成本和经济可负担性作出新的估计，找出各项粮食安全和营养指标之间的重要关联并对其趋势进行分析。总之，本报告突出说明有必要更加深入地思考如何更好地应对全球粮食安全和营养现状。

为了解饥饿和营养不良何以达到目前的严重程度，《2021 年世界粮食安全和营养状况》报告回顾了以往四期报告的分析结果，报告针对粮食安全和营养领域最新变化背后的主要因素积累了大量基于实证的知识。这些因素包括冲突、气候变异和极端气候、经济减速和衰退，无论是发生频率还是严重程度都在不断上升，并在贫困和严重的长期不平等现象等深层因素推动之下进一步恶化。此外，世界各地大量民众因为无力负担健康膳食的成本，备受粮食不安全和各种形式营养不良的困扰。在汇总相关知识的基础上，报告进行了更新并增加了新的分析，以便全面了解这些因素之间的相互作用以及对粮食体系产生的作用，同时了解它们如何给世界粮食安全和营养带来负面影响。

（原载：联合国粮食及农业组织网站 .https://www.fao.org/publications/sofi/2021/zh/）

在 FAO 的倡议下，2015 年 9 月 25 日，联合国 193 个成员国通过了《2030 年可持续发展议程》的 17 项可持续发展目标。这些全球性目标将在接下来的 15 年间（2016 年—2030 年）指导国际社会的行动。该议程主要包括：17 项目标，169 项具体目标和 230 项指标，具体执行手段，全球伙伴关系的评估与跟进。

《2030 年可持续发展议程》提出了使粮食和农业成为可持续发展的关键设想。粮农组织在支持政策制定、伙伴关系的建立以及基于可持续性三方面的项目和计划方面拥有经验和专长。可持续发展目标和 FAO 的战略框架均旨在解决贫困和饥饿，建立一个更加公平的社会。

城市粮食议程是 FAO 的一个旗舰倡议，旨在加强城市、城郊及毗邻农村地区的可持续发展、粮食安全和营养。它包括与不同利益相关方合作制定和实施的一系列广泛的政策、计划和倡议。这些利益相关方包括：民间社会、学术界、联合国及国际机构、城市网络以及相关公共和私营机构与实体。至少 55% 的世界人口已经生活在城市地区，全球生产的食品中 80% 都用于城市地区消费。粮食系统的社会、经济和环境可持续性以及城市饮食结构的演变将在很大程度上取决于城市和城郊地区粮食系统的管理。

2030 年城市粮食议程愿景是 FAO 组织关于具有抵御力、综合、可持续和包容性粮食系统的愿景的一个有机组成部分，该愿景确保所有地方的所有人均免于饥饿和各种形式的营养不良。

2022 年 2 月 7 日，FAO 与泛非农民组织（Pan-African Farmers' Organization，简称 PAFO）签署了一项为期五年的合作协议，该协议将使农民在政策进程中拥有更大的发言权，非洲的农民协会得到进一步加强。

这是这两个组织首次建立正式的合作伙伴关系。泛非农民组织代表来自非洲 49 个国家的 70 多个小农和生产者组织，而 FAO 是联合国组织，致力于为所有人提供更好的生产、更好的营养、更好的环境和更美好的生活。支持伙伴关系的工作计划侧重于多个领域，包括提升非洲农民组织能力，以便最好地为其成员服务，并在高级别政策对话进程和其他论坛上有效地代表他们。FAO 还将与 PAFO 合作，以促进农业领域的性别平等和妇女赋权，推广可持续的农业生态方法，并将农业作为吸引青年的商业机会。

小案例

伊朗：挖掘社区的潜力

建设通往城市的道路，修缮学校，升级供水管道防止浪费宝贵的饮用水——过去，赞古依（Zangooyi）村的村民翘首企盼，希望进行各项改造，让自己的村庄旧貌换新颜，但总是存在资金缺口。

赞古依村位于伊朗东部的南呼罗珊省，每年冬天都会遭遇洪灾，切断该村与外界的联系，村民无法进城，无法获得医疗服务和紧急救助。为了改变这种与世隔绝的状况，赞古依村迫切需要修建一座桥。

伊布拉希姆解释说："在我当村长的 10 年时间里，我们曾争取修复连接我们村和附近村庄的道路，但没有成功，因为政府没有足够的资金拨给我们，而我们自己也没有能力筹集所需的资金。"伊布拉希姆一辈子都住在这个村里。

伊布拉希姆接着说道:“我们在翻新学校和检修村里的饮用水管道时也遇到了类似的困难。这两个问题多年来一直没有得到解决，直到联合国粮农组织在这里开展项目。”

自2011年8月以来，FAO的森林景观和退化土地恢复项目通过与社区合作，努力解决此类问题。该项目由全球环境基金和伊朗政府提供资金，支持村民组织起来，共同努力，解决当地问题，包括建立村资源管理和发展委员会，作为决策平台，村民可以通过这个平台提出迫切需要解决的问题并确定优先排序，从而共同加以解决。

赞古依村的资源管理和发展委员会为村民提供了一个开展合作的架构，村民可以通过委员会集体与地方当局建立伙伴关系，解决社区面临的困难。在FAO项目的协助下，过去五年来，该村与当地教育、道路和城市发展及水利部门以及当地一家废水处理公司合作，为两所学校铺设了操场，在一条季节性河流上修建了一座道路桥，整修了村里的饮用水管道。

“我们先评估每个项目所需的工作量，然后为每个家庭设定标准，”伊布拉希姆说，“这样，我们就可以为这些发展计划动员到所需的免费劳动力。”

村民们决定,每户贡献两天人力。这样的贡献不仅减少了完成项目所需的政府预算，还极大地缩短了项目所需时间。

伊布拉希姆说:“我们在不到两周的时间内就更换了村里所有的水管。学校操场也用了不到一周就铺设完成。”

谈及这些变化，赞古依村村民哈萨尼激动不已，他说:“新换上的饮用水管道解决了许多问题。新管道管径更大，上水更稳定。不会再出现地下管道因年久失修而破裂并造成道路积水,也不会因为管道漏水而(在这个极度干旱的地区)浪费宝贵的饮用水。”

FAO的项目还设立了可持续社区发展基金，这是一个集体筹款机构，旨在汇集村民的资金，支持农村商业活动，提供及时贷款。

伊布拉希姆现在是村基金的总会计，他说，基金成立时，“有几户村民没有加入基金。但在短短不到九个月之后，他们发现基金作用很大，于是也加入了。”

伊布拉希姆表示:“过去，村民贷款只能求助于银行，评估过程复杂，利率也很高。”

现在，他们可以以合适的利率获得贷款，用这笔钱做点小生意，修复房屋，购买农具,甚至向银行系统偿还逾期债务。如今,村里每户人家至少有一名成员加入了基金，每月出资。

利用这些资金，基金每年可以发放50至60笔小额贷款。当地农民佐尔法格哈尔因其过去三年的出资情况，从村基金获得了两笔小额贷款。

佐尔法格哈尔说:“我得到了一笔贷款，用来办厂，生产混凝土砖。这个厂为村里创造了7个新的就业机会，让更多的家庭能够维持生计。”

在不到10年的时间里，赞古依村实现了从无法满足社区需求到家家户户共同努力搞建设的转变。粮农组织与农村社区合作，推动建立集体决策机制及提高资金筹措能力，挖掘村民自身潜力，确保发展以人为本，具有可持续性，惠及众人。

（原载：联合国粮食及农业组织网站．https://www.fao.org/newsroom/story/Tapping-into-community-potential-in-Iran/）

第四节　国际食品法典委员会

一、CAC的组织机构

国际食品法典委员会（Codex Alimentarius Commission，简称CAC）是负责执行FAO和WHO联合食品标准计划的所有事项的机构。每年CAC在罗马和日内瓦之间轮流举行例会。只要是对国际食品标准有兴趣的粮农组织和世界卫生组织的成员国和准成员，都能成为委员会的成员。

获得WHO和FAO的批准后，该委员会的工作才得以实施，两个上级组织经常资助委员会并以联合国六种正式语言开展工作。自1961年第11届粮农组织大会和1963年第16届世界卫生大会分别通过了创建CAC的决议以来，已有188个成员国和1个成员组织（欧盟）加入该组织，覆盖了全球99%的人口。CAC下设秘书处、执行委员会、6个地区协调委员会，15个专业委员会（10个综合主题委员会和5个商品委员会）和1个政府间特别工作组。

（一）全体成员国大会

全体成员国大会作为CAC的主要决策机构，它的作用是对其各下属委员会分析讨论和协商制定的所有国际食品法典标准进行审议。全体成员国大会每两年举行一次，主要职能是对国际食品法典标准和其他相关事项的审议和批准。为了委员会的日常工作能顺利进行，CAC总部设立了秘书处，由食品标准官员，准专业官员，信息系统官员，以及信息技术、网络与交流等方面的支持人员和顾问来负责委员会的日常工作。

（二）执行委员会

执行委员会分别是由CAC主席、3名CAC副主席、6名区域协调员以及其他7名委员组成。7名委员分别来自非洲、亚洲、欧洲、拉丁美洲和加勒比地区、近东、北美洲和西南太平洋地区。任何代表国家担任执行委员会的委员不得多于 1 名。

（三）技术附属机构

CAC 的技术附属机构可分为综合主题、商品、区域协调委员会以及政府间特设工作组四类，每类委员会有具体专业委员会相对应。技术附属机构主要负责食品法典中的标准及其相关文件工作。

1. 综合主题委员会

综合主题委员会承担确定食品及其跨领域概念和原则，对食品商品标准相关条款进行审查或批准，在专家科学机构建议的基础上，提出有关消费者健康和安全的建议等责任。如：食品添加剂法典委员会的职责是规定食品添加剂的最大使用量、功能分类、规格和纯度、食品添加剂分析方法，并提出 FAO/WHO 联合食品添加剂专家委员会优先评价名单等相关内容。每一个成员国都对应一个综合主题委员会，该成员国处理委员会的预算经费问题和日常管理工作，并拥有主席人选的提名权。

2. 商品委员会

商品委员会承担制定特定食品或食品类别标准的责任。与综合主题委员会相似，商品委员会也与某一成员国对应，由该成员国对其负责。

3. 区域协调委员会

区域协调委员会承担处理区域性事务的责任。主要负责七个区域，分别是非洲、亚洲、欧洲、拉丁美洲和加勒比地区、近东、北美洲和西南太平洋地区。基于所在区域多数成员的支持，CAC 为各区域的每个子区域分配协调员。协调员的作用是帮助调节区域协调委员会，制定并向上级提交标准、准则草案等。

4. 政府间特设工作组

政府间特设工作组有着精密、简单的组织结构手段，从而大大提升了附属机构的运行效率。政府间特设工作组的主要职责是完成即期性任务，职权范围固定，预设期限通常不超过五年。

截至 2017 年 7 月，只有耐药政府间特设工作组（韩国）还保留，其他如动物饲料政府间特设工作组（丹麦和瑞士）、生物技术食品政府间特设工作组（日本）、果蔬汁政府间特设工作组（巴西）、速冻食品加工处理政府间特设工作组（泰国）等均已被废除和解散。

二、CAC 的职责

建立 CAC 的宗旨是保障食品安全和消费者健康，使食品在国际贸易中更加方便，提供一个解决食品安全和国际食品贸易问题的平台。

CAC 工作的核心内容是质量控制，目前，CAC 为了建立并完善以预防为主的管理体系，将利用危害分析临界控制点体系指南，以危害分析临界控制点为指导，而不是之前的产品检测危害评估。

CAC 为了让广大消费者和政府充分了解食品安全对健康的重要性，进一步了解食品安全问题，提供了正确的认识论与方法论策略，引导国际食品安全保障体系健康发展。消费者需要政府采取合适的立法措施，确保仅允许符合质量安全标准的食品进入市场销售，这样才可以最大限度地降低食源性疾病的危害风险。针对这一情况，CAC 制定了法典标准，并对所有有关问题进行探讨，促使食品安全问题列入各国政府的议事日程。另一方面，CAC 还构建了系统的食品风险分析原理的基本理论框架，为制定食品安全标准提供了认识论和方法论基础。

特别是随着全球化的发展，《实施卫生与植物检疫措施协定》和《TBT 协议》均鼓励采用协调一致的国际食品标准。随着全球市场的不断增长，CAC 在制定保护消费者、通用食品标准方面的优势就很明显了。

CAC 的具体职能如下：一是保护消费者健康和确保公平的食品贸易；二是促进国际间政府和非政府组织所承担的所有食品标准工作的协调一致；三是通过或借助适当的组织确定优先重点，并发起或指导草案标准的制定工作；四是批准依据以上第三条制定的标准，并与其他机构（以上第二条）已批准的国际标准一起，在由成员国政府接受后，作为世界或区域标准予以发布；五是根据制定情况，在适当审查后修订已发布的标准。

CAC 要求所有分委会介绍各自采用的危险性分析方法，并将其作为制定标准的基础。目前 CAC 已经开始对食品原料加工和生产中应用生物技术的问题进行认真的研究。与食品安全、保护消费者、预防健康危害有关的研究议题也成为研究重点。

CAC 成立时的设想是，如果所有国家都与国际商定的标准保持一致，贸易壁垒就会减少，国家之间的食品贸易将扩大。这将使农民及其家庭受益，并有助于减少饥饿和贫困。虽然 CAC 没有明确授权促进贸易，但当各国将其国内规定与法典标准保持一致时，贸易伙伴就可以在公平的竞争环境中进行合作。世界贸易组织专门确定了 CAC 制定的关于食品添加剂、兽药和农药残留、污染物分析和取样方法以及卫生操作规范的标准、指南和建议。

CAC 标准的基础是可靠的科学证据。为了使其能够经受最严格的科学审查，各个学科的专家均作出了贡献。FAO / WHO 农药残留联合会议和 FAO / WHO 食品添加剂联合专家委员会作为两个长期专家组多年来得出了国际知名的数据。这些数据被世界各国政府、工业和研究中心广泛使用。两个长期专家组利用权威来源的数据来执行安全评估和科学信息评估，国际上都能参考这些可靠信息。可以说，CAC 的工作在粮农组织和世界卫生组织的辅助下促进着食品相关的科学研究和调查，并且 CAC 本身也成为一个重要的国际媒体，用于交流有关食品的科学信息。

三、CAC 与 WHO、FAO 的关系

为了应对食品安全问题，WHO 与 FAO 相互配合成立了 CAC，CAC 作为核心载体在

食品安全保障体系中起到了重要作用。CAC 的主要任务是保护消费者健康，并通过建立详尽的食品编码维护公平的食品贸易，在国际食品安全保障体系中起着引导、控制与协调等桥梁作用。作为政府间组织，WHO 与 FAO 均为联合国系统专门机构，在食品安全保障体系中的作用是无法被替代的，不仅可以通过食品贸易全球化使衍生的质量、安全与公平使命得以确认，也能够通过 CAC 充分地实现其部分职能和作用。

从横向发展角度来看，WHO、FAO、CAC 均具有独立的国际法律人格，尽管均属于联合国专门机构，但并不影响其独立性。

三者的关系体现在如下五方面：

（1）各自有自身的组织法（章程）。组织法作为 WHO、FAO、CAC 建立和存在的法律基础，规定了各自的宗旨、原则、组织结构、职能、活动程序、法律行为能力、特权和豁免等重要问题。它们各自的成员并不完全相同，针对各自的性质制定适合自身管理的法律法规框架。

（2）各自有完善的组织结构。WHO 的主要机构由世界卫生大会、执行委员会和秘书处组成，秘书处主要负责食品安全国际合作，此外还下设 6 个区域委员会。FAO 的主要机构由大会、理事会和秘书处组成，秘书处下设 20 个司，涉及伙伴关系及外联、自然资源及可持续生产、经济及社会发展、组织后勤及业务支持四个领域。此外 FAO 还设有 5 个区域委员会和在各国的代表处。而作为由 WHO 和 FAO 联合设立的 CAC，其主要机构包括食品法典执行委员会、下设的专业委员会和协调委员会等。

（3）有着独立的经费来源。WHO 和 FAO 的收入包括两个组成部分，一部分来自成员按照规定的比例摊派缴纳的会费，而另一部分则来自联合国及其机构、非政府组织、地方政府及私人的捐助。CAC 的开支则是在 WHO 和 FAO 的财政基础上从预算中设定一个比例，由 WHO 和 FAO 共同承担。

（4）负责的侧重点存在差异。WHO 的宗旨是“使全世界人民获得尽可能高的健康水平”。从这一宽泛的定义上来说，任何与全球公共健康的保障和促进有关的活动都属于 WHO 的职能范围。而随着科学的进步和社会的发展，全球公共健康的界限逐渐模糊，能够对公共健康造成影响的活动或领域包括传染病控制、烟草控制、食品安全、药品与疫苗的获得、跨国医疗服务、转基因产品和传统医药知识的保护等等。WHO 无法独立胜任全球食品安全法律法规机制建立的任务，因为食品安全并不是 WHO 唯一或者是最重要的主题。同样，对于 FAO 来说，工作重心主要是在粮食安全问题上。CAC 的职能是负责国际食品标准的制定和协调。

（5）FAO 和 WHO 联合成立专家委员会和磋商委员会。FAO/WHO 成立的主要专家机构包括：FAO/WHO 食品添加剂联合专家委员会、FAO/WHO 农药残留联席会议、FAO/WHO 微生物风险评估联席专家会议、FAO/WHO 营养问题联合专家会议。但上述这些机构只为 CAC 制定法典标准时提供科学建议，CAC 仍保持着自身的独立性。也就是说，尽管这些专家机构的结论对 CAC 工作的科学性有重大帮助，但 CAC（及 CAC 的附属机构）并不参与 FAO 和 WHO 的专家会议。

小案例

CAC 就科学作用的原则声明进行了探讨，以帮助就有争议的问题达成共识

2022 年 2 月 2 日星期三在线举行的非正式会议开始探讨 CAC 执行小组委员会将如何处理其任务，特别是程序手册中关于科学在 CAC 决策过程中的作用以及需要考虑的其他因素的重要性。

在制定法典标准时，这些声明旨在维护科学的同时，也承认所谓的“其他因素”的相关性。这些因素包括限制因素，特别是在发展中国家，如果有数据支持，还会考虑生产或加工方法、经济利益以及贸易问题等方面的因素。

前 CAC 秘书 Tom Heilandt 将其定义为“深入的食品法典……真正触及食品法典核心的工作”，参与者将被要求勾勒出一条前进的道路，稍后将向更广泛的成员提出建议，并希望有助于打破关于为齐帕特罗等生长激素促进剂设定最大残留限量的僵局。

前 CAC 主席 Steve Wearne 在会议开幕时表示，他正在与三位副主席合作，法典因其对共识驱动和科学的承诺而受到全世界尊重，它确保了自身的包容性、透明度和弹性，并且这一切都是基于标准的。

该小组委员会将由来自新西兰的前副主席 Raj Rajasekar 领导。他说：“我对这项工作的复杂性和挑战没有任何幻想。”“主题本身可能并不新鲜。但我相信我们在这里尝试做的是看看我们是否能找到不同的方法。”

Rajasekar 说，小组委员会不仅将努力研究如何解决过去原则声明所关注的挑战，而且还要看看它们是否具有更广泛的相关性以及是否能应用于不断变化的世界，我们面临着许多不同的问题和挑战。

促进对原则的共同理解和制定实际指导，并将这些成果最终提交给 CAC 主席，将是 CAC 在基于共识的决策和标准制定方面向前迈出的一步。

（原载：国际食品法典委员会网站 . https://www.fao.org/fao-who-codexalimentarius/news-and-events/news-details/en/c/1471044/）

第五节　国际标准化组织

一、ISO 的组织结构

国际标准化组织（International Organization for Standardization，缩写 ISO）成立于 1947 年，是标准化领域中的一个国际组织，是一个独立的非政府组织，国际标准化组织总部位于瑞士日内瓦，由来自 172 个国家 / 地区的标准机构的成员组成，ISO 的任务是推动全世界标准化和相关活动的发展，目的在于方便物品和服务的国际交换，进一步加强在知识、科学、技术和经济领域的合作。

ISO 的成员在 ISO 的运作中起着至关重要的作用，ISO 每年召开一次大会，决定 ISO 的战略目标。ISO 在瑞士日内瓦的中央秘书处负责协调系统，并在秘书长的监督下开展日常业务。

由主席和副主席组成的全体大会是 ISO 的最高权力机构，每年 9 月召开一次会议。一般由各成员国代表和 ISO 的高级官员出席此会议，共同协商讨论年度报告中涉及的项目活动情况、ISO 战略计划和财政情况等。理事会作为 ISO 核心治理机构，审议中央秘书处每年预算的责任。理事会下设政策委员会、常务委员会、特别咨询组以及其他若干专门委员会。中央秘书处负责 ISO 日常行政事务，协调并计划 ISO 的技术工作，协助技术组织的工作，编辑出版 ISO 标准文件及各种出版物，并代表 ISO 与其他国际机构和组织联系。

ISO 的核心技术机构是技术管理局 (TMB)，其下设技术咨询组和众多技术委员会。参考材料委员会 (REMCO) 是 ISO 的一个专门政策发展委员会，负责统一与参考材料相关的概念、分类和定义，制定参考材料使用指南，并就参考材料的技术特性提供建议。参考材料委员会还负责与其他国际组织进行沟通协调，并向 ISO 技术管理局提出有关参考材料的建议。技术咨询组主要负责对国际标准、技术规程和技术提案中的不足或问题提出建议，并协调相关机制的建立与调整。ISO 的技术委员会是其重要的技术标准制定部门，各技术委员会根据工作需要可以设置若干分技术委员会和工作组。工作组由来自世界范围内某一领域的专家组成，共同制定并讨论标准草案的相关工作。

小知识：

COVID-19：有关 ISO 治理和技术会议的重要信息

鉴于当前有关 COVID-19 的全球形势，ISO 已决定所有计划在 2022 年 4 月 30 日之前召开的 ISO 治理和技术会议必须以虚拟方式举行，或推迟到该日期之后。

这些措施的扩展将每月审核和通报。

ISO 中央秘书处（ISO/CS）一直遵循世界卫生组织（WHO）和瑞士当局提出的建议，并将继续这样做。

旅行禁令、限制和社会疏离措施继续在全球范围内扩大，影响国际标准制定工作。作为回应，原定于 2020 年 2 月 1 日至 2022 年 4 月 30 日期间举行的大约 275 场 ISO 会议已被取消。

作出这一决定的首要目的是保护 ISO 社区中人们的健康和福祉。我们还采取措施确保我们组织的业务连续性，并就计划在未来几个月举行的会议向社区提供确定性和明确的指导。

ISO 将继续监测情况的演变，并及时向技术界通报情况。

（原载：ISO 国际标准化组织网站 . https://www.iso.org/covid-19.html）

ISO 的组织构架合理，各机构分工明确又相互关联，并且注重与其他国际组织的沟通协作，这也为 ISO 的发展与壮大奠定了坚实的基础。

二、ISO 标准的制定

在国际市场上，为了满足加入世贸组织后新形势的需要，ISO 推行国际标准认证帮助国际贸易原则能够统一协调。为了避免被国际贸易市场排除在外，国家与组织都将采用国际标准，从而能够大幅度地减少或消除新的贸易技术壁垒。在各行各业中国际标准都得到了重视，组织良好的发展离不开技术标准。

ISO 的标准是由技术委员会、分技术委员会和工作组共同制定的。技术委员会的成员由各国标准化机构组成，这些成员可以选择作为参与成员或观察成员。每个技术委员会负责特定的专业领域，具体承担国际标准的起草制定、审核审查等标准化工作。作为一个非政府性质的技术组织，ISO 坚持遵循科学合理、公开公正、依据需求、独立自主的宗旨开展工作。

在标准建立时，技术委员会相互协商判断新标准是否有建立的必要，从而制定标准草案，ISO 成员通过投票、评论的方式确定草案是否可公布，如果通过则成为定稿，如果不通过则追溯到委员会进一步编辑。

分技术委员会（SC）作为技术委员会（TC）的一个分支，其按照技术委员会的工作内容执行自己的职责，协助技术委员会完成制定标准的任务。

三、ISO标准的制定原则

ISO标准作为一项国际标准，由于各国国情不同，制定ISO标准要兼顾各国国情，因此难度比制定国家标准更大。ISO标准在制定的过程中必须依照一定的原则才能有序地进行。ISO标准制定的最基本的四大原则如下：

（一）响应市场要求

ISO没有准确确定建立新标准的周期，而是主要根据外在的市场需求作出响应。比如一些工业部门或者群体可以向国内ISO成员提出对某一方面标准的需求，这些需求被反馈到ISO处，ISO会组织专家评估提出的需求，确定是否有必要建立相关标准，并选择最合适的技术来解决需求。

（二）根据全球专家的意见制定标准

ISO标准是由来自世界各国的科学家们组成的团队（TC）根据各国的具体实情所制定的，得出的结论具有权威性，并且能更全面、贴切地建立适合各国国情的标准。而且科学家们制定的标准的内容也很全面，包括适用范围、关键定义、目录等，尽可能地减少了标准在使用过程中的争议。

（三）多方利益相关者参与制定

ISO标准是由全球专家团队制定的，且每一种标准都是由该领域内的相关专家参与制定的。来自世界各国的科学家们拥有相同的知识，但他们拥有不同的知识背景，代表的利益方也各不相同，比如有消费者协会的，有学术界的，有非政府人员，也有政府人员等，所以在综合所有专家的意见后，会得出对各利益方都较为公平、合理公正的结论。

（四）基于舆论导向进行制定

对于ISO标准的制定，所有成员国都需要参与，并且接受采纳所有利益相关者的意见与论点，所有人都有对标准的制定提出意见的权利，制定标准的人必须基于舆论导向进行相应的修改。

除了以上四项基本原则外，工业方向也是ISO标准在制定过程中必不可少的一方面，需要根据实际需求进行合适的调整。

小知识：

ISO 9000:2015

ISO 9000:2015描述了普遍适用于以下方面的质量管理的基本概念和原则：

通过实施质量管理体系寻求持续成功的组织；

客户寻求对组织持续提供符合其要求的产品和服务的能力的信心；

组织寻求对其供应链的信心，即他们对产品和服务的要求将得到满足；

寻求通过对质量管理中使用的词汇的共同理解来改善沟通的组织和相关方；

根据 ISO 9001 的要求进行合格评定的组织；

质量管理培训、评估或建议的提供者；

相关标准的制定者。

ISO 9000：2015 规定了适用于由 ISO/TC 176 制定的所有质量管理和质量管理体系标准的术语和定义。

（原载：ISO 网站 . https：//www.iso.org/standard/45481.html）

小知识：

ISO 22000：2018

本文件规定了食品安全管理体系（FSMS）的要求，以使直接或间接参与食物链的组织能够：

a）根据产品和服务的预期用途，计划、实施、操作、维护和更新 FSMS，提供安全的产品和服务；

b）证明符合适用的食品安全法律法规要求；

c）评价和评估双方同意的顾客食品安全要求，并证实符合这些要求；

d）将食品安全问题有效地传达给食物链中的相关方；

e）确保组织符合其规定的食品安全方针；

f）向相关方证明符合性；

g）寻求外部组织对其 FSMS 进行认证或注册，或对本文件的符合性进行自我评估或自我声明。

本文件的所有要求都是通用的，适用于食物链中的所有组织，无论其规模和复杂程度如何。直接或间接涉及的组织包括但不限于饲料生产商、动物食品生产商、野生动植物收获者、农民、配料生产商、食品制造商、零售商，和提供食品服务，餐饮服务，清洁和卫生服务，运输、储存和配送服务的组织，以及设备、清洁和消毒剂、包装材料和其他食品接触材料的供应商。

（原载：ISO 网站 . https：//www.iso.org/standard/65464.html）

第六节　实践指导

一、实践任务

通过本章学习，引导学生了解国际食品进出口标准，认识国际组织的结构。要求学生掌握国际进出口食品方面的法律法规的具体内容，并尝试运用实践案例进行分析并了解国际食品安全的认证体系。收集有关案例资料，借助案例分析加强对国际食品安全的认识，从而更好地实现课程教学目标。

二、实践步骤

（一）分组讨论并进行交流，找出分析案例中的关键问题。

（二）确定是否还需查找与已找出关键问题相关的背景资料。

（三）筛选并优化分析此案例的答题思路。

（四）明确构成小组分析逻辑的依据，并展开进一步的逻辑整理。

（五）小组形成文字报告并进行汇报。

三、实践要求

（一）彻底读懂案例——当小组分发到一篇案例时，成员需要对案例进行反复阅读，对案例中的重要信息尝试消化理解。在阅读的过程中，对案例中的背景资料、主要事实、面临的难题及难点、重要论点、重要结论和针对性的对策建议等内容进行一一记录，以方便下一个步骤的进行。

（二）分组交流讨论，大胆提出自己对问题的看法——对案例中的主要角色所面临的问题进行分析，尝试对案例所给的背景资料进行仔细阅读、筛选分类、归纳总结，若需要引证资料来佐证个人观点，可以依靠电子资料、图书馆实体资料等，获取相关领域的多方面知识，保证分析的正确性。

（三）全面并正确概括问题——在对案例进行认真分析之后，小组尝试根据案例的相关资料找出问题的症结所在，并对需要解决的问题进行正确概括，注意概括问题的逻辑性与针对性。

（四）撰写分析报告——报告中对资料的分析运用要求准确，以所学理论为指导分析资料；资料分析要求全面充实、紧扣主题、结构合理、层次清楚、中心突出。除此之外，提交的报告要注意格式规范、用词准确、表达通顺。

四、实践内容

【实践案例】

2021 年食品安全与健康热点发布

热点一：虚假宣传

为提高销量、获取竞争优势，市面上不少企业在宣传中竟打“擦边球”，发布虚假广告，使消费者产生误解。其中不少企业因虚假宣传受到处罚。

美素佳儿：“替代母乳”

Friso 美素佳儿关联公司菲仕兰食品贸易（上海）有限公司宣传其“‘皇家美素力婴儿配方奶粉(0—6 月龄，1 段)’天然含有乳磷脂、天然含有 OPO 类似结构脂、天然乳铁蛋白……科技解密母乳珍稀营养”等。一定程度上让消费者认为其产品可替代纯母乳，间接提高了其产品的销量。最终上海市黄浦区市场监管局对其作出罚款 20 万元的行政处罚。

百威：“原料天然”

百威官网关于产品介绍使用了“最苛刻的麦芽培育过程、最完美的纯澈口感、最优质的纯天然原料”等极限词。经查明，百威上海经营的啤酒原料（水、大米、麦芽、啤酒花、酵母）都经过人工干预或处理，与所宣传的“纯天然原料”不符。最终上海市静安区市场监管局对其作出罚款 25 万元的行政处罚。

养乐多：“治疗功效”

养乐多关联公司宣传“益生菌在新冠病毒防治中有重要作用”，并引用《新型冠状病毒感染的肺炎诊疗方案》为依据，宣传“小小一瓶 100mL 的养乐多足足含有 100 亿以上个干酪乳杆菌代田株，每天一瓶可满足成年人一天所需的益生菌”。上述宣传语会让人误认为益生菌对新冠病毒有防治作用，认为每天喝一瓶养乐多乳酸菌就会满足人体所需益生菌，而忽略对除干酪乳杆菌以外其他品种益生菌的补充。最终上海市浦东新区市场监管局对其作出罚款 45 万元的行政处罚。

喜茶：“某某升级”“某某产地”

喜茶于上海市门店水果陈列柜台内放置杨梅鲜果、芒果鲜果立牌用于宣传，立牌上宣称“杨梅产地为云南石屏和浙江仙居”，与实际情况不完全相符；“鲜果均为每日新鲜到店”“鲜果均为每日新鲜送达”与实际情况不符；在全市所有经营门店门口设置实体广告牌、在门店店内电子屏远程投放广告的方式，发布“杨梅升级”相关广告，广告内容与实际情况不符。最终上海市宝山区市场监管局对其作出罚款 45 万元的行政处罚。

热点二：知乎月饼致腹泻

2021 年 9 月初，部分知乎用户在网络平台反映，食用知乎邮寄的中秋定制月饼后出现了腹泻的情况。知乎对此回应称，在采购环节中经验不足，没有考虑周全。知乎的初衷是从供应商提供的产品中选购更健康的低糖月饼，忽略了用来替代蔗糖的麦芽糖醇可能会导致一部分人不耐受。9 月 10 日，月饼代工厂中粮丰通相关负责人回应称，今年为企业定制糖醇类月饼共 5 万余件，其中知乎 1.8 万件，事件发生后与相关订购企业取得联系，没出现类似问题。

【热点点评】

麦芽糖醇是代糖的一种，与三氯蔗糖、木糖醇等类似，都是低热值食品甜味剂，在国内外广泛作为食糖替代品，应用于低热值食品配方中。由于糖醇不参与机体代谢，在肠胃内不被吸收或吸收量小，若单次集中摄入量过大会引起糖醇在肠道内积累，使肠道内的渗透压升高，渗透压高的地方会有更多水分，最终导致腹泻。

中华预防医学会健康传播分会等四机构联合发布的《食品甜味剂科学共识（2022）》明确，按照相关法规标准使用甜味剂不会对人体健康造成损害。我国《食品安全国家标准 食品添加剂使用标准》（GB 2760−2014）批准麦芽糖醇用于糕点等食品类别，且由于安全性很好，可以按生产需要适量使用。美国等国家，欧盟等组织对甜味剂也进行过多轮安全性评估，总体上认为适量使用甜味剂是安全可靠的。

此次糖醇导致的腹泻事件，希望能引起行业关注，推动制定麦芽糖醇添加限量的相关标准。不管是作为食品生产者的中粮还是非食品经营者的知乎，都应重视此问题。该月饼的生产商，虽然所有的操作都是合规的，其生产的产品也符合标准要求，为了追求健康才把糖全部换成代糖，但是忽略了用代糖可能导致一部分人不耐受的情形，未尽到安全提醒义务。知乎虽非食品经营者，月饼虽以赠送为主，但各公众人物仍为法律意义上的消费者，食品赠送者仍负有保证食品安全和质量的义务，如果用代糖全面替换蔗糖却不提示，从而导致消费者腹泻，则涉嫌损害消费者的知情权和安全权。同时，知乎作为委托生产方，需要承担召回的责任。

热点三：致癌物环氧乙烷超标，多类别食品被召回

2020 年 9 月，比利时最早发出预警，环氧乙烷超标的芝麻导致部分相关食品（包括面包和贝果）从多家超市下架。继芝麻之后，环氧乙烷污染丑闻延伸到其他食品上，包括食品补充剂、乳制品、焙烤食品等。2021 年，雀巢、歌帝梵等知名品牌的冰淇淋因频繁检出环氧乙烷被通报，并一度登上各大新闻媒体网站热搜，令广大消费者担忧。

【热点点评】

环氧乙烷目前在中国可作为医疗器材的有效消毒成分，部分其他国家允许其作为农药或消毒剂，允许其用于香辛料的熏蒸以及塑料、卫生材料等产品的消毒灭菌。环氧乙烷具有一定的遗传毒性，但其在人体内不会引起积累性中毒，且无后遗症。国际化学品安全规划署（IPCS）就环氧乙烷对人类健康和环境造成的风险进行了评估，认为环氧乙烷极有可能对人类有致癌性。目前，我国食品工业对于环氧乙烷的应用仅限于处理带有矮腥黑穗病的小麦（可参考 GB/T 22497-2008《粮油储藏 熏蒸剂使用准则》)。我国未对环氧乙烷在食品中的残留量进行限定，仅在 GB 1886.302-2021《食品安全国家标准 食品添加剂 聚乙二醇》中，对食品添加剂聚乙二醇（由环氧乙烷和水缩聚制得）中环氧乙烷残留量进行了限定，质量分数不得大于 0.02%。美国、加拿大规定芝麻种子、干制蔬菜中环氧乙烷残留量为 7 mg/kg 以下。

原料污染是食品中环氧乙烷超标的主要原因之一，环氧乙烷频繁被检出应引起食品企业的重视，建议企业积极了解国内外相关法规标准要求，了解同类产品可能存在的风险点，定期开展相关风险评估，以便及时采取措施规避风险。采集国内外食品安全相关事件，有重大舆情事件及时跟踪进展，了解监管部门对于安全事件的处罚措施等。企业应提高产品质量，对从产品原料到产品生产的整个过程进行严格质量控制，实现产品的全程可追溯管理。

上述案例的 3 个热点可以分别反映出以下 3 个问题：

问题一：广告宣传是否与实际相同？

问题二：食品添加剂是否影响食品质量安全？

问题三：致癌物超标的主要原因是什么？

五、实践范例

从麦趣尔公司被罚 7 000 多万，谈食品企业负责人及食品安全总监职责

8 月 22 日，昌吉市市场监督管理局下发行政处罚决定书，麦趣尔公司因构成超范围使用食品添加剂生产食品的行为，没收公司违法所得 36 万元，没收全部不合格纯牛奶产品，罚款 7 315.1 万元，企业相关负责人也被处以不同金额的处罚。麦趣尔事件数次登顶热搜榜，引发网友对食品安全问题的更多关注和热议。

由麦趣尔事件引发的网友关注尚在持续，国家市场监督管理总局发布了《企业落实食品安全主体责任监督管理规定》(本范例中简称《规定》)，自 2022 年 11 月 1 日起施行，《规定》中再次强调了企业落实食品安全主体责任，加强企业主要负责人、食品安全总监、食品安全员等食品安全管理人员的培训、考核。新《规定》的发布，引起了食品行业的广泛关注。

近年来，在各方共同努力下，食品生产经营企业的主体责任意识、法律意识明显提升，食品产业获得更好发展。但仍存在企业未依法配备食品安全管理人员以及职责任务不清晰、安全管控不到位等情况，导致主体责任落实不到位。为推动真正落实企业主体责任，国家市场监督管理总局依据《中华人民共和国食品安全法》及其实施条例等法律法规的有关要求，制定了本《规定》。

《规定》要求：食品生产经营企业要建立健全食品安全管理制度，落实食品安全责任制，具有一定规模的食品生产经营企业在配备食品安全员的同时，应当依法配备食品安全总监；要建立企业主要负责人负总责，食品安全总监、食品安全员分级负责的食品安全责任体系。

《规定》第八条规定了食品安全总监在企业食品安全管理工作中，应承担下列职责：

（一）组织拟定食品安全管理制度，督促落实食品安全责任制，明确从业人员健康管理、供货者管理、进货查验、生产经营过程控制、出厂检验、追溯体系建设、投诉举报处理等食品安全方面的责任要求；

（二）组织拟定并督促落实食品安全风险防控措施，定期组织食品安全自查，评估食品安全状况，及时向企业主要负责人报告食品安全工作情况并提出改进措施，阻止、纠正食品安全违法行为，按照规定组织实施食品召回；

（三）组织拟定食品安全事故处置方案，组织开展应急演练，落实食品安全事故报告义务，采取措施防止事故扩大；

（四）负责管理、督促、指导食品安全员按照职责做好相关工作，组织开展职工食品安全教育、培训、考核；

（五）接受和配合监督管理部门开展食品安全监督检查等工作，如实提供有关情况；

（六）其他食品安全管理责任。

食品生产经营企业应当按照前款规定，结合企业实际，细化制定《食品安全总监职责》。

监管部门将依法明确企业未落实食品安全责任制以及未按规定配备、培训、考核食品安全总监、食品安全员等的法律责任。需要特别注意的是：明确食品生产经营企业等有《中华人民共和国食品安全法》规定的违法情形的，食品生产经营企业及其主要负责人无正当理由未采纳食品安全总监、食品安全员提出的否决建议的，属于《中华人民共和国食品安全法实施条例》第七十五条规定的故意实施违法行为的情形；对于食品安全总监、食品安全员已经依法履职尽责的，不予处罚。

（原载：食品伙伴网．http://www.foodmate.net/）

前沿研究

还记得我们曾对“千年虫”问题忧心忡忡吗？回首20多年前，在1999年12月31日，当秒针嘀嗒嘀嗒走向2000年时，航空公司、银行和发电厂等全球众多企业，都屏息以待所谓“千年虫”的到来。这些担忧成为现实了吗？一些人可能已经忘了，“千年虫”

问题（也称为 Y2K 故障）指的是一种计算机程序故障。由于某些程序中只使用两位十进制数表示年份，当年份从 1999 变为 2000 时，就会引起大规模的系统崩溃。但最后，并没有发生大规模的混乱或中断，更没有出现全球性崩溃。为避免出现最坏的结果，许多公司已采取了措施对其系统进行修改，将潜在风险减到最小。企业继续开展贸易，国际市场也没有崩溃。事实上，在千禧年到来前的几个月，经济前景不仅良好，而且据国际货币基金组织预测，世界大部分地区将实现国内生产总值（GDP）增长，而美国经济是主要驱动力。

那时，互联网还处于起步阶段，数字时代也尚未到来。然而，20 多年之后，随着更加全球化，互联网世界快速步入所谓的第四次工业革命，人工智能、机器人技术、量子计算等新技术的不断涌现，另一个不可思议的“低科技”病毒带来了广泛的破坏、焦虑和不确定性。新冠疫情现已导致 500 多万人死亡和大量民众失业，为遏制病毒传播，许多国家频繁调整出入境政策，从而阻滞了国际贸易活动。

伦敦研究机构凯投宏观（Capital Economics）的报告称，新冠疫情导致了自 2009 年以来全球经济发展首次受阻。世界银行对这一悲观预测表示认同，认为全球经济正迎来二战以来最严重的衰退。世界银行认为，严重依赖国际贸易、旅游业、商品出口和外国投资的国家以及受疫情影响较大的国家遭受了巨大冲击，包括一些新兴市场和发展中国家。新冠疫情给医疗体系薄弱的国家带来了惨痛损失。

对于依赖出口的发展中国家来说，其国际贸易增长前景十分惨淡。经济合作与发展组织（OECD）发布的一份关于新冠疫情和国际贸易的报告指出：“面对前所未有的全球性健康危机，贸易对于挽救生命和维持生计来说十分必要，我们需要国际合作以保持贸易往来。”OECD 于 2021 年 12 月发布的《经济展望》报告重点描述了可能阻滞国际经济复苏的风险和不确定性，并强调“重拾信心对经济复苏至关重要”。

在某些大国之间贸易摩擦不断升温的背景下，新冠疫情进一步加剧了国际贸易的不确定性。欧洲中央银行在其经济简报中指出：“全球投资和贸易放缓发生在贸易摩擦、中国市场需求减少、（地缘）政治争议、英国脱欧、一些新兴经济体面临特殊压力的背景下，同时不确定性增加放大了其中的负面影响。”世界经济论坛（WEF）与查塔姆研究所（Chatham House）政策研究院合作发布的一篇文章指出：“在这个充满不确定性的时代，唯一能确定的是全球贸易政策在逐渐背离过去数十年所达成的共识。”查塔姆研究所国际经济学研究院享受德·安妮·朱利叶斯女爵士津贴的高级研究员梅根·格林（Megan Greene）写道：“疫情至少还要持续几年，疫情不结束，贸易问题就一直是全球经济的隐患。”

这次健康危机也凸显了我们需要全球性合作与协同。虽然建立新共识并非易事，但在贸易领域，国际标准可以发挥重要作用。发展贸易咨询公司负责人本·谢福德（Ben Shepherd）撰写了一份研究报告，探究了标准与贸易的关系。他指出，当大多数国家采用同一项国际标准时，“出口商可以从更大规模的潜在市场中受益。”谢福德还写道，“尽管一项进口市场标准一开始会对成本造成负面影响，但随着时间推移，企业和政府将发挥各自的潜能以适应新形势并蓬勃发展。标准将成为更高生产率和更高质量的催化剂。”此外，当进口市场标准与国际标准，如ISO标准和IEC标准协同时，“对发展中国家的出口商来说，负面影响大大减少，甚至会产生正面影响。”

欧盟委员会指出：“标准化是贸易政策的关键因素，有助于消除技术壁垒、增加市场准入和国际贸易以及增强国际合作。使用标准可以帮助欧盟的产业和中小企业进入全球市场。”标准也有助于制造商降低成本、预测技术需求，并提高生产和创新效率。例如，航空业遭受了全球疫情的严重打击，客运量创历史新低。但是当这个行业回归正轨时，标准将为航空业提升可持续性提供巨大助力。特别是在ISO 21384和ISO 23629系列标准的帮助下，无人机系统得到了飞速发展。美捷无人机集团（Drone Major Group）首席执行官罗伯特·加伯特（Robert Garbett）认为，“如果没有这些保障行业稳定发展的、健全的安全和质量标准，安全、保障、隐私等问题就无法解决。”

世界经济论坛发表的一篇博客文章指出了数字化是如何使国际贸易产生巨大变化的。文章以用于水下监测和港口基础设施维护的无人机系统为例，展示了“源于危机、对技术保持开放态度的思维模式如何转化为促进贸易便利化的机会”。世界经济论坛数字贸易领域的项目专家杰西·林（Jesse Lin）和贸宜公司（基于云服务的商家对商家数字化网络）创始人之一、首席执行官兼总裁克里斯汀·朗（Christian Lanng）在另一篇关于全球供应链和新冠疫情的博客中说：“当下的危机是对依赖陈旧流程的系统进行重建的机遇。建立能够应对未来危机的全球贸易和投资网络的关键是打造智能、灵活的供应链。”除了新冠疫情，缺少统一的技术法规也是贸易增长的阻力之一。国际标准也可以发挥重要作用，帮助提高技术门槛。每个国家都有自己的发展步调，标准有助于营造更公平的市场环境，同时给予发展中国家发展全球贸易的更好机会。在理想情况下，采用基于全球共识的国际标准有利于协调商品和服务以及开拓新市场。

人们迫切需要国际标准来帮助建立新共识、减少不确定性和重建对全球供应链的信心。在贸易领域，速度至关重要，特别是对融入全球市场的发展中国家。对注重实效的商品和信息来说，有关跨国货运的国际标准有助于减少延误产生的高昂代价。这与及时发布的《ISO战略2030》的目标与优先事务相呼应。该战略的目标是确保标准，特别是国际标准成为建设经济、增进贸易的关键。不确定性的另一面意味着有机会做出有意义的改变。那些灵活应变、未雨绸缪的机构和企业将更易于达成目标。正如前ISO主席埃迪·恩乔罗格（Eddy Njoroge）在近期一次采访中所述：“现在是有史以来最需要以市场为导向、基于共识的国际标准帮助应对多边贸易体系全球挑战的时刻。经济和贸易的不确定性、变化的社会预期、对可持续性与数字化转型的迫切需要等都是影响经济的外部因素，也是《ISO战略2030》的基础。但如果采用合适的标准，我们就可以在全球和国家层面应对多重挑战。”

ISO 的使命是：“通过成员及其利益相关方，我们团结一心，就应对全球挑战的国际标准达成共识。ISO 标准支撑全球贸易，推动包容、公平的经济增长，促进创新，提倡健康与安全以实现可持续的未来。”《ISO 战略 2030》与联合国《2030 年可持续发展议程》相衔接。该议程认为国际贸易是包容性经济增长与消除贫困的动力，也是实现可持续发展目标（SDGs）的重要方式。联合国贸发会议前秘书长基图伊写道：“实现贸易与投资的良性互动激发了经济的结构性改革，创造了就业机会，培育了工作技能，可直接助力实现 SDG 8（体面工作和经济增长）、SDG 9（产业、创新和基础设施）和 SDG 10（减少不平等）。此外，统一、有章可循、开放、无差别待遇、公平的多边贸易制度体系，即一个可持续全球贸易制度性框架，是可持续发展的全球伙伴关系中的重中之重。这在 SDG 17（促进目标实现的伙伴关系）中也有体现。”

通过发布供应链安全（ISO 28000）、风险管理（ISO 31000）、资产管理（ISO 55001）等重要标准，ISO 在帮助消除贫困和使人们的生活更轻松、更安全、更美好方面已经采取了重要措施。尽管经济和贸易不确定性带来的变化会影响对国际标准的需求和应用，但是通过制定《ISO 战略 2030》，ISO 就拥有了应对这些挑战的框架和蓝图。

（原载：ISO 国际标准化组织网站 . https://www.iso.org/news/ref2784.html）

补充阅读材料

构建进出口食品安全国际共治格局

2021 年海关总署印发《“十四五”海关发展规划》。规划提出，进口食品监督抽检合格率要在 2020 年已达到 98% 的基础上，到 2025 年预期大于 99%。未来 5 年，海关进出口食品安全监管如何强化？规划明确，海关将着力构建进出口食品安全现代化治理制度体系，实施“进出口食品安全监管能力提升工程”。在进口方面，针对源头治理、口岸监管和后续监管展开制度设计；在出口方面，海关将全面推行出口食品直通放行。与此同时，“十四五”时期，海关还将主动服务构建以国内大循环为主体、国内国际双循环相互促进的新发展格局，促进内需和外需、进口和出口协调发展，以国际循环提升国内大循环的效率和水平，推动形成我国参与国际经济合作和竞争新优势。

在强化进出口食品安全监管方面，规划提出具体措施，要求构建进出口食品安全现代化治理制度体系，优化进出口食品源头治理、口岸监管和后续监管等制度设计。健全输华食品准入管理体系，优化境外生产企业注册管理，完善进境动植物源性食品检疫审批管理，从源头上保障进口食品安全。优化进出口食品监督抽检和风险监测机制，提升口岸快速反应能力，更加有效处置进出口食品安全风险事件。完善输华食品国家或地区食品安全管理体系回顾性审查机制，建立健全不合格食品信息通报制度，强化与国内相关监管部门的合作。推动出口食品安全监管制度与国内监管制度有效衔接，完善风险分级分类管理制度，全面推行出口食品直通放行。

具体来说：一是健全进出口食品安全制度规范。修订进出口食品安全管理办法、进口食品境外生产企业注册管理规定。优化和规范进出口食品安全多双边协议，完善签订机制。二是优化进出口食品安全监管机制。全面实施输华食品国家食品安全监管体系评估和产品准入管理制度、进口食品境外生产企业注册制度。对大宗、重点输华食品主要来源国家或地区管理体系回顾性检查实现全覆盖。建立与共建“一带一路”国家食品安全合作机制。完善出口食品境外通报问题处置协调机制。三是加强进出口食品安全风险监测与预警。构建进出口食品安全数据库，开展进出口食品安全年度监督抽检和风险监测计划，优化风险预警机制，提升应急指挥和决策处置能力。四是构建进出口食品安全国际共治格局。有效参与联合国粮农组织（FAO）、世界贸易组织（WTO）、国际食品法典委员会（CAC）、世界动物卫生组织（OIE）、亚太经合组织（APEC）等国际组织活动并发挥积极作用，深化进出口食品安全跨境检查执法协作和官方监管结果互认。

针对进出境动植物检疫和外来入侵物种口岸防控，规划同样作出明确要求，提出建成外来物种信息和口岸截获数据库，建立科学的口岸查验比例和项目动态调整机制。完善检疫处理、进境活动物、粮食、种苗等高风险业务监管系统，推进口岸初筛鉴定室建设，实现口岸初筛检查鉴定覆盖率和远程鉴定系统覆盖率达到 70%。

与此同时，规划还提出支持优势农产品扩大出口。加强对主要贸易国家和共建“一带一路”国家动植物检疫法规标准的系统收集和研究，建成主要贸易国家和地区检疫要求数据库和我国优势农产品资源数据库。推动建立出口农产品风险分级指标体系。支持水果蔬菜、种苗花卉、水生动物等优势农产品扩大出口。

促进双循环顺畅联通。值得一提的是，规划部署的未来发展任务中，围绕服务国内国际双循环相互促进，重点提出推动共建“一带一路”高质量发展、推动产业链供应链优化升级、推动外贸创新发展、促进内外贸一体化、支持区域协调发展、促进跨境贸易便利化、加快口岸现代化建设等一系列举措。

具体来看，规划要求落实共建“一带一路”倡议，促进政策、规则、标准联通，提升沿线贸易安全与便利化水平。加强与沿线国家技术交流和能力建设合作，推动边境口岸基础设施建设，扩大食品农产品等重点商品快速通关“绿色通道”范围，促进优进优出。优化中东欧国家食品农产品输华准入评估程序，推动加快准入进程。

在推动产业链供应链优化升级方面，规划明确，探索建立高端制造全产业链保税模式，发挥保税政策优势，支持在海南自由贸易港、自由贸易试验区、综合保税区设立全球供应仓与枢纽。支持动植物种质资源引进，服务国家种业发展。在推动外贸创新发展方面，规划提出了包括支持做强做大一般贸易，提升加工贸易，引导企业提升产业附加值，增强谈判、议价能力；按照包容审慎原则，创新适应跨境电子商务、市场采购贸易方式、外贸综合服务企业、海外仓等新业态发展的通关便利化措施，推动跨境电商零售进口试点开展；推动货物贸易和服务贸易协调发展，支持北京打造国家服务业扩大开放综合示范区等一系列具体举措。规划还要求促进内外贸一体化。支持优质产品进口，加强对外农业产业链供应链建设，增加国内紧缺和满足消费升级需求的重点农产品进口，促进供给多元化。鼓励优质消费品进口，积极吸引海外中高端消费回流。支持办好中国国际进口博览会等展会，推动进口贸易促进创新示范区建设。促进内外销产品同线同标同质，更好满足国内市场消费升级需求。深化与地方政府的合作，推进通关制度合作与创新，推动口岸集群一体化融合发展，服务京津冀协同发展、长江经济带发展、粤港澳大湾区建设、长三角一体化发展、黄河流域生态保护和高质量发展等区域重大战略，以及西部大开发、东北全面振兴、中部地区崛起、东部率先发展、特殊类型地区加快发展等区域协调发展战略，畅通国内大循环。发挥综合保税区开放型经济平台作用，支持确有发展需要且符合条件的地区设立综合保税区。加强沿海沿边地区口岸与内陆口岸通关制度衔接，支持西部陆海新通道建设，持续推动通道沿线通关便利化。支持建设沿边重点开发开放试验区、边境经济合作区、跨境经济合作区等开发开放平台，加强边境重点战略通道口岸建设。通过优化口岸开放布局、支持优势食品农产品出口等，推动实现巩固拓展脱贫攻坚成果同乡村振兴有效衔接。

此外，规划对促进跨境贸易便利化提出具体举措，包括依法削减进出口环节审批事项、优化通关流程、提高通关效率、降低企业税收担保成本、清理规范口岸收费等。海关总署统计分析司司长李魁文表示，海关将立足国内大循环，服务协同推进强大国内市场和贸易强国建设，充分发挥海关国内国际双循环相互促进重要交汇节点作用，推进更大范围、更宽领域、更深层次对外开放。"'十四五'时期，海关必须发挥自身职能优势，促进内需和外需、进口和出口协调发展，以国际循环提升国内大循环的效率和水平，推动形成我国参与国际经济合作和竞争新优势。"

（原载：韩松妍．构建进出口食品安全国际共治格局［N］．中国食品报，2021-08-02（001））

练习与思考

一、名词解释

FAO 的全称是什么？

二、单项选择题

1. 签订《TBT 协议》的目的是（　　）。

A. 认识到国际标准和合格评定程序能为提高生产效率和推动国际贸易作出重大贡献。

B. 在技术壁垒方面为各成员的贸易行为和必须履行的义务进行规范，以减少和消除贸易中的技术壁垒，实现国际贸易的自由化和便利化。

C.《技术性贸易壁垒协议》规定，成员在实行强制性产品标准时，不应对国际贸易造成不必要的障碍。

D. 认识到国际标准化有利于发达国家向发展中国家转让技术及帮助其克服制定、采用技术法规、标准、合格评定程序方面的困难。

2.《技术性贸易壁垒协议》基本原则是（　　）。

A. ①正当目的原则；②非歧视性原则；③国民待遇原则；④透明度原则；⑤产品性能原则；⑥影响最小原则；⑦遵守良好行为原则；⑧特殊和差别对待原则；⑨优先适用国际标准原则；⑩例外原则。

B. ①正当目的原则；②非歧视性原则；③国民待遇原则；④遵守良好行为原则；⑤特殊和差别对待原则；⑥优先适用国际标准原则；⑦例外原则。

C. ①正当目的原则；②非歧视性原则；③国民待遇原则；④透明度原则；⑤产品性能原则；⑥影响最小原则；⑦遵守良好行为原则；⑧特殊和差别对待原则；⑨优先适用国际标准原则；⑩比较性原则。

D. ①正当目的原则；②歧视性原则；③国民待遇原则；④透明度原则；⑤产品性能原则；⑥影响最小原则；⑦遵守良好行为原则；⑧特殊和差别对待原则；⑨优先适用国际标准原则；⑩比较性原则。

三、多项选择题

1.《WHO 全球食品安全战略》的目的是（　　）。

A. 加强食源性疾病监测体系

B. 改进风险评估评价方法

C. 创建评价新技术的安全性方法

D. 提高 WHO 在食品法典中的公共卫生作用

E. 加强风险交流与宣传

F. 增进国际国内协作

G. 加强发展中国家食品安全能力建设

2. FAO 的活动主要包括（　　）。

A. 使人们能够获得信息并支持向可持续农业转型

B. 加强政治意愿并分享政策专业知识

C. 为各国提供一个会议场所，强化公共和私营部门的合作，提高小农农业的生产力、可持续发展能力和市场竞争力

D. 将知识送到实地

E. 获得信息，加强政府意愿并分享政府专业知识

F. 支持各国预防和减轻风险

四、简答题

CAC 的职责主要是什么?

五、论述题

CAC 与 WHO、FAO 的关系具体是怎样的?

第三章

中国和美国食品进出口标准与法规的对比

学习目标

学完本章，你应该能够：

一、了解中国和美国有关食品安全方面的监管体制的内容；

二、熟知中国和美国有关食品安全方面的法律法规的具体表现；

三、理解中国和美国有关食品安全方面的认证体系的应用；

四、掌握中国和美国有关进出口食品方面的贸易规则的内容；

五、了解美国食品贸易法规政策。

基本概念

美国食品药品监督管理局；美国食品和药物管理局；国际食品法典委员会；全球良好农业操作认证；经济合作与发展组

第一节　中国和美国食品安全监督管理体制

一、美国食品安全监督管理机构及其职责

美国卫生和公共服务部直辖的美国食品药品监督管理局（U.S. Food and Drug Administration，缩写为 FDA）是负责监管食品、药品、化妆品、生物制品、医疗器械和辐射产品安全的机构，位于马里兰州的蒙哥马利县。

美国食品安全管理体系主要由 FDA 负责。其主要职权是：负责对在美国联邦境内制造和进口的食品、药品、医学设备以及日用化妆品等实施监督，同时也负责实施《美国公共卫生法令》（the Public Health Service Act）的第 361 号规定，根据公众卫生要求对州际旅客和货物进行检疫，以及对诸多商品中可能出现的疫病进行管理，并通过保护兽药、疫苗以及其他生物制品和医学设备的安全性，有效保护公众身体健康。美国食品药品监督管理局还对全国提供食品的安全性负责，以及各种化妆品、膳食补充剂和辐射产品，通过帮助加速产品创新来保障公共卫生。FDA 的职责已覆盖至全美约五十个州、哥伦比亚特区、波多黎各、关岛、美属维尔京群岛、美属萨摩亚以及其他国家领土和属地。

二、美国食品安全监管立法现状

美国食品安全监管体制的基础是由多部门多级别架构组成的体制，其通过联邦与地方各级机构的监管，使食品复杂性、多样性、技术性和社会性问题得以解决，从上到下的国家监管使得美国食品安全监督管理能够良好运转。

美国食品安全监管和法律体系具有较强的灵活性和适应性，其发展过程体现了食品安全理念的不断演进与完善。20 世纪初，美国政府开始逐步加强对食品安全的监管，并推动食品监管制度的系统化发展。1906 年，美国通过了《纯净食品与药品法》和《联邦肉产品检查法》，确立了早期的食品监管法律框架。这些法律明确了对食品和药品掺假行为的监管责任，并对肉类产品的质量检验提出了具体要求，为美国食品安全监管奠定了基础。

最初，食品和药品的监管由农业部下属的化学局负责。1927 年，化学局改组为食品、药品和杀虫剂管理局，1930 年更名为食品药品监督管理局（FDA）。1940 年，FDA 从农业部转移到联邦安全署，1953 年又转归卫生、教育与福利部（现为卫生与公众服务部）管理。1938 年，美国通过了《联邦食品、药品和化妆品法》，显著加强了 FDA 的监管权限，将食品、药品及化妆品的安全监管职责进一步明确。

在食品安全管理制度不断完善的过程中，1958 年的《食品添加剂修正案》是重要的里程碑之一。该修正案首次提出了 " 合理预期无危害 " 的概念，明确了食品添加剂的使用范围和安全评估标准，为食品工业的发展提供了科学依据。2011 年通过的《食品安全现代化法》，进一步推动了食品安全管理从事后监管向事前预防的转型。这一法规强调以风险预防为核心，提出通过科学方法对食品生产和供应链各环节进行全面管控，从而减少食品安全风险的发生。

目前，美国实行多机构分工负责的食品安全监管体制。FDA 主要负责除肉类、禽类和蛋制品以外的大多数食品安全监管，美国农业部食品安全和检查局（FSIS）负责肉类、禽类和蛋制品的检验，美国环保署（EPA）负责制定农药残留限量标准。这些机构通过制定科学的标准和严格的执法措施，致力于确保公众饮食的安全。与此同时，随着全球化和供应链复杂程度的加深，美国的食品安全监管体制正不断向更加高效和系统化的方向发展，逐步形成以预防为核心的风险管理模式和多部门协作机制。

三、中国和美国食品安全监管体制的对比

（一）美国国家食品安全监督管理体制的特点

在美国，食品安全监督管理在检查权力的统一方面已经有了根本性的突破，FDA 是美国政府从概念上到实际中对食品安全监督管理工作的最高检查权力机构。由总统指定机构的设立和最高管理人员的任职，FDA 直接向议会汇报并有对政府资源管理的决定权，为政府食品安全作出了全面规划。美国食品药品监督管理局的总体目标是，形成一种比较完整的具有科学基础的国家食品安全监督管理体制。美国食品药品监督管理局在实际上改善了食品安全监管职权分散的局面，并在更深层次上克服了对其平行组织制约力的弱化。

（二）中美食品安全监督管理体制相同点与不同点

1. 相同点主要体现在以下四点

（1）中美食品安全监管模式相似。中美两国的食品安全管理体制，是由卫生部门（美国是卫生与人类服务部，缩写为 DHHS）、农业部等多个部门构成。中国和美国的食品安全监管制度都是多部门多层级结构的制度。横向来看，美国根据有关的联邦法律来调整食品安全管理行政部门的权限，如《联邦肉产品检查法》《家禽产品检查法》等，中国则依照国务院的有关法规来调整食品安全管理部门的职责；纵向来看，由美国宪法下属行政部门中的农业部、卫生与人类服务部管理美国食品安全，而在中国，则由归国家市场监督管理总局所属的食品生产经营安全监督管理工作司、食品安全协调司、食品安全抽检监测司、食品审评中心、特殊食品安全监督管理司，以及国家卫生健康委员会、农业农村部管理食品安全。

（2）中美食品安全监管理念相似。中国和美国在食品安全监管理念方面有相似之处，两国都提出了以预防为主的全链条管理。例如，美国在 2007 年的食品保护计划，明确提出“预防、干预、反应”的管理理念，强调源头管理和企业主体责任。这在 2011 年出台的《食品安全现代化法》中得到了充分体现。中国也通过多年的摸索并总结了国家和地方政府的先进经验，提出了“预防为主、风险管理、全程控制、社会共治”的安全监管理念。2009 年出台的《中华人民共和国食品安全法》充分体现了这一管理理念，并强化了企业主体责任。

（3）中美食品安全监管的职能机构相似。中国与美国在监管制度中均有相应的统一监管的职能机构。在美国，农业部和美国食品药品监督管理局都是主要的监督机构。中国进行政府机构改革以后，新成立了国家市场监督管理总局，已形成了食品药品安全领域的全

国统一监督机构圈。

（4）中美食品安全监管机构均重视科技保障。中国与美国在监管机构的设定上十分重视科技的保障功能。中国和美国的疾病预防中心，以及其他各种科学研究组织都为政府的食品安全行政提供了大量的科技保障，这也是食品安全监管的一个很重要的特征。

2. 不同点主要体现在以下三点：

（1）行政机构权责划分方面不同。政府机构职权分级的性质不同。食品安全本身的特征是美国政府食品安全监督管理体制对食品安全监管机构分类的一个主要基础。而中国食品安全监督管理体制则主要从政府本身的视角来分类。总之，美国政府的分类主要建立在食品特征的基础上，而中国的分类主要是建立在政府职能的基础上。

图 3-1 是美国 FDA 组织结构图。

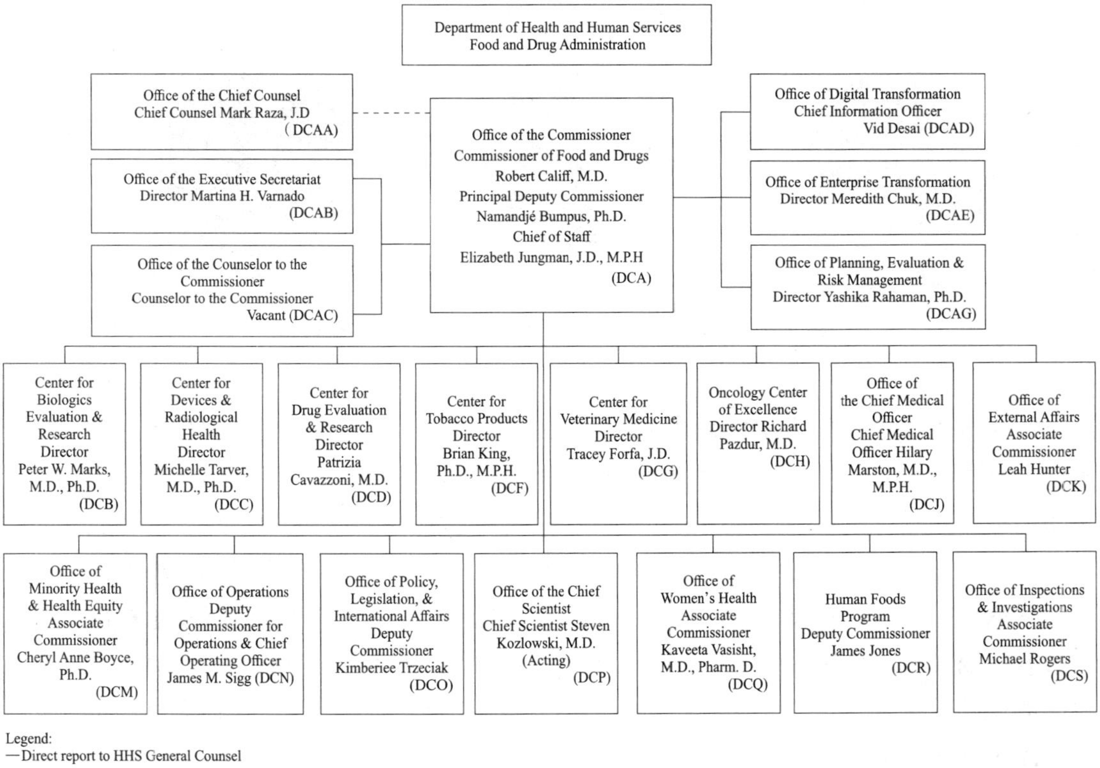

图 3-1 FDA 组织结构图

（2）食品市场准入条件不同。美国对于食品企业的市场准入实施分类管理：对于肉类屠宰、生产、加工企业，美国农业部实施准入审批，并由食品安全和检查局（Food Safety and Inspection Service，缩写 FSIS）派驻场兽医；水产品企业则由美国海洋渔业局发放捕捞许可证；其他由 FDA 管理的国内食品公司，通常是由州政府或是其他地区政府部门颁发执照，FDA 只对公司进行不定期的抽检；国外企业若向美出口食品，需向美国 FDA 进行备案。备案信息既包括企业的基本信息，也包括产品的信息。其中，新颁布的《食品安全现代化法》要求上述企业必须每年对备案信息进行更新。该备案与中国对出口食品企业的备案不同，只是由企业提交企业及产品信息，FDA 不对信息进行评估和审批。

中国对食品生产企业实行更加严格的准入管理制度，食品生产企业在进行食品生产加工经营之前，必须先取得经营许可证、健康证、商标注册证明、食品生产许可证等行政审批证明。除此以外，出口食品企业还需获得出口资格。

小知识：

当前，美国消费者正在寻求品种丰富、数量充足、物美价廉、四季皆有的食品供应，为满足以上需求，进口食品已达到美国食品总供应量的 15%。2015 年美国进口食品趋势图显示，进口食品数量在持续增长——美国人每年的食品消费中，其他国家提供约 32% 的新鲜蔬菜、55% 的新鲜水果、94% 的水产品。（如图 3-2 所示）

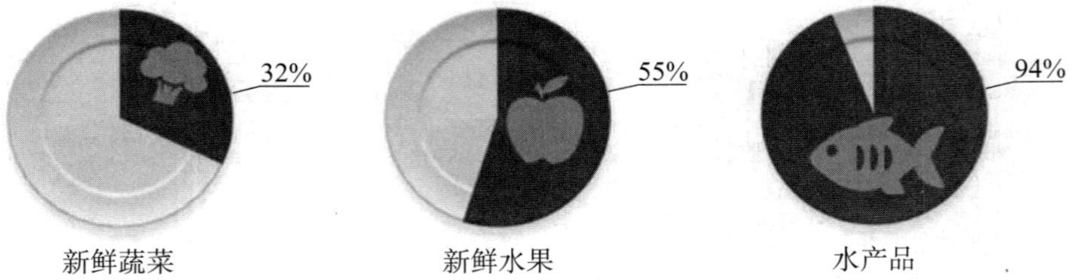

图 3-2　进口食品在美国市场的占比（按照数量测算）

（3）进出口食品监管方面不同。对于产品质量监管，美国更多地采取后市场管理，企业对其产品质量负责。对进口食品，美国在入境口岸的抽检比例一般为 3%~5%。FDA 对上市后的产品进行市场监督抽查，对于抽查发现问题的产品及时采取措施，对企业采取严厉的处罚措施。例如，不仅问题产品企业要承担巨大的赔偿责任，而且 FDA 也将对问题企业采取更为严格的监管措施。对于出口食品，美国投入的监管资源远远小于对进口食品的投入，因为美国食品监管部门的职能定位是保护本国消费者的生命安全。美国对进出口食品的监管采取统一标准，即在美国境内生产食品的企业和其产品（包括出口食品企业和其产品）首先要符合美国的生产要求和产品标准。确保其出口产品符合贸易国的要求完全是出口食品企业的责任，政府部门不进行监管。仅供出口的食品的标签可以不符合美国对标签的要求，但产品运输包装上必须注明“仅供出口”字样。

和欧美的监管模式一样，中国在进出口食品管理中实行的也是进出口并重，一方面由于中国不只是食品进口国家，而且还是主要的食品出口国家，所以进出口食品交易在中国经济中一直都具有举足轻重的战略管理地位。因此，在加强进口食品监管的同时，实施出口食品的检验把关，是完全必要和有效的。

为了保证出境食品质量的安全性，中国根据“预防为主、风险管理、全程控制、社会共治”理论原则制定了“从田间食物原材料制造，到车间加工制造流程监督，再到出境前取样检测”整个过程的出口食品质量安全管理制度，对出口食品生产企业实行了备案管理制度，即出口食品生产企业必须按规定时间向国家出入境检验检疫机关备案，只有已备案的企业所制造的商品，方可出口。除此之外，我国实行了出口食品抽查检验制度，对出口商品按口岸规定比例实施抽查检验，检验不合格的，不准予出口。同时指导公司履行主体责任，创建诚信记录。随着中国食品安全质量总体水平的提高，政府的监管力度应从进出口并重逐步转化为以进口为重。

第二节　中国和美国食品安全法律法规及标准体系的比较

一、美国食品安全法律法规体系简介

作为世界上最大的经济体，美国具有较为完备的食品安全法律法规体系，在确保美国国内食品和进出口食品安全、控制食源性疾病发生、促进食品对外贸易发展等方面发挥了重要作用。美国食品安全法律法规体系主要分为以下两个层次：一是美国联邦法律通常由美国国会议员单独或联名提出，经过国会内部的辩论和投票，获得通过后，由总统签发；二是联邦法规（Code of Federal Regulation，缩写为 CFR）。根据已颁布的相关法律，国会授权相关联邦政府机构制定已颁布法律的执行条例。流程如下：联邦政府机构根据法律授权，提出制定或修改条例的建议，经过公告、公众评论、修改等阶段，由该机构以最终规则的形式发布，并在“联邦公报”（Federal Register）上公布。此外，联邦政府相关机构也可下发规范性文件，如指令、通知等。

美国进出口食品安全法律法规主要由 FDA 负责，以保护美国公众免受有害产品和行为的侵害。《食品安全现代化法》（Food Safety Modernization Act，缩写为 FSMA）于 2011 年签署成为法律。FSMA 扩大了 FDA 监管国内外食品生产、制造、包装、储存和运输安全程序的权力。此外，FSMA 通过增强 FDA 检查外国和国内设施的能力，增强 FDA 的执法权（包括扩大 FDA 的行政拘留权和 FDA 的信息获取能力），以及授予 FDA 发行权的权力，为 FDA 赋予了监管食品进口的新权力。

中美食品安全法律法规体系在立法目的、程序和内容等方面存在许多相同或相似之处，双方食品安全法律法规体系均涉及食品生产、加工、贮藏、流通等各个环节，但双方在立法过程、法律法规的执行情况以及对外交涉等方面存在较大的差距。

二、中国和美国食品安全法律法规标准体系的对比

（一）美国食品安全法律法规体系

立法部门、司法部门和执法部门是美国政治体系的三个分支机构，它们确保了美国的食品安全。美国国会负责发布法令以确保食品供应的安全，从而在国家水平上建立起对公众的保护。各行政部门和机构负责通过制定法规执行法律。

美国政府有关食品的立法主要源自两个层次：一是由国会通过的法律，如《行政程序法》《联邦咨询委员会法》以及专门的食品法律，如《联邦食品、药品和化妆品法》《联邦肉产品检查法》等；二是由联邦政府机构（如 FDA 等）根据国会法律授权制定的规章和命令，这些规章和命令通常汇编在《美国联邦法规》中。

1. 立法过程透明、开放

当美国政府颁布新条例或修改现有条例时，立法机构通常提出一项条例议案作为先期文件。在条例议案中通常会说明存在的法律问题，并向相关机构提供意见的解决方案和备选的方法。任何重大的公开批评问题都要在最后规定中予以强调，并且在最终规定公布以前，要首先给公民创造开展辩论和进行批评的时机。当出现了非常复杂的问题，或者需要立法机构之外的专家的意见时，立法机构根据要求可以举行公众会议或咨询委员会。公众会议通常是利用非正式信息渠道把相关人士集合在一起，这种会议的主要目的是为了获取公民对某个问题的意见，并获取公民对立法机构特定计划的观点。而咨询委员会的结构形式更正式一些，公众会议和咨询委员会在 FR 中发布，涉及商业机密时除外。如果个人或者组织对立法机构的决定有异议，可向联邦法院提交诉讼。

2. 风险分析作为美国食品安全决策和立法的基础

风险分析不仅可为食品安全监督机构提供使其作出合理决定所需要的客观消息和依据，还为其立法工作提供了强有力的依据，还可以使其基于风险评估的结论，通过制定政策和采取适当的保护措施来有效管理风险，并与利益有关各方就风险和所采取的保护措施进行有效沟通，大大提高食品安全监管水平。政府通过组织内部专家的协作或向其他科学家进行技术咨询，为国家法规制定者提出技术与科学方面的建议方案，并利用政府与国外机构的协作，处理食品安全问题，强调食品风险因素的早期预警。

美国国会通过的食品安全法案对行政机构广泛授权，被授权的政府机构可以根据法案颁布专门的规章，实施专门的举措，作出专门的指示。在需要强调新的科技、产业和健康风险问题时，行政部门有足够的灵活性对法律加以调整和补充，而不是必须出台新的法律。这种灵活的工作方式使行政管理部门能够更好地发挥其监管作用。

（二）中美食品安全法律法规体系比较

1. 立法方面

美国食品安全法律通常由国会议员单独或联合提出，或者美国联邦政府相关部门提出，经国会批准，由美国总统签发。因此，美国有些法律通常按照相关议员的名字命名，如 1900 年保护野生动物的《雷斯法案》(Lacey Act of 1900)，1976 年通过的保护渔业资源的《马格努森 - 史蒂文斯渔业保护和管理法》等，一旦法律生效后，美国联邦政府相关部门就起草制定相关配套法规，对《美国联邦法规》相关章节内容进行增补、修订或删除。与美国相比，中国制定的法律、条例中关于农产品补贴、动物福利等方面的内容有待进一步完善。

中国食品安全法律是经全国人大常委会通过后发布的，如《中华人民共和国食品安全法》《中华人民共和国进出境动植物检疫法》《中华人民共和国进出口商品检验法》等法律规范。国务院依照有关法律，颁布了相关法律的施行规则和其他若干单行法规，由国务院总理以国务院令形式发布施行，如《中华人民共和国食品安全法实施条例》《国务院关于加强食品等产品安全监督管理的特别规定》等。

2. 行政机关管理措施方面

美国农业部食品安全和检查局、美国卫生部食品药品监督管理局发布的规范性文件、通知等属于行政机关的管理措施。如：食品安全和检查局于 2005 年 9 月 30 日发布的第 100.1 号决定《美国食品安全调查食品安全综合评估方法》，指导美国食品安全调查员如何开展食品安全评估工作。召回国内生产的不合格食品和扣留检查进口食品等均属于美国联邦政府的管理措施。

归中国国务院所属部委等部门所制定的规章，如总局令、部令、公告、风险警示通知等都属于行政机关管理措施。例如：《中华人民共和国进出口食品安全管理办法》(中华人民共和国海关总署令第 249 号)。

3. 参与国际合作方面

中美双方都是 CAC 和 WTO 的成员。中美双方所制定的食品安全规范应满足 CAC 和 WTO 的相关要求。CAC 是由 FAO 和 WHO 在 1963 年联合成立的，一个以维护消费者的身体健康和实现国际食品贸易平等为主旨的制定全球食品标准的政府间组织。美国为该机构首批创建国家之一，中国于 1986 年开始成为该组织会员国。1999 年 6 月中国设立的国际食品法典委员会协调小组由原农业部、原卫生部、原国家质量监督检验检疫总局等 10 家成员单位组成。

小知识：

早在 1999 年，中方就同美方签署关于中国加入世贸组织的双边协议，并力争尽早进入世界贸易组织。于 1999 年 4 月同美方签订了《中美农业合作协议》，该协定的内容涉及三个主要领域：一是有关中美农产品科技交流与协作；二是具体实施的协作工程项目，共计十余项；三是在处理了 TCK 黑穗病、柑橘和肉类的动植物检疫问题后，具体内容涉及：（1）中方批准美国政府西北地区七州小麦输华的限制解除，双方制定了 TCK 黑穗病的国家标准，中华人民共和国恢复进口相关商品；（2）中方已批准解除对美国加利福尼亚州等四州柑橘对华出口的限制，美方也承诺将增加对中华人民共和国园艺产品的进口许可；（3）中方认可美国农业部许可的所有厂商向中国出口肉食，但同时保留对美方工厂的审查权，这次签署的《协议》一次性取消了所有美方工厂对华出口小麦、肉类产品的年度出口审查，而中方也相应获得了美方增加准许进口中方园艺商品的保证，通过后续修订，中方又修改了对外国肉食生产公司的登记惯例，变相承认了美国农业部许可的所有肉食加工公司都获得了对华出口资质。

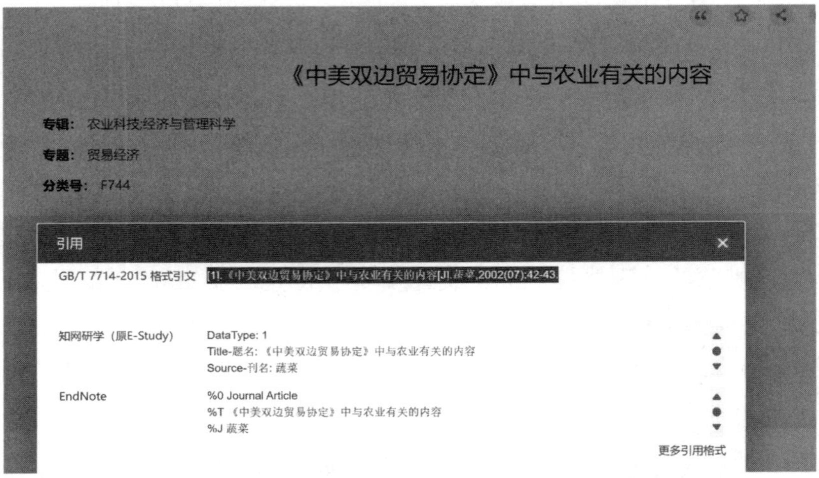

（资料来源：佚名.《中美双边贸易协定》中与农业有关的内容［J］.蔬菜，2002（7）：42–43.）

第三节　中国和美国进出口食品安全认证体系的比较

一、中国和美国食品安全认证体系特点的对比

随着社会经济发展和消费者生活水平的提高，食品安全监管问题也越来越引起世界各国的普遍关注。食品安全问题不但影响公民身心健康，而且对国家经济社会发展和政治安定都有较大的负面影响。因此世界各国都积极采用了各种管理手段，以强化对食品安全的监督和管理。许多国家从食品源头管理着手，引进了品质认证的管理理念，将食品安全认证制度视为提升食品质量安全管理水平和减少政府行政管理成本的有效政策措施。从食品

源头抓起，引入质量认证的管理理念，把食品安全认证作为提高食品质量安全水平和降低政府管理成本的有效政策措施。

为满足本土市场与海外市场的需求，美国积极开展食品安全认证。从 19 世纪初的种子认证开始，经过一百余年的发展，已逐步建立了证书类别完备、功能定位明确的多元化食品认证体系。在维护食品的质量安全、增强食品竞争力、规范市场行为、引导居民消费、保护环境与人民生活的健康和鼓励对外贸易等方面都产生了很大的影响。美国政府为适应市场各方对食品的质量安全、环保，以及员工身体健康和动物保护等方面的需求，在农产品制造、加工和流通中推行了强制认证。较为经典的有食品良好生产规范（GMP）、危害分析与关键控制点（HACCP）、良好农业规范（GAP）标志认证等。

国际上推动经济发展一般通过改善生产、质量和管理方式，这也是对国际食品质量认可机制的肯定。中国无公害食品、绿色生态食品、健康食品、有机食品认证标准等各有不同。因此：中国食品安全的基准线就是无公害食品；绿色生态食品是指具有中国特点的健康、优秀、高营养食品；有机食品是在国际上得到认可的绿色生态食品、高卫生食品；而健康食品则是指具备一定健康功效的食品。ISO 9001 质量管理认证、HACCP 安全卫生认证、GMP 认证、ISO 14001 环境管理认证是我国食品出口企业顺利进入国际市场的基础和保证。目前，经国家认监委授权开展认证的机构主要开展 ISO 9001 质量管理认证、HACCP 安全卫生认证、GMP 认证、ISO 14001 环境管理认证等业务。

在食品安全认证体系方面，中美之间存在如下差异。

（一）食品安全认证体系法律法规方面

美国的食品安全认证体系基于一系列全面而细致的法律法规，并由多个联邦和州级机构共同执行和监督。一方面，在一些综合性法律中通过对食品、农产品、农业投入品、包装和标签的调整，直接或间接地包括了对产品质量安全认定管理工作的调节，如《联邦食品、药品和化妆品法》。另一方面在单一性法律中专项就有机农产品（或农业投入品）的某一类别或某一工作环节的确认作出规范，如 1990 年的《联邦有机食品生产法案》对于有机食品标准、认证、标志管理以及部门职能进行了明确详细的规定。美国的食品安全认证体系通过多层次、多维度的法律法规确保了食品的安全性和可靠性。

我国的食品安全认证体系在法律方面包括《中华人民共和国食品安全法》《中华人民共和国产品质量法》《中华人民共和国进出口商品检验法》《中华人民共和国标准化法》和《中华人民共和国计量法》等，上述文件都在不同程度上涉及了有关规范食品安全认证活动的规定，但迄今尚未有专门性的法律颁布。法规内容主体涉及国务院制定发布的《中华人民共和国认证认可条例》《中华人民共和国进出口商品检验法实施条例》《中华人民共和国计量法实施细则》3 个文件及相关部门的规章文件，其中《中华人民共和国认证认可条例》可以看作整个食品安全认证制度及标准体系的核心性文件，该法规的相关配套规章、规范性文件及标准等都不够系统和全面，需要进一步探索细化。涉及食品安全认证管理工作的部门规章较为繁杂，主要涉及国务院等相关主管部门制定并发布的《认证机构管理办法》《无公害农产品管理办法》《有机产品认证管理办法》《中华人民共和国进口食品境外生产企业卫生注册管理规定》等文件。

（二）食品安全认证体系类型方面

美国农业历经了一百余年的发展，根据国际环境资源要求、美国经济社会发展和农业产品技术水平、农产品质量情况和市场需求等的变化，美国政府已逐渐构建起了与国情相适应的多元化食品农产品认证管理体系，在各个产业领域和不同种类间，有着不同类型的认证方式。对食品质量进行认证，是美国保护食品安全的一项关键举措。食品经过质量认证体系的认证后，就可在商品上贴上标签，告诉消费者，该食品通过了质量认证，是安全的。而目前，所有美国食品公司所制造的食品都需要经过三个阶段的品质验证，即质量管理中要通过 ISO 9000 认证，质量安全中要经过 HACCP 认证，生产环境中要经过 ISO 14000 认证。GAP 认证制度、HACCP 认证制度意在减少或防止危害，确保农产品安全性，并采用了产品质量认定制度和标准等级制度控制生产和监督管理过程，从产品源头管理食品产量，从而确保流入市场的食品质量达到安全要求，多元化的产品标准分别适应了政府部门、生产商和消费者的不同需要。

为进一步完善食品安全管理体系中的认证制度，继续严格实施体系认定各项活动，提高认定各项活动的一致性与效率，中国按照《中华人民共和国食品安全法》《中华人民共和国认证认可条例》等规定，构建了具有中国特色的食品安全认证制度，强制性与自愿性相结合的认证机制、集中统一的认可制度、检验检测机构资质管理制度、食品安全市场准入制度、进出口食品注册备案制度，这些制度构成了完善的质量合格评价体系。市场准入方面实行食品安全市场准入制度；检验检测服务机构资格管理方面，包括国家实验室资格认定、国家食品生产测试服务机构资格认定、国家质检中心许可证管理等制度，并制定了全国统一规范的国际检验检测资格评价机制；在进出口食品安全生产管理方面，对出境食品生产企业进行食品卫生审批，对进口食品生产企业进行食品卫生登记。

（三）食品安全认证体系管理分工方面

美国有机食品等认证管理是以食品、农业部门主导，由食品、农业部门负责认证标准的制定修改、认证工作的实施以及认证后的监管。这种以特定政府部门为主导的美国食品农产品认证管理方式，做到了管理上权责统一，从而使美国农业产品认证管理体制顺畅，运行高效，同时统一的农业认证管理体系有利于生产者和消费者选取想要的认证产品，也减少了由多个监管部门开展同一类型产品认证所造成协调成本高的问题。

中国的食品认证管理采取多部门协同分工的方式，涵盖从生产到流通的各个环节，确保食品安全和质量。国家市场监督管理总局负责制定食品认证的总体政策与法规，并监管食品生产、流通和销售中的质量认证。国家认证认可监督管理委员会（以下简称国家认监委）负责具体的认证认可工作，推动国内认证与国际接轨。农业农村部则专注于农产品源头的安全管理，负责无公害、绿色食品和有机食品等认证。海关总署负责进出口食品的认证检验，确保国际贸易中的食品安全。而卫生健康委员会主要制定食品卫生标准和特殊食品的安全认证要求。地方市场监督管理部门则负责具体实施和监督本地区食品企业的认证，确保地方食品安全。通过这种多部门分工协作，中国建立了健全的食品认证管理体系。

（四）食品安全认证体系形式方面

目前，美国食品公司制造的食物必须经过三项品质验证，分别是 ISO 9000、HACCP 和 ISO 14000 认证。美国采用质量认证体系和标准等级制控制生产和监督管理过程，从产品源头监控食品生产，从而确保流入市场的食品质量达到安全要求。《食品安全现代化法》还设立了第三方审核认可制度。为了更有效解决 FDA 人力不足的困境，美国在该法中一方面通过法律授权给 FDA 增加一定的人员，另一方面引入第三方组织评估制度，利用第三方机构在境外对出口美国食品的生产企业实施监管评审。要求 FDA 在法律实施后的两年内设立认证机构的认证体系，FDA 将直接或透过其所委托的认证机构认可的第三方质量评估机构，再由第三方质量评估机构按照 FDA 所颁布的规范与程序，对出口美国的食品与公司进行评价。第三方质量评估机构对其所评估为合格的公司和产品提供合格证明文件，作为 FDA 确定企业及产品符合《食品安全现代化法》要求的依据之一。其中，第三方质量评估机构可包括两种：一是境外政府部门或组织；二是境外合作组织以及第三方金融机构。第三方质量评估机构的评估工作分为咨询评估和监管评估。

中国国家认证认可监督管理委员会主要采取以下三种方法：认证流程监督检查、认证标志监督检查和相关产品抽样检验。（1）认证流程监督检查是指对认证组织的认证流程和认证结论实施有效性的监督和检查工作，如对认证组织体系、认证程序、认证文档实施检验，还可采取监管部门当场检验等多种形式，即认证组织在被监管部门当场检验 / 审核时，由执法人员参与其检验审核流程；（2）认证标志监督检查重点关注有机商品、绿色生态食品、无公害农产品等产品认证，以及其他体系、服务组织认可的相关产品认证标志，及在其证明或宣传用语使用符合法律规范状况下实施的检验；（3）产品抽样检验主要是对获得认可的商品按照产品检验规范实施检验，以检验商品在安全、产品质量方面达到认可标准。

（五）食品安全认证体系政策支持方面

为进一步提高生产安全优质产品农户的生产积极性，并奖励发展安全食用农产品生产，美国地方政府将加大对生产者的直接补助力度。美国政府每年提供约 1 350 万 ~ 3 000 万美金用以补助有机食品生产者，自 2002 年以来，美国农业部已授权美国农产品销售局每年 100 万美元资金，对经美国农业部审批同意的全国十五个州的每个有机食品制造商，给予一次 500 美元的认证费用补助。

中国国家认监委已于 2005 年 6 月正式提出将中国列入欧盟有机产品进口第三国名录中，并按欧盟农业总司要求于 2005 年 9 月和 2006 年 8 月两次提交了有关中国发展有机农产品的进展状况以及中国与欧洲有机法规体系的对比报表，并努力通过各层次加强了与欧盟的沟通，督促欧盟就中方报告尽快提出评估意见，进一步推动中国有机产品认证国际互认进程。同时，国家认监委积极地根据与全球良好农业操作（GLOBALG.A.P.）认证所签订的国际基准性农业比较备忘录的有关规定，向 GLOBALG.A.P. 提交了基准性比较文件，争取基准性比较工作在 2008 年上半年内完成。国家认监委积极推动国际认可组织参与我国良好农业规范（GAP）认证工作，并取得了 GLOBALG.A.P. 的证书。GAP 证书的全球互认工作，将有助于中国出口企业突破海外技术壁垒，有效增强中国农业的国际竞争力，并促进中国农业出口。

二、中国和美国 HACCP 认证体系的对比

危害分析与关键控制点（HACCP）体系是一个为国际认可的、保证食品免受生物性、化学性及物理性危害的预防体系，是目前世界上最有权威的食品安全质量保护体系。其概念形成于 20 世纪 60 年代美国宇航食品制造公司，主要是指企业通过使用科学方法和系统的管理方式，分析并发现食品制造过程中的危险，并制定具体的预防控制措施和关键监控位置，以此进行有效监测，从而保证食品的安全品质。1989 年美国政府颁布了《食品生产的 HACCP 原理》，1997 年 12 月，美国政府规定，从事将水产品进口至美国的公司需按规定设立 HACCP 系统，否则其产品将无法进入美国市场。如今，HACCP 已经从最初的预防食品细菌危害扩展到家禽、海鲜、水果等各个食品生产领域，在从农田到餐桌的各个环节开展应用。著名的国际标准组织 ISO 也吸纳了 HACCP 方法。HACCP 的 7 个过程控制原则与国际质量标准体系 ISO 项目认证标准相配合形成 ISO 22000 标准，该标准现为国际性第三方认证管理中要求最高的食品安全管理体系标准。

自 1999 年以来，由原中国农业部渔业局组织颁布的《水产品加工质量管理规范》，进一步严格规范了对水产类加工厂的基本条件以及关于建设中国水产品加工技术服务质量保障制度的有关规定，其核心内容是以 GMP 认证为基础的 HACCP 行动计划，HACCP 行动计划是中国水产类行业对水产品质量和认证中心进行产品认证工作的主要基础。原国家质量监督检验检疫总局规定：从 2002 年 5 月 20 日起，罐头类、水产类、肉类及肉制品类等六大食品出口企业，在进行卫生注册时必须通过 HACCP 体系评审。

（一）HACCP 在美国的政策运用

根据美国政府在 2000 年 3 月 2 日向经济合作与发展组织（Organization for Economic Cooperation and Development，简称 OECD）提供的有关美国食品安全体系的报告，从宏观层面来说，食品安全领域属于政府对市场进行管制的一部分。

在美国联邦政府层面，主要参与的政府职能部门有 4 个，即卫生和公共服务部下属的食品药品监督管理局、农业部下属的食品安全和检查局和动植物卫生检查局，以及美国环保署，其分别在消费者保护事业中拥有相应的职能。

美国食品安全监管机构的职能主要是按照“分类监管为主、分段监管为辅”的原则进行安排的。在食品安全监管工作中，监管者既需要面对各种复杂的食品行业，又需要面对食品从生产到消费各阶段的问题，主要包括配方安全、生产中有无掺杂等不卫生操作和标签宣传 3 个方面的问题。美国政府食品安全管理体系中最重要的分类系统体现在由农业部下属的食品安全和检查局和美国卫生与公共服务部下属的食品药品监督管理局的分工中。食品安全和检查局分管责任确保肉类、禽类和蛋商品的安全性、健康和准确标识；FDA 则负责管理除此之外的美国庞大的食品市场，并通过有关鉴定准则、质量标准、补充物准则、营养标志，以及其他标签法规监管食品的主要成分与特征。此外 FDA 还有权监督管理色素添加剂及在各种食品中所应用的食品添加剂。根据品种分类管理的方式不仅有效地涵盖了市场上的监管对象，清晰地区分了各自的职能范围，也保证了在品种监管上由配方、生产到流通的全过程的统一管理。

随着实践上的进步，无论是食品安全的监管者还是生产经营者，对于在渔业、肉业等某一特定的食品生产行业内实施 HACCP 原则的所有操作步骤、规范及安全标准等达成了共识。此时，官方已经完成了在某几项食品生产中实施 HACCP 控制方法的项目。项目成果成为指导行业发展和监管的标准，政府完成了对行业监管政策的具体设计，并递交监管议会部门，经批准成为法律。但政府的法定职能又要求其只做市场的裁判员。将 HACCP 用认证的形式推广，实际上是政府将部分具体的微观管制权力返还给市场来运行，而采取了一种更注重宏观调控的方式来实施监督，维护了市场机制的自我运行。

HACCP 的发展过程，强调过程控制原则的实现，实际上也是美国食品安全监管机构为过程管理所作的探索过程。

第一，在美国食品安全监管中，将具体标准内容的设立过程开放，让社会组织参与其中，而不是垄断整个标准过程进行行政审批式监督。虽然食品安全监管这一领域赋予了政府一定的自由裁量权，只要有监管的理由并按照法律程序就可以对标准进行自主设立，但是从 HACCP 的发展过程来看，负责具体管理和应用事务的政府（部门），其决策过程始终保持着开放和透明，注重寻求企业界以及科学团体等多元利益团体的意见，根据食品生产现实情况和应用 HACCP 过程管理的要求，鼓励企业自主对标准进行探索，提供政府合作项目，招募志愿企业进行试验以获取最详细的实践资料，对政府即将实行的法令实施公示和建议制度，鼓励社会各方对政府的措施进行建议。食品安全监管机构开放了政策制定过程，保障了监督政策的科学、公平、民主，也极大地促进了社会生产部门的创新与发展。

第二，坚持食品安全监管领域公共管理的本质，提供服务而不是提供监管。在具体行业的应用研究中，美国食品监管机构提供了相当多的服务以帮助企业，引导社会对政策的认识。

首先，在美国的监管体系中，按照法律规定，政府设立一项管制措施不仅需要庞大的案例数据，严格的成本、效益分析以及一定时间内公众的评论，最终还必须得到国会的通过。在这个过程中，政府部门需要就监管政策的具体内容和理由对社会进行信息公开与交流并接受意见与建议，这就需要监管机构建设及时而公开的公共信息平台。其次，HACCP 的建设过程强调风险管理和预防的办法，风险管理的措施要求全国的食品监管者能够掌握食品生产及其相关领域里最新的科技以及建设高效的信息传播平台；另外 HACCP 的研究已经不止于一国之内的探索，全球化生产环境下食品安全危害的扩大和风险的提高，建立高效而公开的信息交流网络已是必然。因此，美国联邦监管机构不但有本部门的信息传播和交流平台，政府也与国际团体，比如与 WHO 一起建设了国际食品安全当局网络，对信息交流平台的建设落到实处，也促进了监管机构对公共事件的把握，政策过程的开放。

除此之外，美国监管机构还提供针对教育、推广支持发展中国家和小企业的 HACCP 项目的服务。比如食源性疾病教育信息中心（Foodborne Illness Education Information Center）为管理官员和生产企业提供 HACCP 法规执行后续教育培训计划（HACCP Training Program）和资料库，为泰国、中国、印度、新加坡等亚洲国家培训 HACCP 应用操作知识等项目，期望通过共同建设来达到标准的统一，以更加完整地实现风险预警。

第三，坚持社会的独立自主而不是实行监管的垄断，避免政府失灵、监管失败。在这一处最明显的两点为：一是对 HACCP 原则在某一食品行业进行试验的初期阶段，美国政府只是招募志愿参与的企业。而企业则为了技术上的追求和行业声誉的建立，自愿加入并积极制定自己的标准，接受市场和政府的检验，为监管标准提供信息。二是 HACCP 计划在美国的几个行业的应用得到完善后，其具体认证工作并没有成为政府监管的内容，而是留给社会组织承担。在如今庞大而复杂的食品生产与交易网络中，如果要靠政府对每一家企业实施监控，往往难以做到。而且更重要的是，通过保障信息公开，市场自有优胜劣汰的机制。政府的监管不是要对监管事务进行事无巨细的管理，而是将资源集中在处理市场机制效率低下或者市场机制不起作用的领域。

在 HACCP 的发展过程中，我们看到了美国监管者行动的边界，在市场规则起作用的领域，在社会组织能够承担组织管理功能的情况下，政府不干扰市场的自由选择，以避免政府监管任务过于繁重。

（二）HACCP 在中国的政策运用

总体上来说，HACCP 在中国大陆应用过程的一个特点是以政府自上而下进行推广为主。中国政府部门首先了解到国际贸易中进出口食品管理的政策信息，根据国际贸易要求，原国家质量监督检验检疫总局官员作为第一批学员接受美国 FDA 的培训，接着 HACCP 作为一种国外认证制度在国内得到引进和推广，政府职能部门借鉴国际组织的资料发布 HACCP 在国内的应用指南和监管措施，指导企业的应用。加入 WTO 后，为了克服贸易技术壁垒，HACCP认证得到了越来越多的重视，相关行业政府管理规定和标准措施相继建立。但到目前为止，中国HACCP具体行业应用标准主要是通过政府部门根据国际贸易通行的标准规定、政府相关研究院和专家顾问的研究试点而产生的。由政府主导本国各食品生产行业的强制检验、认证标准及管理工作，少有通过推动市场主体的自我认证来为HACCP体系在中国的具体实践提供应用标准信息。

根据中国食品安全监管体系的特点，结合HACCP认证在中国的应用推广过程来看，尽管政府主管部门对于推广该认证采取了建立学术研究课题、组织研讨会、招募企业进行试点、推出项目与政策扶植等政策手段，然而，HACCP始终只是以一项认证政策的身份得以推广。HACCP所强调的过程管理与危害控制的理念则被包含在认证制度的学习应用中，实践工作中更多的是强调某单一企业对HACCP体系实践的有效性。在美国，HACCP的概念引起了美国政府与企业对食品安全管理、过程管理与风险控制的共同关注，双方之间的合作与探索使HACCP从概念走向了项目实践，其作用也从推动市场认证管理扩展到促进行业标准建设的发展。但是中国监管部门更多的是受到国外政府在国际贸易上强制认证制度的影响和市场准入制度的启发，开发出属于自己的一套强制性市场准入制度。

中国与HACCP国际标准接轨的工作由多个部门协同负责，主要包括国家认监委、国家市场监督管理总局、农业农村部和海关总署等单位。国家认监委负责制定HACCP相关标准，授权认证机构并参与国际合作，推动国内外的标准互认。国家市场监督管理总局则负责监督HACCP体系的实施，定期检查企业的食品安全管理，并推动认证的普及。农业农村部专注于推动HACCP在农产品生产中的应用，确保食品源头的安全管理。海关总署则负责进出口食品的HACCP认证与检验，确保食品在国际贸易中的安全合规。此外，各部门还通过培训、宣传和技术支持，帮助企业理解并实施HACCP标准，确保中国食品企业与国际食品安全标准同步，提升食品质量和国际竞争力。

（三）中美HACCP政策运用对比分析

中国在20世纪90年代开始推广HACCP体系（危害分析与关键控制点体系）。1994年，原国家技术监督局发布第一个HACCP标准。1996年在水产品出口企业率先试点推广HACCP，随后在罐头、饮料等行业推广应用。2002年，国家认证认可监督管理委员会发布《食品生产企业HACCP管理体系认证管理规定》，为企业实施HACCP提供了法规依据和技术指南。

美国是HACCP体系的发源地。最初由NASA与Pillsbury公司在20世纪60年代初合作开发，以用于确保航天食品安全。1995年，FDA发布水产品HACCP法规（1997年实施）。1996年，美国农业部食品安全和检查局（FSIS）颁布针对肉类和禽类产品的HACCP法规（1998年实施）。2011年，FDA通过《食品安全现代化法》（FSMA），将HACCP原则发展为更全面的预防性控制体系。

HACCP 体系通过科学的风险分析和预防性管理，有效降低了食品安全风险。美国从航天食品安全管理发展到全面的食品安全预防控制体系，为各国提供了经验。中国借鉴国际经验并结合实际，建立了较为完善的 HACCP 管理体系，推动食品安全管理从事后检查转向事前预防，为食品生产企业提供了重要的管理工具。综上所述，中美两国在 HACCP 政策上的运用各有特点。中国通过政策引导和监管，逐步推动企业实施 HACCP，提高食品安全管理水平。美国则通过法律法规的强制性要求，确保食品企业严格遵循 HACCP 体系，从而有效保障食品安全。两国的经验为全球食品安全管理提供了重要的参考和借鉴。

小知识：

HACCP 认证

HACCP 是控制食品安全的经济有效的管理体系。

HACCP 是对食品加工、运输以至销售整个过程中的各种危害进行分析和控制，从而保证食品达到安全水平。它是一个系统的、连续性的食品卫生预防和控制方法。基于 HACCP 的食品安全体系，其核心是遵循 HACCP 的七个基本原理。HACCP 理论是在不断发展和完善的。1999 年国际食品法典委员会（CAC）在《食品卫生通则》附录《危害分析和关键控制点（HACCP）体系及其应用准则》中，将 HACCP 的 7 个原理确定为：

原理 1：危害分析（Hazard Analysis, HA）

危害分析与预防控制措施是 HACCP 原理的基础，也是建立 HACCP 计划的第一步。企业应根据所掌握的食品中存在的危害以及控制方法，结合工艺特点，进行详细分析。

原理 2：确定关键控制点（Critical Control Point, CCP）

关键控制点（CCP）是能进行危害有效控制的加工点步骤或程序，通过有效控制、防止发生、消除危害，使之降低到可接受水平。CCP 或 HACCP 是由产品 / 加工过程的特异性决定的。如果出现工厂位置、配合、加工过程、仪器设备、配料供方、卫生控制和其他支持性计划，以及用户的改变，CCP 都可能改变。

原理 3：确定与各 CCP 相关的关键限值（CL）

关键限值是非常重要的，而且应该合理、适宜、可操作性强、符合实际和实用。如果关键限值过严，即使没有发生影响到食品安全的危害，也被要求去采取纠偏措施；如果过松，又会造成不安全的产品被送到用户手中。

原理 4：确立 CCP 的监控程序

企业应制定监控程序并执行，以应用监控结果来调整和保持生产过程处于受控状态，以确定产品的性质或加工符合关键限值。

原理 5：经监控认为关键控制点有失控时，应采取纠正措施（Corrective Actions）

如有可能，纠正措施一般应在 HACCP 计划中提前决定。纠正措施一般包括两步：第一步，纠正或消除发生偏离 CL 的原因，重新加工控制；第二步，确定在偏离期间生产的产品，并决定如何处理。采取纠正措施时，产品的处理情况应加以记录。

原理 6：验证程序（Verification Procedures）

用来确定 HACCP 体系是否按照 HACCP 计划运转，或者计划是否需要修改，以及确认生效使用的方法、程序、检测及审核手段。

原理 7：记录保持程序（Record-keeping Procedures）

企业在实行 HACCP 体系的全过程中，须有大量的技术文件和日常的监测记录，这些记录应是全面的，记录应包括：体系文件，HACCP 体系的记录，HACCP 小组的活动记录，HACCP 前提条件的执行、监控、检查和纠正记录。

中国的 HACCP 认证始于国家认监委在 2002 年 3 月 20 日发布的第 3 号公告《食品生产企业危害分析与关键控制点（HACCP）管理体系认证管理规定》，自 2002 年 5 月 1 日起执行。这一规章的实行进一步规范了食品生产企业实施 HACCP 体系的认证监督管理工作，HACCP 体系认证管理做到了有法可依。

2002 年 4 月 19 日，原国家质量监督检验检疫总局发布第 20 号令《出口食品生产企业卫生注册登记管理规定》，自 2002 年 5 月 20 日起施行。规章要求对列入《卫生注册需评审 HACCP 体系的产品目录》的出口食品生产企业需依据《出口食品生产企业卫生要求》和国际食品法典委员会《危害分析和关键控制点（HACCP）体系及其应用准则》建立 HACCP 体系。按照上述管理规定，目前必须建立 HACCP 体系的有六类生产出口企业，分别是生产水产品、肉及肉制品、速冻蔬菜、果蔬汁、含肉或水产品的速冻方便食品、罐头产品的企业，这是我国首次强制性要求食品生产企业实施 HACCP 体系，标志着我国应用 HACCP 进入新的发展阶段。

HACCP 认证在中国经历了 10 年（2002—2011）的发展，获证企业数量已经突破 5 000 家，但是，随着 HACCP 认证的发展，HACCP 认证依据和认证程序的不统一，对规范 HACCP 认证活动，提高认证有效性带来的负面作用日益显现。曾经出现过 CNAB-SI52：2004《基于 HACCP 的食品安全管理体系 规范（试行）》、SN/T 1443.1-2004《食品安全管理体系 要求》、CAC 发布的《食品卫生通则》及《危害分析和关键控制点（HACCP）体系及其应用准则》、GB/T 27341-2009《危害分析与关键控制点（HACCP）体系 食品生产企业通用 要求》等多项依据标准。国家认监委为了规范 HACCP 认证，发布了《企业危害分析与关键控制点（HACCP）体系认证实施规则》，自 2012 年 5 月 1 日起实施。新的 HACCP 认证实施规则在我国 HACCP 标准和认证制度的基础上，考虑了包括国际食品法典委员会（CAC）标准和消费品论坛（CGF，the Consumer Goods Forum）的“全球食品安全行动计划”（Global Food Safety Initiative，GFSI）标准和要求，确定了认证依据和模式。

认证依据为：GB/T 27341-2009《危害分析与关键控制点（HACCP）体系 食品生产企业通用要求》和 GB 14881-2013《食品安全国家标准 食品生产通用卫生规范》。

认证模式为：初次认证＋跟踪监督＋产品安全性验证（适用时）。

另外，根据实施规则的要求，HACCP 认证还要考虑我国和进口国（地区）适用法律、法规及标准的符合性，以及出口食品生产企业安全卫生要求的符合性（适用时）。

各出入境检验检疫局对确认符合 HACCP 认证要求的企业可在进行备案时采信认证机构的认证结果，简化备案程序，减少对企业现场检查和监管频次。

（资料来源：中国质量认证中心 . https. //www.cqc.com.cn/www/chinese/spaq/haccp/jj/）

三、中国和美国食品认证的比较

（一）GMP 认证

良好生产规范（Good Manufacturing Practice, GMP）起源于美国，是一种重视产品质量和卫生安全的自主管理体系，旨在管理制造过程。GMP 的核心目标是减少食品或药品生产过程中的人为错误，预防污染或质量下降，并建立完善的质量保证体系。食品 GMP 关注食品的高品质和安全性，涉及从原材料到成品在整个生产过程中各环节的卫生要求和操作规范。食品 GMP 最初源于药品 GMP。1963 年，美国颁布了全球首部药品 GMP 规范。1969 年，美国又发布了《食品制造、加工、包装储存的现行规范》，从而拉开了食品 GMP 新纪元的序幕。

如今，GMP 认证已在全球范围内得到广泛推广，美国政府也将食品加工业的 GMP 认证纳入联邦法律。FAO 和 WHO 倡导将 GMP 体系应用于食品行业法规的制定。为了提高药品质量和安全性，中国自 1988 年起开始实施药品 GMP 制度。2010 年颁布了新版的药品 GMP 标准，自 2011 年 3 月 1 日起实施。新版 GMP 标准强调质量管理、风险控制和持续改进，提高了对制药企业的要求。在食品行业中，中国对食品出口企业、保健食品企业和膨化食品企业实施了 GMP 认证。此外，一些地方政府和行业协会也制定了自己的 GMP 标准。然而，这些标准在不同地区和行业之间可能存在差异，尚未形成统一的国家标准，仍有待进一步推广和完善。

（二）有机食品认证

有机食品，是英文 Organic Food 的直译名称。根据国际有机农业运动联盟的概念，有机食品是指按照国际有机农业标准和有机食品制造加工规范而制造加工的，可由经批准的国际有机食品颁证机构发放证书，供给人类食用的一切食品。目前，我国的有机食品实施的技术标准已经基本和国际水平接轨。

美国有机食品认证始于 20 世纪 70 年代，但由于各地标准并不统一，曾引起过若干市场问题。1990 年，美国国会通过《有机食品生产法》这一提案，规定美国农业部制定全国通用的有机农产品生产标准和规范，以提供消费者识别，规定任何标明为“有机食品”的商品都必须来源于经过批准的农庄或工厂。根据规定，正式启动了由美国政府农业部实施的“国家有机食品计划”，并成立了由美国农业部归口管理的国家有机标准委员会（NOSB）。历经10多年的起草、征求社会意见和试行，《国家有机标准》（以下简称《标准》）于2002年10月正式颁布实施。《标准》规定了实行3年有机生产的转化时间，申请者需向认证机构递交有机食品制造生产计划，认证机构定期检查农场的生产过程和生产档案以及定期检测生产环境等一系列内容。截至2007年，美国农业部授权可以开展有机食品认证的机构总共有98家：国内56家，大部分为各州农业部门的工作机构；国外42家，包括阿根廷、澳大利亚、比利时等19个国家的认证机构。目前，美国已成为全球最大的有机农产品销售市场，有机谷物、水果、蔬菜和坚果市场已经具有一定规模，其他如有机葡萄酒、糖浆、有机番茄酱、食用油、麦片、冷冻蔬菜和速冻食品等高附加值产品也发展得很快。美国有机食品的境外市场主要为加拿大、日本和墨西哥。在美国销售的有机食品总量中，进口量仅为1%。

1994年，中国原国家环境保护局成立了有机食品发展中心，其前身为国家环保总局南京环境科学研究所。有机食品发展中心已先后在21个省（区、市）建立了分中心或行业分中心。有机食品发展中心于2003年年初获得国际有机农业运动联盟认可，并于2002年注册了具有独立法人资格的专业有机食品认证机构，并基本上根据国外对有机食品的生产、经营和管理的法规要求进行运作。但是有机食品标识在不同国家和不同认证机构是不同的，我国中绿华夏有机食品认证中心、中国农业科学院茶叶研究所均制定不同的标识。我国认监委在取得有机产品认证的监督权后，积极组织环保、农产品、质检、食物制造等相关产业的专家开展国标起草工作，2005年4月GB/T 19630-2005《有机产品》（已废止）正式实施。该标准分为生产、加工、标志与销售、管理体系等4个部分。2011年，原国家质量监督检验检疫总局、国家标准化管理委员会和国家认监委发布了GB/T 19630-2011《有机产品》和CNCA-N-009：2011《有机产品认证实施规则》。GB/T 19630-2011《有机产品》添加了对国际认证组织、认证人员、信息报告、有机产品目录、证书格式、销售证书、认证标志及唯一编号、不予批准认证的条件、再认证、投入品使用条件和评估程序等要求，对申请条件进行了严格规定并对现场采样、生产单元以及小农户的现场审核范围提出了更为严格的要求。目前，国内取得证书的商品主要出口到欧盟、美洲以及日本市场。我国有机食品认证虽然是国际上通行的农产品认证类别，但是我国有机食品认证机构没有和国外签订互认协议，导致我国的有机食品认证结果不被国外承认。由于农产品的出口在许多情况下要获得进口国相似的认证，这样不但造成出口成本的增加和人力、物力的浪费，而且由于认证程序的烦琐，从而使许多季节性农产品丧失出口的最佳时机。

（三）良好农业规范（GAP）认证

1998年10月，美国食品药品监督管理局和农业部共同发布了《关于降低新鲜水果与蔬菜微生物危害的企业指南》，官方第一次明确提出了良好农业操作规范概念。该标准主要是针对未加工或经简单加工（生的）出售给消费者或加工企业的大多数果蔬，对种植、采栽培、采摘、冲洗、摆放包装，以及在储运过程中常见的微生物学损害问题加以管理，其关注的是新鲜果蔬的生产和包装，并非局限于农场，而是涉及了从田间到餐桌的完整食物链条的每个步骤。USAGAP认证是由美国农业部的联邦食品检查服务局作为独立的第三方认证机构进行确定的，农业部农业市场服务局参与管理，并负责将通过认证的企业和产品名称在其网站上公布，同时将所有经过认定的生产公司和产品名称在其网页上公示。2006年5月3日，在美国农业部农业市场服务局发给果蔬生产商的文件中规定，自2007年7月1日起，必须对新鲜蔬菜和果品部的所有产品实施强制性认证。通过认证的企业和产品名称将由美国农业部在网站上公布。

小知识：

我国的GAP认证在法律属性上是自愿性的，缺乏对农产品安全属性的强制管理。目前我国无论是针对农产品质量属性的认证，还是对农产品安全属性的认证，都是自愿性认证。实践中，在目前优质优价的市场机制没有完全形成的情况下，生产者申请农产品质量安全认证的积极性不高，特别是对涉及安全属性的认证，因其权威性和强制性不足，政府推动的难度较大。

2003年，原卫生部发布了《中药材GAP生产试点认证检查评定办法》，这是中国对中医药产品的官方统一管理规定。自2005年12月31日起，中国发布了GB/T 20014.1—GB/T 20014.24《良好农业规范》系列国家标准，简称ChinaGAP，参照EUREPGAP制定。该标准涵盖大田作物种植、水果和蔬菜种植、牛羊养殖、奶牛养殖、生猪养殖、水产养殖、畜禽公路运输等领域。每个标准包括通则、控制点与符合性规范检查表和基准程序。

2006年1月，国家认监委制定了《良好农业规范认证实施规则（试行）》，并在14个省和1个直辖市展开GAP和认定示范性单元建设活动。同时，启动了首批实施100个国家级农产品标准化建设示范性县（场）的建设项目。ChinaGAP认证分为一级认证和二级认证，申请者可根据实际情况选择认证级别。

2005年5月，国家认监委与欧盟良好农业规范组织（EUREPGAP）签署了《中国国家认证认可监督管理委员会与EUREPGAP/FoodPLUS技术合作备忘录》。积极推动中国GAP认证结果的国际互认。获得ChinaGAP一级认证证书的企业可与EUREPGAP直接进行互认，这对于促进中国农产品扩大出口具有积极作用。2006年4月，国家认监委与EUREPGAP正式签署了《中国良好农业规范（ChinaGAP）认证体系与EUREPGAP认证体系基准性比较的谅解备忘录》。

第四节　美国食品贸易法规政策

一、有机食品标准

美国政府早在 1990 年就开始实行《有机食品生产法》。该法规定有机食品生产、处理和加工必须使用天然物质，不得采用人工合成的物质，不得检测出农药和化肥。由于当时世界上还未有商业化的转基因作物，所以该法没有对转基因作出规定。

转基因作物获得商业许可后，美国农业部颁布了《国家有机食品规范》，该规范成为《有机食品生产法》实施细则的补充条款。美国严格执行有机食品认证体系，在食品贴上有机标志之前，要由政府认可的国家有机食品验证人员对本食品链实施全程检测，确保整个食品链符合有机食品各项标准。而只有通过验证达到美国有机食品标准的食品，方可贴上有机标志。美国农业部的国家有机项目办公室主管国内所有有机食品制造、处置与加工标准的制定工作，并对全美有机食品市场实施严格监督。国家有机标准委员会则负责向美国农业部的国家有机项目办公室提供国际标准意见。

美国对有机农作物的生产要求非常严苛，法规也十分详尽。耕地从常规耕种变成有机耕种，还需要有 3 年的转换期。在这 3 年里可以按有机农产品的规范耕种，但产品仍然是常规农产品，因此无法粘贴有机标志，只有过了 3 年的转换期之后，相关农产品才能进行有机认证。举例来说，假如某个苹果园里结束一次性喷洒杀菌剂的日期为 2011 年 8 月 31 日，只能在 2014 年 9 月 1 日后，采收的苹果经过确认后才可以贴上有机标志。

美国的有机食品认证主要是指过程认证，而不是产品认证。过程认证就是对农户的耕作过程和食品的处理、加工、储存、运送等整个食品供应链的全流程进行检验，评价其是否达到有机食品生产规范。

2002 年 10 月 21 日，美国农业部制定出全新的有机食品标志，并规定从 2002 年 10 月 21 日起，将在美国全国范围、联邦全市范围内统一有机食品的标志，以取代原先非正式使用的或由各州制定的有机食品的标志。从此之后，凡是有机合成程度达到或超过 95%的食品，都可贴上一个印有英文“有机”和“美国农业部”字样的绿色圆形标志。

小知识：

美国的有机食品标签分为以下四种：

①“100％ ORGANIC”，完全有机食品，主要用于蔬菜及水果。

②“ORGANIC”，有机成分所占比例在 95％以上的产品。

③ “MADE WITH ORGANIC INGREDIENTS”，有机成分所占比例在 70％ ~95％之间的产品。此类产品不贴有机标签，但可以列表显示有机成分和材料。

④ “CONTAINING ORGANIC INGREDIENTS”，包含有机成分，即有机成分在 70％以下的产品。此类产品不贴有机标签，但可以列表显示有机成分。

美国相关法律规定，所有在美国市场出售的有机产品都应由美国农业部认可的认证机构检查和认证，进口产品也必须遵守此规定。因此，向美国出口有机产品有两种选择：一是出口国与美国达成等同协议，即出口国的认证机构根据本国法律进行检查和认证的产品可以销售到美国并按有机产品销售；二是非美国认证机构但直接被美国农业部认可。

二、食品添加剂限量标准

在美国，直接食品添加剂是指可以直接进入食品中的物质。间接食品添加剂是指包装材料或其他与食品接触，在合理的预期下，转移到食品中的化学物质。按照这种概念，食品配料也是食品添加剂的组成部分。

美国联邦立法规定，由食品药品监督管理局直接参与美国食品添加剂法律的制定和管理。肉类由美国农业部管理。所有用作肉食和禽类食品的添加剂需得到食品药品监督管理局与农业部双方的共同认证。烟酒由烟酒税和贸易局管理，并对应用于酒类、烟草产品的食品添加剂实行双重管理。食品添加剂立法的基础工作通常由相关职能部门与有关的协会共同担任。如美国食品香精立法的基础工作由美国食品香料和萃取物制造者协会担任，其安全性的评估成果在获得食品药品监督管理局认证后以肯定的形式公布，并附有 FDA 为食品香精颁发的 GRAS（Generally Recognized as Safe，简称 GRAS）认证编号或相关文件。

三、食品追溯新法规

随着科技进步和毒理学资料的积累，再加上现代分析技术手段的应用，每隔一段时间，食品添加剂的安全性会被再次评估和公布。在美国，只有通过评估和公开的食品添加剂方可制造和使用，不然就会被确认为不安全。而含有不安全食品添加剂的食品则不得食用，亦不得售卖。

除此之外，食品中公认的可安全使用的化学物质都不属食品添加剂范围内，但对这类物质的利用也进行了严格管理。食品和药品管理机构已推出了一种关于公认安全物质的新型通报体系：即由制造公司向国家食品药品监管机构提供有关产品，并按照要求报告该物质在其用途上属于公认安全性物质的依据；食品药品监管机构在规定日期内（通常为 180 天），向申请者发信证明或否认申报物质的公认安全。2020 年 9 月 23 日，美国食品药品监督管理局发布了《针对特定食品的额外追溯记录要求》法规草案（以下简称“FDA食品追溯新法规”）。该法规是美国推动《食品安全现代化法》（FSMA）实施的又一重要配套制度。法规切入口“食品追溯”看似细微，实际上涉及输美食品供应链多个关键环节，美方视其为“智慧食品安全新时代的重要里程碑”。

FDA食品追溯新法规如正式实施，将显著扩大美国政府对食品出口国相关行业的监管范围和权限，对输美食品贸易及全球食品安全追溯体系造成重大影响，需高度关注。

一是监管对象由“点”及“链”，关联行业整体承压。根据新法规，水产品、果蔬、蛋、芝士、酱料等16类食品以及含上述成分的食品，其原料种植、原料接收、原料改造、食品制成和装运等五个环节被视为“关键追溯事件”，企业必须按规定格式提交追溯信息。新法规使美方对进口食品的监管对象将从目前的“生产企业”和“进口商”两个“点”扩展至整个食品供应“链”。水产品和含果蔬成分的食品均为目前我国对美出口主要食品种类，FDA食品追溯新法规将使大量原先不受美方直接监管的原料种植、处理企业置于合规压力之下，供应链上任意环节的不合规将导致产品无法进入美国市场，市场准入难度加大。

二是追溯要求差异明显，增加额外合规成本。新法规要求相关企业建立追溯方案，并分别对五种“关键追溯事件”提出了不同的追溯要求，与目前我国食品行业现行追溯制度存在较明显差异。例如：“食品制成”环节的企业不但须提供时间、场所、产品识别信息、产品数量等基本追溯信息，还须提供与生产过程相关的其他记录名称及记录索引号。FDA可随时调阅关键环节的追溯记录并要求提供英文翻译。企业建立追溯方案、法务研究、培训、采集提交及翻译追溯记录均需投入物资及人力成本。据美方估算，新法规每年带来的合规成本为4.11亿~5.35亿美元。

三是数据要素趋于统一，存在标准垄断隐忧。新法规提出现有食品追溯信息链上存在断点，数据要素不统一、数据质量差，拟建立统一的追溯数据体系。从美国近年食品追溯技术发展及应用情况分析，FDA后续极有可能应用区块链技术来构建统一的食品追溯体系以配合新法规实施。美国IBM、沃尔玛、星巴克等巨头在食品追溯区块链技术方面已有较长时间储备。美方的区块链技术及标准或凭借FDA追溯新法规的实施现实输出和渗透，以“先手棋”对全球食品追溯标准及技术形成垄断。

四、美国的食品标签法规和标识要求

作为食品的“身份证”，食品标签已成为我国出口美国食品面临的最主要的技术性贸易壁垒之一。美国制定的出口美国的食品标签法规和标识要求如下：

（一）食品标签监管法规

出口美国食品同美国本土生产食品一样，必须正确标识才能在美国境内合法销售，即受限于《公平包装和标签法》(FPLA)、《联邦食品、药品和化妆品法》(FDCA)、《营养标签与教育法》(NLEA)、《食品致敏原标识及消费者保护法》(FALCPA)和《食品标签》(21 CFR PART 101)的规定，同时《食品标签指南》也对标签的具体标识，如字体、位置、营养成分声明等作了详细的要求说明。

(二)食品标签的标识要求

1. 强制性标识内容

根据 21 CFR PART 101 和指南文件《食品标签指南》，除豁免外，所有进口至美国或在美国境内销售的食品标签必须强制性包含以下内容：

(a)食品名称；

(b)配料；

(c)内容物净含量(沥干物)；

(d)生产商、包装商或经销商的名称及地址；

(e)过敏原信息；

(f)营养成分表；

(g)原产国(进口食品)。

2. 特定食品标识内容

对于某些特定食品，除了标示上述强制性标识要求的信息外，还必须标示以下内容：

(a)婴儿配方食品必须标示日期；

(b)含有果汁或蔬菜汁的饮料上必须标明所含果蔬的百分比；

(c)食品香辛料、调味料、色素和化学防腐剂有自己特殊的标签要求；

(d)某些特殊食品还需要标示警告语及注意事项。

3. 标签格式及语言要求

(a)格式：食品标签上的所有信息应清晰、醒目、便于识别，字体应以小写字母“o”为基础且高度不小于 1/16 英寸(1 英寸 =2.54 cm)，字体高度不应超过字体宽度的 3 倍，字体应与背景鲜明区分，便于阅读。

(b)语言：标签上的文字、说明及其他信息，必须使用英语表达。但在波多黎各或主要语言不是英语的地区可用其当地主要语言代替英语；除豁免外，若标签上有外语(非英语)标识，则所有的强制标识内容应同时用英语和外语标识。

如果食品标签上的所有强制标识信息格式不正确，美国食品药品监督管理局(FDA)可根据 FDCA 的规定认为该产品标识错误。

五、美国 FDA 关于进口食品的规定

FDA 的一份声明显示，FDA 正在详细说明 2019 年的战略如何具体适用于进口食品。

活动文件概述了该机构如何通过2019年进口战略确立的四个目标来提高新鲜水果和蔬菜的安全性。该文件概述的这些目标如下

目标1：进口食品符合美国食品安全要求

保持进口食品安全的最有效方法之一是行业遵守适用的美国食品安全要求。本节探讨了FDA如何通过检查和测试参与合规性验证活动；与外国监管伙伴共享信息；以及教育和推广活动，以提高对食品安全要求的认识和理解。

目标2：美国FDA边境监测阻止不安全食品进入

美国FDA在300多个活跃的美国入境口岸开展边境监测活动。本节探讨了FDA如何使用进口商的合规历史和与食品相关的风险等信息来通知入境口岸筛选、检查、取样和测试等行动，以帮助防止不安全的食品进入美国。

目标3：对不安全的进口食品做出快速有效的反应

本节探讨了FDA对疫情和其他污染事件做出快速反应的流程，包括在不安全的食品进入美国市场后将其清除出市场的努力。本节还探讨了FDA在疫情暴发后采取的一些措施，以降低再次暴发的可能性。

目标4：有效和高效的食品进口计划

推进FDA与进口食品相关的公共卫生使命，包括实现更智能的食品安全、世界级的劳动力、集成和灵活的管理系统，以及与利益相关方有意义的合作。它还要求负责任地管理资源，包括纳税人的钱。本节探讨了FDA如何实施适应性强、风险知情且经济高效的管理系统和基础设施，以支持组织的卓越性、绩效和责任。

六、美国食品中微生物限量标准

致病性细菌及毒素所致的食源性疾病，是威胁食品安全的最主要因素。但是由于膳食结构、饮食习惯及健康风险保障水平的不同，世界各国（组织或地区）对食品中微生物限量要求也不一致。这种差异给进出口食品贸易的顺利开展及进出口食品安全的保障带来巨大压力。为了遏制微生物对食品的污染，世界各国政府部门不仅在食品制造、食品加工、运送、贮藏、营销等各环节实行科学有效的管理体系（如HACCP），还对食品制造原材料和最终产物中的致病性细菌或代谢物含量作了明确规定。

在允许各州拥有各自食品微生物限量标准的同时，美国也规定了某些食品必须严格遵守联邦法规（CFR）的微生物限量标准。制定减少或控制病原体的执行标准是另一套风险管理工具。例如美国已经制定了减少病原体（沙门氏菌）的执行标准，屠宰场和原产品必须执行这套标准；CFR规定禽畜产品必须严格遵循检验加工控制标准中的大肠埃希氏菌检验标准以及减少致病菌的执行性标准中的沙门氏菌检验标准。另外，美国在食品微生物限量方面有着严格的规定，这些规定包括了安全允许量、采取行动水平和指导水平。当食品的微生物污染达到或高于某水平时即可采取行动将这些食品从市场上清除出去。

七、《食品安全加强法》

《食品安全加强法》由众议院提出，历经三次修订。该法案最大限度地扩充 FDA 对食品安全的管理权限，增加 FDA 的执法权力，削弱司法对 FDA 执法时的限制，核心内容包括：出口食品企业登记。企业在登记过程中除登记类型、缴纳年费外，还要声明企业的基本信息、经营类别、贸易商标、在美企业代理人等相关信息，对于未按要求进行登记的企业产品，一律视为“错误标签”，严禁在美生产、销售和使用。食品企业的监管。要求完善食品安全防护计划，建立基于危害分析的预防、召回、追溯等措施；根据食品安全风险程度的高低，加强对在美销售企业的检查；授予 FDA 派驻海外检查机构和人员的权力，FDA 海外驻派机构负责对输美食品企业进行检查，凡拖延、限制和拒绝 FDA 检查的企业生产的产品，均被认为“掺假食品”。原产地标签和食品召回。所有食品必须附带显示最后加工国家名称的标签；非加工食品需附带原产地标签。该法规定，如果有理由相信掺假、错误标签以及其他违反法案行为，FDA 无需提供任何证据即可对进口食品实施单方面扣押，并强制企业召回。

认证认可程序更加苛刻：该法规定，当有证据表明某种食品存在风险时，出口目的地为美国的食品，FDA 可以要求企业提供有资质认证机构出具的品质检验证书。FDA 有权对认可机构以及相关企业进行实地检查；该法授权 FDA 只承认经其认可的实验室检测的结果。

违规行为的处罚：对于违反法案第 301 条，出现“掺假”和“错误标签”等行为，可给予刑事和民事处罚。刑事处罚包括 10 年以下监禁并处罚款；民事处罚可给予高达 750 万美元罚款。企业一旦出现违法行为，FDA 跟踪复查以及实施命令召回的费用等均由企业自己承担。FDA 如“有理由”相信某种产品违反相关规定时，可对其实施长达 60 天的行政拘留和强制召回措施。

八、《食品安全现代化法》

《食品安全现代化法》（Food Safety Modernization Act，缩写为 FSMA）不仅规制美国国内的食品安全，也要求进口食品符合其法律要求。为此，FSMA 在进口商问责、自愿合格进口商项目、第三方认证、禁止入境等方面为 FDA 提供了新的授权和监管工具。FSMA 首次明确了进口商的责任，要求进口商通过“外国供应商验证项目”（ Foreign Supplier Verification Program），审核国外供应商是否实施了充分的预防性控制措施，保证其食品的安全性。审核活动包括监测出货记录、逐批合格认证、年度实地检验、检查国外供应商基于风险的预防控制计划以及定期检测和抽样出货。关于“外国供应商验证项目”的最终规定和指引应在 FSMA 生效后 1 年内发布。在此基础上，FSMA 还为进口商确立了一个快通道项目——“自愿合格进口商项目”（Voluntary Qualified Importer Program）。对于自愿参与该项目，获得该资质的进口商，适用快速审查和进口程序。该项目在 FSMA 生效 18 个月后开始执行。FDA 还获得授权建立第三方认证项目，把获得有资质的第三方认证作为高风险食品进入美国的先决条件。如果外国企业或国家拒绝 FDA 及其委托机构或人员的检测，FDA 则有权拒绝其食品的进口。FDA 应在 FSMA 生效后 2 年内建立认证机构的认证体系，以使具备资格的第三方机构能够对外国食品设施是否符合美国食品安全标准进行认证。此处的“第三方认证机构”可以是外国政府、外国政府的机构、外国企业或任何 FDA 局长认为符合相关标准的第三方。

第五节　实践指导

一、实践任务

通过本章学习，引导学生了解中美食品安全监管体系，认识中国和美国食品安全的构成要素。要求学生掌握两国在进出口食品方面的法律法规的具体内容，并尝试运用实践案例进行分析以及了解中国和美国食品安全的认证体系。收集有关案例资料，借助案例分析加强对中美食品安全的认识，从而更好地实现课程教学目标。

二、实践步骤

（一）分组讨论并进行交流，找出分析案例中的关键问题。

（二）确定是否还需查找与已找出关键问题相关的背景资料。

（三）筛选并优化分析此案例的答题思路。

（四）明确构成小组分析逻辑的依据，并展开进一步的逻辑整理。

（五）小组形成文字报告并进行汇报。

三、实践要求

（1）彻底读懂案例。拿到一篇案例，需进行多次阅读，才能对案例中的相关信息有进一步的理解。在阅读的过程中，最好对案例中的背景现状、主要事实及意见、所面临的难题、利弊条件及重要论点等内容进行一一记录，以方便下一步的进行。

（2）通过分组交流研讨，设身处地进行问题分析——对案件中的主要角色及其所面临的活动或问题进行分析，是不可缺少的一个环节，必须设身处地，对每一个事实仔细估价、认真区别、筛选分类、去伪存真，才能保证分析的正确性。

（3）合理总结问题。在对案例进行认真剖析以后，找到问题的症结所在，并对必须处理的问题作出合理总结。

（4）编制的分析报告内容要规范。报告中对资料的分类与运用要正确，以所学理论知识为基础指导分析资料；资料分析报告要内容全面翔实、紧扣主题、结构合理、层级明确、注重逻辑性。

四、实践内容

【案例介绍】

科技与狠活——美国如何管理食品添加剂

一、美国食品添加剂的监管

美国采取将食品添加剂和着色剂进行分开管理的模式。目前美国对食品添加剂和食品着色剂的管理比较严格，新的食品添加剂或着色剂在投放市场之前或使用已经批准的物质在未批准的食品中使用时，企业需要首先向美国食品药品监督管理局（以下简称 FDA）申请批准。如果批准了该物质，则 FDA 会发布法规，其中可能包括可使用的食品类型、最大使用量以及应如何在食品标签上进行标识。

与食品添加剂管理不同的是，按照是否需要进行认证，美国 FDA 批准的所有着色剂可以分为两大类：需要认证的着色剂和免于认证的着色剂。其中需要认证的着色剂是人工合成的（或人为制造的），FDA 化学家对批次中的样品进行分析，证明该样品符合该着色剂法规中规定的组成和纯度要求。经过认证的着色剂，FDA 将颁发该批次的证书，该证书标识了着色剂、批次重量、已认证着色剂的用途、所有者的名称和地址以及其他所需的信息，美国批准使用的认证着色剂有九种，如 FD & C 蓝色 1 号等。

二、美国食品添加剂类型

美国食品添加剂分为直接食品添加剂、次级直接食品添加剂、间接食品添加剂。

直接食品添加剂包括防腐剂、抗结剂、特殊膳食和营养强化剂、香料及相关物质、多功能添加剂等。

次级直接食品添加剂为在食品的生产加工过程中加入，但不在最终产品中发挥功能作用的食品添加剂，包括食品加工用聚合体和聚合体助剂、酶制剂和微生物、溶剂、润滑剂、特定用途添加剂。

间接食品添加剂为不通过直接添加，而是通过迁移进入食品的食品添加剂，如来自食品包装材料的迁移物质。

色素添加剂是指能够给食品、药品、化妆品赋予颜色的染料、颜料或其他物质，包括免于认证的色素添加剂和需要认证的色素添加剂。

根据美国对食品添加剂的定义，食品添加剂包括加工助剂、营养强化剂、香精香料、胶基、胶姆糖基础剂相关物质，另外食品配料和与食品接触的包装材料中可迁移到食品中的物质也是食品添加剂的一部分，这是美国与其他国家在食品添加剂定义上的不同之处。

三、美国食品添加剂的使用

美国 FDA 规定添加到食品中的物质应根据食品添加剂法规（21 CFR Part 172 和 21 CFR Part 173）、色素法规（21 CFR Part 70、21 CFR Part 71、21 CFR Part 73、21 CFR Part 74、21 CFR Part 80 和 21 CFR Part 82）或一般认为安全的物质（GRAS) 的要求使用，一般认为安全的物质（GRAS) 主要在美国联邦法规 21 CFR Part 182、21 CFR Part 184 和 21 CFR Part 186 中列出，事前批准的物质，主要在 21 CFR Part 181 中列出，除此之外，美国还制定了禁止使用的添加剂，主要在 21 CFR Part 189 中进行了规定。

美国没有针对各个品类的所有可用食品添加剂的列表，而是针对每个具体食品添加剂规定了其使用范围和使用要求，因此要判断某个食品添加剂在食品中的使用是否合规，应首先明确该产品的配料和加工工艺等基本特点，再查询欲使用的各个添加剂的具体要求，进而判定食品添加剂的使用是否合规。

四、美国食品添加剂标识

美国食品添加剂的标识需要符合美国联邦法规 21 CFR Part 101 的规定。在配料表中按制造或加工食品时加入量的递减顺序一一排列；加入量不超过 2% 的添加剂可以不按递减顺序排列。

各种添加剂应使用具体名称或常用名称，而不是统称（类别）或一般名称。除了常用名称以外，防腐剂还需要单独说明其功能，例如“防止腐败”“防霉剂”和“颜色保持”等。用类别名称和具体名称标识的有 4 种食品添加剂：发酵剂、酵母营养素、面团改良剂、凝固剂。

（原载：食品伙伴网 . https://news.foodmate.net/2022/10/643287.html）

分组讨论：

问题一：分析本案例美国食品添加剂标识主要包括哪些？

问题二：你认为通过该案例的阅读，就食品添加剂方面，我国在食品进口时需要注意哪些问题？

五、实践范例

由于中美之间食品国际贸易的不断加强，在食品国际贸易中产生的纠纷也日渐增加。此类纠纷严重影响着中美食品国际贸易的顺利进行。中美食品国际贸易的巨大摩擦不仅仅是由极高额的关税征收而引起的，更多的是来自一些隐形的非关税壁垒。首先是美国政府对食品的高额贸易补助，随着2002年美国《农业法》修改，美国政府对农产品的补贴巨幅增加至1 900亿美元，覆盖范围还包含除棉花、黄豆、麦子等大宗产品以外的商品如花生、羊毛、蜂蜜等。再次是强制性标准，这其中一般又涉及转基因作物问题、绿色食品壁垒与食品安全问题和环保壁垒。2002年我国颁布的《农业转基因生物安全管理条例》等法规利用世贸组织允许的技术壁垒，限制了美国转基因作物的出口，导致了美国政府的不满。最后是关于倾销和反倾销的问题。中国频频受到外国食品的反倾销诉讼影响，美国对华反倾销的产品主要有蜂蜜、大蒜、小龙虾、浓缩果汁等，由于被美国收取了高额的反倾销关税，我国原来很多拥有相对品牌优势的产品都没有了竞争能力。同时产生的各种各样的贸易纠纷，导致中国食品出口成本上升、贸易实力减弱，中国食品进入美国市场也遭遇了障碍，而不断产生的贸易纠纷也导致两国在食品领域的贸易交往遭受影响，并最终都无法最大限度地获得贸易带来的收益。近年来随着中美之间国际贸易不均衡的增加，中美双方的国际贸易摩擦持续升级，直到2012年，中国已经连续18年成为全球贸易摩擦最多的国家，2012年第一季度国外对中国企业进行的贸易救济调查共16起，涉及金额30亿美元，分别是2011年同期的2.4和3.1倍。同时，最新的国际贸易摩擦预警信息不断。步入21世纪以来，中美对外贸易并不会因我国加入WTO就明显下滑，相反，近年来由于中美对外贸易数量的进一步增加，相互之间的贸易摩擦反而进一步加剧，同时从中美两国目前的产业结构和经济发展趋势来看，整体产业除互补性以外，也产生了部分同质性的情况，所以未来中美之间的贸易摩擦仍然有进一步加剧的趋势。

（原载：高帅．中美食品贸易发展现状及趋势研究［J］．今日财富，2021（14）：19-20.）

前沿研究

在食品安全体系中，食品防护管理经常会听到关于食品的真实性、欺诈、假冒伪劣、掺杂掺假、蓄意破坏（污染）、勒索、投毒（反恐）等条款要求，我们需要对食品流程的整体运作，作出脆弱性评估及薄弱环节的控制措施，形成食品保安系统和食品防护管理程序。

中国标准：GB/T 27320-2010《食品防护计划及其应用指南 食品生产企业》规定了对

食品生产企业食品防护计划的建立、实施和改进的基本要求，给出了食品防护计划的八大原则，运用 PDCA 戴明循环的方式进行策划、制定、实施、验证和改进，规范建立全面完善的食品防护系统。

美国标准：美国食品防护计划（FDP）配套法律《食品安全现代化法》（FSMA）旨在妥善确保预防性和控制性体系的建立，保护美国国内的食品供应链。FSMA 食品安全预防控制体系包含 7 个配套法规，其中《保护食品免受蓄意掺杂危害的缓解措施》（21 CFR part 121）是与食品防护计划（FDP）紧密相关的配套法规,要求由有资质人员监督或制定，包括最关键的“薄弱性评估”、结合关键活动类型确定关键可行动步骤、制定食品防护措施、重新分析等食品防护计划内容。

欧洲标准：PAS96:2017《保护食品和饮料免受故意攻击之指南》中指出 HACCP 原则无法探测或减轻系统或过程中的故意破坏。这样的破坏包括蓄意污染、电子侵入和欺骗。故意的行为可能涉及食品安全，也可以从其他途径危害组织，例如破坏商业或勒索钱财。因此，总结出六种类型的威胁和七类威胁人员，并分析出他们可能运用三种常见故意攻击手段达到其目的，并根据危害分析，以类似于 HACCP 计划书的框架，以人为因素进行危害分析，并制定控制措施。

（资料来源：梁碧金，孙胜枚．融合中美欧标准的食品防护体系 [C]// 广东省食品学会．健康食品研发与产业技术 创新高峰论坛暨 2022 年广东省食 品学会年会论文集．李锦记（新会）食品有限公司；2023:5.）

补充阅读材料

中美保健食品监管的差异化制度定位鲜明体现了两国不同的市场监管逻辑，“中国式”市场监管从计划经济发展而来，具有典型的行政吸纳市场的依附型特征，而发达国家的监管建立在相对成熟的市场和社会基础之上，是市场机制的剩余和补充。比较中美保健食品监管的发展历程与经验，两国显示出了相向而行的改革趋势。总体上，我国在保健食品领域的监管改革持续推进，但相关内容仍主要局限在上市前资格准入、监管机构撤并、原料与功能目录调整等内容上，这些“碎片化”式的监管变革并未触及政府与市场关系的核心议题，不仅无法根除保健市场的万千乱象，也难以应对保健产业发展的新挑战。当前我国已进入中国特色社会主义新时代，人民的健康需求更加旺盛，同时在“放管服”和保健食品双轨制改革的背景下，逐步改革我国保健食品“准入式”监管模式，系统建构平衡政府监管责任和企业与消费者主体责任的监管体系成为未来方向，这需要在逐步放宽市场准入门槛的同时，建立健全上市后监管制度与机制。

第一，进一步明晰保健食品的概念定位，设定不同类别的保健食品功能评价标准。可修订保健食品的法律定义，避免从功效上理想化地设定保健食品，可根据不同类型的产品分别进行定义。对以我国中医保健理论为理论来源的产品可定义为传统保健食品，功能评价可依据经验哲学开展，审查文献资料和食用历史即可，比如具有口头和书面记录证据，已被使用三代或三代以上的时间。而以西方医学和营养学为理论来源的产品则需按照西方实证科学标准进行定义和审查，审查标准以实验数据为主。同时，为了维护内外市场的统一，在修订保健食品的法律定义的同时，还应对其他国家不同名称的类似产品进行明确认定，根据这些产品在其原产国的不同监管方式归入我国不同保健食品的监管维度，对其作出相应监管要求。

第二，放松保健食品监管尺度，从准入监管转向过程监管。放松保健食品监管，既是满足消费者保健食品消费需求，也是推动保健产业发展的必然要求。目前，审批向备案的准入变革是一种有效的方法，既可以确保监管机构获得有关上市产品的详细信息，又避免了严格、冗长的审核流程。当前，要优化备案系统，构建保健食品的市场产品清单，确保监管部门在市场上出现非法或不安全产品时做出及时响应；同时，准入放宽后，为确保保健食品的质量和安全，要加强对生产过程的质量控制，不断修订、调整符合新情况的良好生产规范，完善质量管理体系，如重视执法检查能力培训，提高检查人员质量，提升文档编制的规范性、可追溯性等。

第三，促进保健食品信息的规范传递，实现消费者的信息对称。消费者不了解有关保健食品的完整信息，就不可能真正地自由选择，保健食品相关信息真实、充分和便捷的传递，是消费者做出理性选择的基础。当前，应当着力消除保健食品的信息不对称，不断完善保健食品及相关企业信息披露制度，如加强标签信息管理，推动建立第三方信息供给机制，发挥保健食品领域行业组织的专业优势和信誉优势，实现保健食品认证标识、产品评级等更多样化的信息披露和转化方式。对标签的功能声称可以改革统一的审批模式，采取适用结构功能声称、健康声称、有条件的健康声称等精细化的分类管理办法。建立健全第三方信息披露机制，支持社会机构参与信息供给服务，在当前我国大力开展社会信用体系的背景下，可以支持社会信用机构对保健食品企业进行信用信息的搜集、披露，监管机构应该主动开放相关数据，加强对信用机构的信息补贴，培养信用服务市场发育。此外，还要打击保健食品生产者和经营者的不当信息行为，加大对虚假宣传和欺诈营销的执法力度，规范保健食品的营销信息传递。

第四，加强保健食品上市后的风险监控，完善不良事件报告机制。上市后监管不再是直接确认保健食品中某种成分的安全性而是通过风险监管加强对保健食品潜在不利影响的监视，以发现、筛查和预防可能存在的重大或不合理风险。我国保健食品上市后监管还未建立不良事件报告系统，目前的不良事件报告系统主要面向药品进行监测，未将保健食品纳入监测体系，并且已有体系主要依赖医疗机构，没有充分发挥企业、消费者的作用。借鉴美国的经验，应尽快建立规范的保健食品不良事件报告系统，敦促保健食品的生产商、经销商、消费者、行业等第一时间报告严重不良事件，同时推动国家市场监督管理总局、地方公共卫生部门、制造商、行业组织等对保健食品不良事件的信息共享和协同研判，以确保不良事件能够迅速得到响应并给出处置建议，构建基于不良事件报告的保健食品功效评价与动态调整机制。同时，在保健食品监管内部，建立健全对保健食品企业的风险管理制度，根据不同类型的保健食品企业和不同层次的产品管理水平建立科学完善的风险评价指标体系，对保健食品企业进行分类监管，对高风险的企业加大监管执法的频次和力度，实现精准监管和监管资源的合理配置。

第五，责任平衡的保健食品监管必须重视消费者的作用。在市场关系中，消费者通过“用脚投票”影响企业利益结构进而对企业行为产生约束。基于消费者的保健食品治理：一方面要加强健康素养教育，可以在学校、社区等广泛开展保健食品科普宣传和健康主题教育，引导公众树立正确的保健理念，增加保健食品消费的知识和辨别能力；另一方面，消费者还可通过权益保护机制参与到监管中来，通过不断完善消费者权益保护制度，为消费者在购买、使用保健品过程中的权益救济提供便捷、多样化的渠道和平台，降低举证、流程、期限等方面的阻碍，促进消费者主动维权，以实现对保健食品非法生产经营行为的间接约束。

（资料来源：闫志刚，边晓慧，隋霄．中美保健食品监管：比较与启示 [J]. 食品科学，2023，44(07)：372-379.）

练习与思考

一、名词解释

FDA 的全称是什么？

二、单项选择题

1. 美国政治体系的分支结构是（　　）。

A. 立法部门、司法部门和执法部门

B. 农业部、卫生与公共服务部、财政部、商业部

C. 立法部门、行政部门、财政部

D. 立法部门、行政部门、司法部门

2.(　　)作为美国食品安全决策和立法的基础。

A. 食品安全

B. 食品检验

C. 风险分析

D. 食品安全分析

3. 美国有机食品、GAP 等认证管理都是以（　　）为主。

A. 国家质检总局

B. 食品农业部门

C. 食品安全部门

D. 认证机构

三、多项选择题

1. 中美食品安全监管体制的相同点主要体现在（　　）。

A. 中美食品安全监管模式相似

B. 中美食品安全监管理念相似

C. 中美食品安全监管的职能机关相似

D. 中美食品安全监管机构设置相似

2. 中美食品安全监管体制的不同点主要体现在（　　）。

A. 行政机构权责划分方面不同

B. 食品市场准入方面不同

C. 进出口食品监管方面不同

D. 组织结构不同

四、简答题

美国食品安全监管体系的特点?

五、论述题

请论述中美反倾销措施使用现状。

第四章

中国和欧盟食品进出口标准与法规的对比

学习目标

学完本章，你应该能够：

一、了解中国和欧盟有关食品安全方面监管体制的内容；

二、熟知中国和欧盟有关食品安全方面法律法规的具体表现；

三、理解中国和欧盟有关食品安全方面认证体系的应用；

四、掌握中国和欧盟有关进出口食品方面贸易规则的内容。

基本概念

欧盟食品安全监管体制；欧盟食品安全法规；欧盟有机认证；GAP 认证体系

第一节　中国和欧盟食品安全监管体制

一、欧盟食品安全监管体制的简介

欧盟拥有较为统一的协调各成员国的组织管理体制，将预防作为主要方向的风险防范监管机制和监管理念，覆盖全产业链的监管制度以及正在持续调整的机制设计，欧盟的食品安全监管体制覆盖食品安全监管的方方面面。

（一）欧盟食品安全监管的立法现状

1. 欧盟拥有以欧盟委员会为中心，统一协调各成员国的特色制度。欧盟委员会通过各成员国的任命，进行统一管理和协调，使得各成员国可以通过委员会直接表达自己的意志并诉求各自的利益。

2. 欧盟在原有的法律体系下，陆续制订了《食品安全白皮书》《通用食品法》《欧盟食品安全条例》等 20 多部与食品安全相关的法律法规，并且采用直接或间接的方式，从国家法律角度出发，对食品安全法律法规使用规范化的文字。比如，欧盟发表的《食品安全白皮书》将食品安全作为欧盟食品法律法规的核心，从而形成一个新的食品安全法律框架。各成员国在此要求下，对各自国家与食品相关的法律法规进行不断的修订与修正。

3. 欧盟拥有以预防作为主要目的且较为完整的监管机制。欧盟在食品安全监管中坚持将预防作为主要目的并以此形成了相关的预防理念，强调通过风险评估与快速预警的方式来确保对食品安全问题的事前控制，以此来避免因事后追查而引起的其他风险，比如建立由欧盟委员会、欧盟食品管理局和各成员国组成的欧盟食品和饲料快速预警系统（Rapid Alert System for Food and Feed，缩写为 RASFF）。一旦查明风险确实存在后，RASFF 系统会立即下架和召回有风险或者不合规格的食品。同时，任何成员国一旦获得威胁人类健康的食品危险消息或发现危险食品的存在，RASFF 委员将立即通报其他成员，尽量在最短的时间内剔除威胁人类健康的食品，维护健康良好的食品安全环境。RASFF 建立的主要目的是保护消费者免受食品消费中可能存在的风险或潜在风险的危害，对保护食品安全起到重要作用。

4. 欧盟的食品安全监管体制已覆盖了加工、生产、流通等过程。欧盟在《食品安全白皮书》中引入“从农田到餐桌”的理念，并强调要重视对食品安全的全程监管和全面监管。

欧盟大规模修改有关食品安全方面的法律法规，比如：食品安全原则、食品安全政策体系、食品安全管理机构和管理体制、食品安全风险评估以及建立 RASFF 系统，通过这些法律法规，建立起一套涵盖了整个产业链的食品安全法律法规体制。

（二）欧盟食品安全监管机构及其职责

在欧盟食品安全监管方面设立专门部门欧洲食品安全局（European Food Safety Authority，缩写为 EFSA）独立监管的模式，开展食品安全风险评估，为欧盟食品安全政策和立法提供科学依据。此外，欧盟健康与消费者保护总局（Directorate General for Health and Consumer Protection of the European Commission，缩写为 DG SANCO）负责食品安全法规修订、监督成员国法规执行以及综合评估食品安全。

小案例

欧盟对食品添加剂的管理是欧盟层面立法、各成员国执法的监管模式。欧盟食品添加剂的管理机构分为决策、立法和执行三个层面。其中：欧洲理事会为欧盟最高决策机构，负责欧盟的大政方针政策；欧盟理事会和欧洲议会是欧盟立法机构，主要负责制定食品安全的框架性法规，如（EC）No 178/2002 制定了食品法的基本原则和要求；欧盟委员会是常设执行机构，主要负责审计各成员国或第三国的食品是否满足欧盟与食品安全相关的法规，同时制定食品添加剂法规。欧洲食品安全局（European Food Safety Authority，缩写为 EFSA）独立于其他部门，主要负责评估食品添加剂新品种的安全性，同时为欧盟委员会提供食品安全方面的科学意见和建议。此外，欧盟对食品添加剂采取上市前审批制度，只有通过审批并列入食品添加剂清单中的添加剂才允许流入市场。

（原载：食品伙伴网．http://www.foodmate.net/）

二、中国和欧盟食品安全监管体制的对比

（1）中国和欧盟都拥有较为集中化的综合监管模式。从大体来看，中国的市场监管体制，从分段、分领域监管逐步发展为统一、综合监管。欧盟委员会和成员国对于食品安全的监管工作一直保持集中化，具体集中到一个或几个部门，从而加大部门间的协调力度，提高食品安全监管的效率。

（2）中国和欧盟在监管体制方面都在不断地进行动态调整。近年来，我国在不断地强化食品安全监管方面的措施，持续且积极地完善食品安全监管体制机制，推动并健全食品安全法规标准体制，强化检验检测和风险监测评估的能力，严格落实执行并遵循生产经营许可制度，全面强化进出口食品安全方面的监管力度，不断深入科技支撑能力并一直保持提高的态势。从总体来看，我国食品安全水平呈稳定上升态势，食品安全形势整体稳定且趋于好转。欧盟每年也会针对各种有关食品安全的法律法规与条例进行动态调整。

（3）我国一直坚持完善食品安全监管机构。在一定长期管理的实践中形成了统一协调与分工负责相结合的食品安全监管体制机制，而此机制一直在持续发展并完善。比如：国家市场监督管理总局已整合了国家工商行政管理局、国家质量监督检验检疫总局和国家食品药品监督管理总局的相关职能，这些机构不再作为独立单位存在。在食品安全监管机构方面，欧盟主要依靠欧洲食品安全局（EFSA）对食品有关的风险提供独立的科学建议并负责开展食品安全方面的风险分析，其职权范围主要包括：食品和饲料安全等。除此之外，还有欧盟食品链及动物健康常设委员会（Standing Committee on the Food Chain and Animal Health，缩写为 SCFCAH）、欧盟健康食品安全总局（Directorate General for Health and Food Safety，缩写为 DG SANTE）和欧盟健康与消费者保护总局（DG SANCO）及其下属食品与兽医办公室（Food and Veterinary Office，缩写为 FVO）。中国则主要依靠国家市场监督管理总局，其下设有食品生产经营安全监督管理司等，分别组织管理有关工作。中国和欧盟都采用集权管理，将食品方面的监管等权力集中于一点。中国的监管机构与欧盟相比具有巨大的动态调整，而欧盟则主要集中在有关食品安全的法律法规方面的动态调整。

（4）我国有关食品安全风险方面的监测和评估工作正相继有序地展开。我国建立了国

家食品安全风险监测制度，并且依靠传染病网络直报系统和医疗机构建立了国家食源性疾病监测报告系统。除此之外，我国还建立了国家农产品质量安全例行监测制度。而欧盟坚持以预防为主要目的，通过广泛运用危害分析和关键控制点（Hazard Analysis Critical Control Point，缩写为 HACCP）体系与欧盟食品和饲料快速预警系统（RASFF），监督管理食品生产全过程以及进行风险分析，从而在最短时间内找出对食品安全有巨大影响的关键环节并且进行重点管理。

（5）欧盟有关食品安全的法律法规相对于我国的食品安全法律法规更加具体和明确。比如欧盟在进口食品方面进行了较为具体的分类管理，基本分为：动物源性食品、非动物源性食品和混合食品，不同类型的食品采用不同的管理措施。动物源性食品的规格要求相较于其他类型的食品较为严格，需要国家许可、企业批准等文件授权。不仅如此，欧盟食品安全标准总体水平较高于我国的食品安全标准，对食品质量安全控制有自己的一套体系，且这个体系十分有效、严密。除此之外，政府还拥有足够的经费来支持食品安全标准的研究与制定，且食品安全标准的制定大多是建立在严格的风险分析基础上，通过主动监测网络对其进行实时的监测和评价。

（6）欧盟食品标准与其他国际标准相比拥有能够更好地促进国际食品标准各方面协调的能力。欧盟从一开始就非常注重与国际食品法典委员会（CAC）和国际标准化组织（ISO）的国际标准保持协调与一致，并尽量将国际标准作为基准。

综合来看，欧盟的食品安全监管体制对中国来讲具有很大的借鉴意义和学习意义，在食品安全监管制度方面，欧盟允许并支持食品领域方面的专家以及权威人士参与到食品安全监管的工作中，从而更好地将内部和外部形势变化动态调整管理手段及管理方法结合，相比中国统一综合监管的市场监管体制更具灵活性。

补充知识点：

中国企业出口动物源性食品到欧盟前必须符合 Regulation（EC）No 853/2004 的要求，该法规发布了动物源性食品的一般卫生规定，规定了动物源性食品的卫生准则，并且指出只允许欧盟许可清单中所列国家向欧盟出口动物源性食品。该欧盟许可清单所列国家可参照 Regulation（EU）2021/405，该法规制定了允许出口欧盟的动物源性食品及国家清单，包括动物油脂、野生蹄类动物、渔业产品、乳品等，同时中国企业也需要参照 Regulation（EU）2021/404，该法规规定了允许进入欧盟的动物、生殖产品和动物源性产品的具体条件、动物健康保障、动物健康证明等要求。同时也要实时关注欧盟清单修订法规，确保符合出口欧盟的法规要求。

（原载：食品伙伴网 . http://www.foodmate.net/）

第二节 中国和欧盟食品安全法律法规及标准体系的比较

一、欧盟食品安全法律法规标准体系简介

（一）食品安全立法概况

在欧盟有关食品安全的法规中，详细规定了第三国向欧盟出口食品和货物必须满足的条件、成员国主管部门的基本要求和具体要求、官方管理的经费筹措、成员国之间的行政援助与合作以及欧盟委员会在成员国和第三国实施的管理措施。欧盟整合原有的信息管理系统，建立新的官方监管信息管理系统（IMSOC）用于管理与官方监管食品安全有关的信息和数据，除此之外，还建立了欧盟参考实验室和打击掺杂使假的食品链研究中心等，为食品安全法规的更新和修订提供了一定的数据基础。

根据法律授权，欧盟委员会主要制定了两类行政法规，一是委任法规（Delegated Regulation），二是实施法规（Implementing Regulation）。其关于进出口食品的委任法规有：《肉类、软体动物官方监管特殊要求》《人类消费动物和货物进口欧盟要求》《入境公共卫生证明》《残留不合格官方管理要求》《转关货物的管理要求》《免于口岸官方监管动物和货物的官方管理要求》等。其关于进出口食品的实施法规有：《植物、植物产品官方管理统一要求》《允许向欧盟出口相关产品的第三国名单》《动物产品官方管理统一要求》《非动物源性食品口岸临时强化监管》《需在口岸实施官方管理的入境动物及其产品名单》《动物及其产品入境检验频率》《入境口岸检验细则》等。

（二）食品安全法律法规体系

欧盟食品安全立法的核心是《通用食品法》（Regulation (EC) No 178/2002），该法规于2002年颁布，被称为欧盟食品安全的基本法。它确立了食品和饲料的一般原则、要求和程序，并建立了欧洲食品安全局（EFSA），负责评估食品链相关的风险。此外，该法规还推动了强制性的食品追溯制度，并通过快速预警系统（RASFF）确保紧急情况和危机得到管理。

欧盟食品安全法律体系分为两个层次：一是以《通用食品法》为代表的食品安全领域的原则性规定；二是具体措施和要求的立法。具体立法分为“横向立法”和“纵向立法”。“横向立法”为所有食品领域提出框架性指令，而“纵向立法”则针对特定产品类别（如肉类、鱼类、巧克力等）制定具体要求。

构成欧盟食品安全法律法规体系的法律法规虽然数量众多，但结构相对完整且系统

性较强，同时在法律法规制定过程中强调以科学研究为后盾，严格遵守风险评估制度，可操作性强。在执行层面上，各成员国均发布相应的法律，将欧盟指令转化为本国法律予以使用。

首先，欧盟食品安全的法律法规具有系统性。欧盟在食品安全设计上围绕保证食品安全这一目标，贯穿风险分析、从业者责任、可追溯性和高透明度这 4 个基本要求，形成了一个包含食品化学安全、生物安全、食品标签、食品加工以及部分重要食品的垂直化，且以立法形式为主，较为完善的食品安全法律法规体系。这条含有多个分支、明确主线和清晰脉络的法律框架，使得欧盟的食品安全法律法规体系拥有一个从指导思想到宏观要求再到具体规定都较为严谨的内在结构。

其次，欧盟食品安全的法律法规与欧盟食品安全标准具备一定的一致性。欧盟建立了全欧洲统一的食品安全管理机构，并且发布一系列的法律法规和指令来完善食品“从农田到餐桌”整个食物链的技术标准，最终成功实现欧盟各成员国食品安全法律、质量标准的一致化。

最后，有关“从农田到餐桌”的全过程管理。欧盟的食品安全管理在针对生产源头的安全质量的控制中，极其注重并强调执行 HACCP 管理程序。食品生产者和加工者都必须严格遵照有关环境质量、生产操作规范和投入品控制的相关标准，自觉严控环境、生产、加工、包装、运输等各个环节，并对每个环节设置相对应的基本标准。

二、中国和欧盟食品安全法律法规标准体系的对比

1. 欧盟拥有统一协调各成员国的组织管理体制、以预防为主的风险防范监管机制和监管理念。不仅如此，欧盟的监管是相当严格的，而中国食品安全监管正计划由事中事后监管逐步向以预防风险为主的监管方式转变。

2. 欧盟与我国在进出口食品安全监管方面的对比。欧盟要求成员国制定多年度国家控制计划（Multi-Annual National Control Plan，缩写为 MANCP）和应急计划。欧盟委员会不仅会对成员国按计划实施检查，还会根据申请，协助成员国完成对其他国家的检查，还制定有关第三国向欧盟出口动物及产品的条件，要求第三国提交卫生或植物卫生管理体系、风险评估程序、官方出证制度等。建立官方监管信息管理系统（IMSOC 系统），将食品和饲料快速预警系统（RASFF）、TRADE 管控和专家系统（TRACE）、行政援助与合作系统（AAC）、欧洲植物检疫预警系统（EUROPHYT）等进行整合，从而促进信息交换和管理数据的使用。在进出口方面，对于中国而言，进口的食品、食品添加剂一律需要通过国家出入境检验检疫部门的检验并依照进出口商品检验相关法律、行政法规规定检验合格。进口尚无食品安全国家标准的食品，应向国务院卫生行政部门提交相关国家（地区）标准或者国际标准，由国务院卫生行政部门进行审查，认为符合食品安全要求的，决定暂予适用，并及时制定和补充相应的食品安全国家标准。如果进口使用新食品原料生产的食品、新食品添加剂品

种或新食品相关产品，应当向国务院卫生行政部门提交有关产品的安全性评估材料。

3. 欧盟与我国在进出口食品管理方面的对比。欧盟在进口食品方面会进行严格的分类管理，分类管理一般会分为动物源性食品、非动物源性食品和混合食品，根据食品类型的不同会采用不同的管理措施。在欧盟，针对动物源性食品的要求会相对比较严格，一般需要国家许可、企业批准、养殖要求和卫生证书，除此之外，还需要通过边境的检查。在针对高风险动物源性食品管理上，我国对有些方面的管理比欧盟还要严格。不同于国内产品的管理，进口食品的监管经过长期的发展和改良已基本形成了风险管理、检验检疫、溯源与召回、质量安全监控、打击非法进口等各项管理制度。

4. 欧盟与我国食品标准和国际标准的对比。欧盟食品标准与其他国际标准具有一定程度的协调性和一致性。欧盟比较关注与 CAC 和 ISO 等国际组织的协调，并尽可能地采用国际标准，有利于其他国家向欧盟出口食品。因我国与其他国家的发展程度不同，我国的食品标准与国际标准相比还有一定的差距。

5. 欧盟与我国进出口食品安全标准的对比。欧盟进出口食品安全标准法规数量较少，但是具体的标准较为明确且详细。欧盟进出口食品安全标准总体水平较高，其食品安全标准主要涉及普通动物饲养、动物健康与保健、污染物和农药残留、新型食品、添加剂、饲料生产、农场主和食品生产者的责任等，涵盖进出口食品安全的方方面面，十分繁杂，具体详细。中国已初步建立了一套属于自己的食品安全标准体系，为我国食品安全检验和监管提供了有效且强有力的技术支撑，但在某些方面仍存在一些具体要求不够细化等问题。我国食品安全标准主要涉及限定食品以及食品相关产品中危害人体健康物质的含量，食品添加剂的使用范围、种类及用量，专供婴幼儿和其他特定人群的主辅食品的营养成分，与食品安全及营养有关的标签、标识和说明书等的要求。我国食品安全标准基本覆盖了食品生产、加工、流通到最终消费的各个环节。

6. 欧盟与我国进出口食品安全体系的对比。欧盟对进出口食品质量安全的控制有自己专门的一套较为有效、严密的体系和一系列法规、指令，欧盟也规定食品生产商和销售商需要对食品安全负主要责任。欧盟此举大大加强了食品生产经营者的安全责任感，让食品生产经营者可以通过自我检查机制以及污染物的现代控制技术来确保食品安全，并让食品生产经营者自觉采纳 HACCP 等国际通用标准。在欧盟食品安全管理体系中，生产者和经营者不仅仅是欧盟食品安全管理体系的被管理者，更是食品安全标准制定的主要参与者。欧盟对农场主提出了针对农产品的良好生产指南，规定了农产品生产的原则和措施，以及如何处理在生产过程中可能出现的农产品安全危害，从而保证农产品能够在适当的安全条件下完成生产。同时，欧盟食品安全标准的制定也有欧盟食品生产企业以及经销企业的积极参与，他们在政府对法律和法令的修改中也不断提出自己的观点，从而体现出企业是标准制定的主体。我国在《中华人民共和国食品安全法》中也明确规定了相关的食品经营者的责任和义务，2019 年 12 月 1 日起施行的《中华人民共和国食品安全法实施条例（2019

修订)》也进一步明确了相关的食品经营者的责任与义务，但如何真正落实好相关企业的责任、政府的责任、社会大众的责任还需要我们认真思考。我国的食品安全标准体系有标准重叠交叉的问题，统一性还不算高，主要由以下标准组成：国家标准、行业标准、地方标准、团体标准、企业标准。我国这几年来一直在努力完善食品安全卫生标准，如：加强农药、重金属检验标准修订，积极参与国际食品法典修订，提高国际标准的采标率，制定出既能满足进出口贸易，又符合中国国情的新食品标准体系。

第三节　中国和欧盟进出口食品安全认证体系的比较

一、欧盟食品进口的制度和流程

（一）食品进口制度

欧盟对食品进口有着严格的规定，以确保进入欧盟市场的食品符合高标准的安全和质量要求。该制度由一系列法律法规和监控措施组成，旨在保护消费者健康和保障市场公平竞争。

欧盟的食品进口法规主要基于《通用食品法》，该法规规定了食品和饲料的基本原则和要求，并建立了欧洲食品安全局(EFSA)。此外，《官方控制条例》旨在确保各成员国对食品进行一致的官方控制，《食品与饲料卫生法》则涉及食品和饲料的卫生标准和管理要求。

在食品进口前，出口国必须获得欧盟的授权，只有经欧盟认可的国家和生产设施才能向欧盟出口特定类别的食品。进口商还需要在货物到达前向相关的欧盟官方机构预先通报，包括货物的种类、数量、预计到达时间等信息。此步骤确保欧盟有足够的时间准备和安排必要的检查。

进口商需要提供健康证书、产地证书以及符合欧盟标签法规的成分说明和标签，确保消费者能够了解食品的成分、过敏原等信息。这些标签还需包括产品的保质期、生产日期等重要信息。

所有进入欧盟的食品必须在边境检查站(Border Control Posts, BCPs)接受检查。检查内容包括文件检查、身份检查和物理检查。根据食品的风险级别，决定是否需要进行进一步的实验室检测或其他形式的检验。高风险食品可能需要更多的抽样和测试。对高风险食品进行随机抽样检测，以确保其符合安全标准。抽样检测可以帮助发现和防止潜在的食品安全问题。

通过所有检查和检测的食品将获得放行，允许进入欧盟市场。此过程确保只有符合标准的食品可以进入欧盟。如果食品未通过检查或检测，将被拒绝入境，并根据情况进行销毁或退回出口国。此措施防止不安全或不合格的食品进入市场。

所有食品必须具备可追溯性，从生产到销售的每个环节都要有详细记录。这一系统确保在发现问题时能够迅速追踪并解决。如果发现进口食品存在安全问题，必须立即启动召回程序，通知相关监管机构和消费者。召回程序有助于迅速移除可能对消费者健康造成威胁的产品。

欧盟的食品进口制度通过严格的法律法规和多层次的监控措施，确保进口食品的安全和质量。这不仅保护了欧盟消费者的健康，也维护了欧盟市场的公平和秩序。各国出口商在向欧盟出口食品时，必须严格遵守这些规定，以确保顺利通关和进入市场。

（二）欧盟进口食品进入成员国内销售的具体流程（以德国为例）

1. 食品安全监管体制内的进口货物报关手续

在德国口岸进口结关的货物，其有关报单及海关特种申报单应由货物承运人、货主或收货人向海关填送。海运货物的报单需要在向海关呈验后的 45 天内进行填报，使用其他运输方式的货物报单则需要在 15 天内进行填报。结关后的货物必须严格遵循供国内消费或受海关监管的特别制度，否则须运出国外或销毁货物。对于在限定时间内尚未结关或未出口的货物，应该交由海关接管，直至货运人向海关完成申报后才允许结关。在结关前，进口商有权要求查验货运品。德国海关要求的报单必须严格按照联合国经济委员会所要求的报单格式填写，申报人可以使用打字机将海关报单、装船通知提单、原产地证明、保险单等证明一次性打出。

2. 进出口保税转运货物的报关手续

进口货物可以按照国内转运制度申请结关。转运制度允许货物免纳关税和其他税费，并能够从进口地运往其他地区的海关办事处。进口商应确保货物原封不动地在指定限期内交送给海关办事处，并提供相应的担保。海关可以拒绝立即结关或供国内消费的货物，或拒绝按照欧盟转运制度转运至另一成员国的货物。

3. 进出口货物存入海关保税仓库的报关手续

海关仓库是用来存放复出口或存放进口时去路未定的货物的保税仓库，海关仓库也可被称为加锁关口储存待领仓库，也是海关用来放宽进口货物的一种保护措施。海关仓库允许进口免关税和捐税的货物，并将货物存入特许设立的仓库，存放进入仓库的货物需要进行日常的整理（如改换包装，整理拣选），货物存库期一般不能超过 5 年。海关延期纳税仓库存放的是已经结关但没有完全缴纳关税及捐税的货物，进口商可以随意提取货物，且不受海关的干预，因为每月提取货物的税款均能凭借账册延期至下月 1 日，甚至 15 日完成关税的缴纳。货物存储期间，若海关税率发生改变，货物进口商可以申请按在存货物结关内销时生效的新税率缴税。农产品税率经常受季节性因素影响而发生改变，其应纳税只能按结关内销时适用的税率计征。

4. 进出口自由贸易区

自由贸易区是海关放宽保护政策的另一种形式。在开始运输时出现最终目的地不明，或无法立即运出的成批货物可以免除任何关税和捐税并长期存放在自由区内。这种货物可在自由贸易区内自由地存储转运或再次出口。在自由贸易区内允许进行的工业活动只限于私人零售、修理、造船以及经过德国财政部特别允许的用进口原料进行加工的项目。对于供国内消费的进口应税物品或免税品，都必须办理报关手续。保证货物照章纳税、完成应办的放行手续是海关监管的主要目的。

二、中国和欧盟进出口食品安全认证体系的比较

（一）分开来看

欧盟的进出口食品安全认证体系建立在《通用食品法》基础上，由欧州食品安全局（EFSA）和各成员国的食品安全机构负责监管。欧盟采取“从农田到餐桌”的全链条管理模式，强调预防性食品安全管理。HACCP是欧盟的强制认证标准，进口食品必须经过严格的统一市场准入制度和入境检验程序。欧盟出口食品依托严格的认证标准，包括HACCP、有机食品和地理标志认证，受到全球市场的普遍认可。

中国的进出口食品安全认证体系依托《中华人民共和国食品安全法》和《中华人民共和国进出口商品检验法》，主要由海关总署、国家市场监督管理总局和国家认证认可监督管理委员会等机构负责。中国采取基于风险管理的模式，重点监控高风险食品。进出口食品需符合中国的强制性安全标准，进口食品需经过海关检验检疫，出口食品则必须符合进口国的标准。中国的认证体系包括HACCP、有机食品认证、绿色食品认证等，通过国家认证认可监督管理委员会授权的第三方认证机构执行，并积极推动与国际认证的互认和接轨。

总体来说，中国注重风险管理与高风险食品的管控，而欧盟则强调预防和全链条的食品安全监管，并通过统一的法律框架和高标准的认证体系保障食品安全。这两者在进出口食品安全认证体系上各具特点，确保食品安全并提升其国际市场竞争力。

（二）综合来看

1. 中国与欧盟在进口方面的限制有许多不同，以进口动物源性食品和植物源性产品为例。我国进口动物源性食品需要原产国许可（准入国家）、生产企业注册、检疫审批、卫生证书、口岸检疫定点存放等。欧盟对进口动物源性食品有一系列严格的监管措施，包括进口许可、检验检疫、追溯体系等。植物源性产品要符合有关植物保护措施2000/29/EC指令（关于防止对植物或植物产品有害的生物进入共同体和防止其在共同体内蔓延的保护措施）的要求。欧盟对进口的非动物源性食品不执行必要的边境检查，也不做必要的证书

要求，但是会在市场进行实时的抽查和监控，发现问题后会采取相应的措施。我国在这方面的规定相比较欧盟要更加严格，我国进口初级植物源性产品实施准入管理，执行检疫审批要求，部分产品还要求出具植物卫生证书。在混合产品进口上，欧盟要求其中的动物性成分要符合动物源性食品卫生要求。

2. 关于我国和欧盟在有机认证方面的对比。国际有机农业运动联盟有机生产和加工基本标准（IBS）是各国政府和民间认证机构制定有机产品标准的基础和参考标准，反映了当前有机农业生产和加工水平。欧盟拥有目前世界上最成熟的有机产品标准和制度，也是世界重要的进口和消费市场之一。然而，我国有机农业发展相对较晚，国内针对有机产品的部分标准仍不够成熟，因此部分欧盟国家尚未完全认可我国的有机产品标准，从而我国向外出口有机产品有一定的阻力。在总体上，中国与欧盟的有机产品标准还存在着不小的差异，中国国家标准《有机产品生产、加工、标识与管理体系要求》（GB/T 19630-2019）是一种技术性标准，而欧盟的有机产品标准是技术性标准与法规的结合体。GB/T 19630-2019 根据有机农业的产业链分为有机农产品生产、有机农产品加工、有机农产品标识和有机农产品管理体系 4 个部分，欧盟针对有机产品的标准主要是以法规（EC）No 834/2007 为核心，其余标准作为核心标准的实施细则或补充细则。在法律效应方面，中国将技术性标准和行政法规进行了相对分离，而欧盟则将技术标准和行政法规相结合，并在标准范围上有所不同。

3. 关于我国和欧盟在良好农业规范（Good Agricultural Practices，缩写为 GAP）认证方面的对比。欧洲零售商协会（Euro-Retailer Produce Working Group，缩写为 EUREP）于 1997 年成立了欧盟良好农业规范组织（EUREPGAP），组织零售商、农产品供应商和生产者一起制定了一个包含对食品可追溯性、安全、环境保护、员工福利以及动物福利等要求的符合性标准。随着 EUREPGAP 认证在全球范围内的推广与应用，其影响力逐渐扩大。为了适应全球对 GAP 认证的需求，EUREPGAP 认证从 2007 年 9 月 7 日起改名为 GLOBALG.A.P. 认证。GLOBALG.A.P. 认证将消费者对于农产品的需求转化到农业种植中，迅速在很多国家得到认可。从 2003 年 4 月，国家认证认可监督管理委员会首次提出在中国食品链的源头建立“良好农业规范”体系，并在 2004 年启动了 ChinaGAP 标准的编写和制定工作，ChinaGAP 标准的起草主要参照了 EUREPGAP 标准的控制条款，除此之外，还结合了中国的具体国情以及法规要求。目前 ChinaGAP 标准被作为系列标准，包含术语、农场基础控制点与符合性规范、作物基础控制点与符合性规范等。ChinaGAP 标准的发布和实施必将有力地推动中国农业生产的可持续化发展，从而更好地提升中国农产品的安全水平和国际竞争力，与 EUREPGAP 签署的《中国国家认证认可监督管理委员会与 EUREPGAP/FoodPLUS 技术合作备忘录》积极推动了 ChinaGAP 认证结果的国际互认，对促进中国农产品扩大出口具有非常大的积极作用。

第四节 欧盟食品贸易法规政策

一、欧盟食品标签法规

欧盟新食品标签法规经欧洲议会批准，强制规定食品的营养价值，包装上必须以简洁且易读的表格形式注明并陈述食品的能量含量、脂肪、饱和脂肪、碳水化合物、糖、蛋白质和盐等成分，所有的标注信息必须以每 100 g 或每 100 mL 的格式进行表示。食品配料和食品所含的可能引起过敏的物质也必须标注在预包装食品标签上，便于消费者了解产品是否含有能引起过敏的物质。欧盟新食品标签法规也规定，对在饭店以及食堂供应的非包装食品，也必须给出过敏原的信息。现行的欧盟法规规定，原产地食品需要在标签上给予一定的说明。由各部分肉组合成的组合型肉也必须详细标明“加工肉”或“加工鱼”。欧盟新食品标签法规确保食品包装上能够呈现详细、简洁的外观、描述和图示，不会误导消费者。

小知识：

2020 年 9 月 14 日，中欧双方领导人共同举行视频会晤，正式签署《中华人民共和国政府与欧洲联盟地理标志保护与合作协定》(简称《中欧地理标志协定》)。

《中欧地理标志协定》是欧盟与中国签署的首个主要规定了地理标志保护规则和地理标志互认清单等内容的重要双边贸易协定，协定对地理标志设定了高水平的保护规则。该协定在附录中列出了双方各 275 种具有地方特色的地理标志产品，根据协定，我国的吐鲁番葡萄干、武夷山大红袍、宁夏大米、烟台葡萄酒等第一批 100 个地理标志将会在协定生效后得到欧盟的保护。第二批的 175 个地理标志，包括莱芜生姜、古井贡酒、金华火腿等，将在协定生效后的四年内获得保护。根据《中欧地理标志协定》，我国相关地理标志产品有权使用欧盟的官方标志，这也是欧盟首次通过协定允许外国地理标志持有者使用其官方标志。此协定还涵盖了一个此后增加更多地理标志的机制。另外，中国市场也将保护来自欧盟的地方产品，包括爱尔兰威士忌、西提亚橄榄油、蒙切哥乳酪等，未来投放到中欧市场的上述产品，均表明来自特定产地，受协定保护。

（原载：食品伙伴网 . http://www.foodmate.net/）

二、欧盟农药残留限量标准

（一）欧盟农药残留标准物质限量要求

欧盟农药残留标准物质限量要求较为严格。其目的是保障食品安全和消费者健康，同时维护公平贸易环境。欧盟会针对各类农产品和食品设定详细的农药残留最高限量，涵盖肉类、蔬菜、水果等多种品类。这些限量标准是基于科学风险评估制定的，并且会根据新的科研成果和实际监测情况动态调整。不符合限量要求的产品会被禁止进入欧盟市场。和欧盟的技术标准相比，我国的农食产品标准仍存在一定的差距。以我国现行农药残留标准 GB 2763-2021 为例，我国与欧盟食品安全标准对物质限量指标对比具体见表 4-1。

表 4-1　中欧食品安全标准对物质限量指标对比表[①]

农药名称	中国残留限量标准（单位：mg/kg）	欧盟残留限量标准（单位：mg/kg）
百菌清（柑、橘、橙）	1.00	0.01
阿维菌素（柑、橘、橙）	0.02	0.04
甲胺磷（柑、橘、橙）	0.05	0.01
氯氟氰菊酯（柑、橘、橙）	0.20	0.20
多菌灵（柑、橘、橙）	5.00	橙 0.20 柑、橘 0.70
三氯杀螨醇（柑、橘、橙）	0.01	禁用
恩诺沙星（牛、羊的肌肉）	0.10	0.10
氟苯尼考（牛、羊的肌肉）	2.00	0.20

资料来源：中国残留限量标准依据中国《食品安全国家标准 食品中农药最大残留限量》（GB 2763-2021）和《食品安全国家标准 食品中兽药最大残留限量》（GB 31650-2019）。欧盟残留限量标准依据欧盟农药数据库（EU Pesticide Database）以及 Commission Regulation（EU）No 1169/2011。

从表中可以得出，我国的国家标准规定限值远高于欧盟标准对农食产品中的农药残留限值。因此中国生产的农食产品将会以较高的成本出口欧盟，生产技术和质量管理方面的提升也需要不断进行。除此之外，为了达到欧盟市场的标准要求还需要支付更多的检验费用。而部分出口供应商会因为技术的落后和资金实力的缺乏而无法完成欧盟市场的标准要

① 中国和欧盟对同一种农药的残留限量标准会因为食品种类的不同而不同。因此针对表格中的 8 种农药，每一种农药选择特定的食品种类进行对比。

求，无法将产品成功出口到欧盟。

（二）欧盟农药残留标准对中国的影响

欧盟农药残留标准会影响我国的主要农食产品出口。欧盟农药残留标准覆盖的种类较广，包含了水果、蔬菜、干豆、油料、粮谷、饮品作物、动物源产品共 7 大类，以及近百个小类，如表 4-2 所示。

表 4-2　我国主要农食产品出口受欧盟农药残留标准影响的种类

受影响产品种类
1. 水果：柑橘类、木本坚果、核果类、浆果等
2. 蔬菜：根或块茎类、鳞基类、茄果类、叶子、豆类、茎类植物、菌类、海草等
3. 干豆类：黄豆、豌豆等
4. 油料类：花生、亚麻籽、芝麻籽、大豆、棉花籽、南瓜籽、橄榄、棕榈果等
5. 粮谷类：麦子、玉米、燕麦、大米等
6. 饮品作物类：茶、咖啡、草本开花植物、香料、可可豆等
7. 动物源性产品：肉及内脏类、禽类、奶、蛋、蜂蜜等

（资料来源：王文君，陈琼．欧盟最新食品农药残留限量标准研究［J］.WTO 经济导刊，2015（2）：90–92.）

根据农食产业部门的数据，我国出口到欧盟的主要农食产品和其他产品的出口额常年形成贸易逆差，因此我国农食产品在国际市场竞争中仍处于一定的劣势。排除复杂的国际局势，频繁更新的国外技术壁垒是我国农食产品一直受限的一个重要原因。

三、欧盟食品安全相关法规

（一）欧盟食品安全相关法规概况

欧盟拥有目前世界上较高标准的食品安全法规以及严格的执行力度。欧盟相关法规的主要框架为“一个路线图，七部法规”。“一个路线图”主要指欧盟《食品安全白皮书》，“七部法规”是指欧盟在《食品安全白皮书》公布后制定的一系列关于欧盟食品安全的法规，如《通用食品法》《食品卫生条例》等。

（二）欧盟食品安全相关法规详细情况

1.《食品安全白皮书》

《食品安全白皮书》是对欧盟的食品安全问题的详细阐述，并且制定了一套连贯且透明的法规，提高欧盟食品安全科学咨询体系的能力。《食品安全白皮书》提出通过食品安全法来控制“从农田到餐桌”的全过程这一根本改革，同时它要求各成员国相关机构加强工作，保证措施能可靠、合适地执行。

2.《通用食品法》

欧盟在 2002 年 1 月 28 日颁布的《通用食品法》，是欧盟的一个重要法律文本，该法律文本主要拟定了食品法规的一般原则和要求、建立 EFSA 以及拟定食品安全事务的程序。其主要阐述了法令的目标和范围，界定了食品、食品法律、食品商业、饲料、风险、风险分析等 20 多个概念。一般食品法律部分主要规定了食品法律的一般原则、透明原则，食品贸易的一般原则，食品法律的一般要求，等等。在《通用食品法》中，有关欧洲食品安全局（EFSA）的部分主要详述了 EFSA 的任务和使命、组织机构、操作规程，EFSA 的独立性、透明性、保密性和交流性并解释了 EFSA 的财政条款。快速预警系统、危机管理和紧急事件部分主要阐述了快速预警系统的建立和实施、紧急事件的处理方式和危机管理程序。危机管理程序和最终条款主要规定了委员会的职责、调节程序以及一些补充条款。

3.《食品卫生条例》

该法规规定了食品企业经营者确保食品卫生的通用规则，主要内容包括：食品安全的主要责任由企业经营者承担；确保食品生产、加工和分销的整体安全；全面推行危害分析和关键控制点（HACCP）；建立微生物准则和温度控制要求；确保进口食品符合欧盟标准。

4.《欧盟动物源性食品特殊规定》

该法规规定了动物源性食品的卫生准则，其主要内容包括：对动物源性食品只能使用饮用水进行清洗；食品生产加工设施必须得到欧盟的批准和注册；必须给动物源性食品加贴识别标识，且只允许从欧盟许可清单中所列的国家进口动物源性食品。

5.《人类消费用动物源性食品官方控制组织的具体规定》

该法规主要针对动物源性食品实施官方控制，其主要内容包括：欧盟成员国官方机构实施食品控制的一般原则、食品企业注册的批准以及对违法行为的惩罚；在附录中分别规定了对肉、双壳软体动物、水产品、原乳和乳制品的专用控制措施和进口程序。

6.《执行官方控制措施以确保对〈饲料和食品法〉〈动物健康和动物福利条例〉的合规性进行验证》

该条例是一部侧重官方管理食品、饲料、动物健康与福利等方面的条例。它提出了有关官方监控的两项基本任务，即通过直接方式或环境渠道等间接方式来预防、消除或减少对人类与动物的影响，严格管理和把控食品和饲料的标识，从而确保食品与饲料贸易的公正性，更好地维护消费者的利益。官方监管工作的核心是检查成员国或第三国是否正确履行了《食品与饲料法》以及《动物健康与福利条例》所要求的职责，核实食品饲料法以及动物卫生福利法规的遵循情况。

7.《关于供人类消费的动物源性产品的生产、加工、销售及引进的动物卫生法规》

该指令要求各成员国在 2005 年前将其转换成本国法律。指令提出了在动物源性食品生产、加工、销售等环节中有关动物健康条件方面的官方要求，还包含了相关的兽医证书要求、兽药使用的官方控制要求、自第三国进口动物源性食品的卫生要求等。

8.《饲料卫生要求》

为了确保饲料和食品的安全，该条例对动物饲料的生产、运输、存储和处理作了规定，和食品生产商一样，饲料商应确保投放的产品的安全性和可靠性，并对其负主要责任，一旦发生产品退货或饲料损坏等违反欧盟法规的问题，饲料生产商需要支付一定的损失成本。

四、欧盟对食品致敏原标签的要求

（一）欧盟对致敏原的标注要求

欧盟拥有相较于国际食品法典委员会（CAC）更加具体、完善的食品标签标准体系，并且能更好地保护消费者的合法权益，从而确保食品安全。经过多次修改的《协调成员国关于食品标签、标注和广告的法律》，欧盟在不断更新食品致敏原的标签标注要求。在现行的标签法规中，食品标签要提供有利于食品过敏者避免某类食品致敏的信息，且必须明确标出可能引起消费者过敏的致敏原，不得隐瞒任何潜在的致敏物质。欧盟提出致敏原标签的语言要求：如果 1 个成员国列出 2 种以上的语言作为致敏原标签的认可语言，则致敏原标签中至少需要使用其中 1 种认可语言。

（二）欧盟食品致敏原标识的管理机构

欧盟主要通过欧盟委员会和欧洲食品安全局（EFSA）两个机构负责食品的致敏原标识。其中欧盟委员会还负责食品中致敏原标识的立法，在欧盟委员会拟定食品致敏原标识相关法规后，由其下属机构健康和消费者保护总局负责颁布和管理相关法规。欧盟委员会鼓励食品生产者和其他科研机构共同参与并开展食品相关的科学研究，并希望他门向欧盟委员会提交针对某些食品成分标示规定的免除申请。同时欧盟委员会也会委托专攻特殊膳食、营养和致敏方面的专业科学小组对致敏原成分进行科学评估。而 EFSA 的根本目的是保护消费者的利益，ESFA 将消费者的过敏情况反映到评估报告中，并向欧盟委员会反馈，欧盟委员会参照评估报告进行立法，从而更好地保障欧盟消费者的健康安全。

（三）欧盟致敏物质清单（见表 4–3）

表 4–3　欧盟致敏物质清单

欧盟14种致敏物质	含麸质的谷类及其制品	小麦、黑麦、大麦、燕麦	1. 欧盟指令 2007/68/EC 附件条款 6（3a）（10）和（11）涉及的成分。 2. 欧盟指令 2009/4/EC （1）主要内容：针对提供给麸质不耐受的人的食品成分和标签方面的规定。

续表

欧盟14种致敏物质	甲壳类动物及其产品	蟹、虾	（2）于2012年1月1日开始实施。 （3）终产品中麸质含量不超过100 mg/kg，食品标签上产品名称可标示“极低量的麸质”，如果不超过20 mg/kg可标示“无麸质”。
	蛋类及其产品	鸡蛋、鸭蛋	
	鱼类及其制品	鲈鱼、鳕鱼	
	花生及其制品	花生	
	大豆及其制品	大豆	
	乳类及其制品	牛奶、乳糖	
	坚果及其制品	杏仁、腰果、胡桃、板栗	
	芥菜及其制品	芥菜	
	芹菜及其制品	芹菜	
	芝麻及其制品	黑芝麻、白芝麻	
	二氧化硫或亚硫酸盐含量在10 mg/kg以上，以SO_2表示	蜜饯食品（话梅、陈皮）	
	羽扇豆及其制品	羽扇豆（鲁冰花）	
	软体动物及其制品	牡蛎、蜗牛	

（资料来源．食品伙伴网．http://law.foodmate.net/show-210232.html）．

（四）欧盟修订食品中添加剂限量

2020年6月，欧盟正式发布了法规（EU）2020/763并修订了（EU）No 231/2012附件中有关磷酸三钙（E341（iii））的定义。欧盟发布法规（EU）2020/771，将添加剂E160b的条目进行了细分，由原来的E160b（Annatto,Bixin, Norbixin）修改为E160b（i）Annatto bixin和E160b（ii）Annatto norbixin。

2020年10月，欧盟发布了法规（EU）2020/1419，将抗坏血酸（E300）和柠檬酸条目（E330）在食品类别04.1.2“去皮、切块和刨丝的水果和蔬菜”中的使用限量修改为按需使用，并增加了相应的限制条件。比如：“仅包括预包装的冷藏未加工即食水果和蔬菜，预包装的未加工去皮土豆以及预包装的白色蔬菜（供使用前进一步加工，包括热处理）”。

2020年12月，欧盟发布法规（EU）2020/1819，修订了渔业产品中着色剂日落黄、胭脂虫红、番茄红素的限量要求。该法规将（EC）No1333/2008 Group II在食品类别09.2中涵盖的有关“加工过的鱼和水产品，包括软体动物和甲壳类动物”（只有鱼糜和类似的产品以及鲑鱼替代品，仅黄线狭鳕、绿青鳕和大鱼洋鲱）方面的添加剂使用量修订为按需使用，将 Group III 涵盖的添加剂限量修订为 500 mg/kg。同时，还将食品类别 09.2“加工过的鱼和水产品，包括软体动物和甲壳类动物”（仅基于黄线狭鳕、绿青鳕和大鱼洋鲱的鲑鱼替代品）中的 E110 日落黄 FCF/ 橙黄 S 和 E124 胭脂红限量修订为 200 mg/kg，E160d 番茄红素限量修订为 10 mg/kg。

（五）欧盟修订食品中污染物限量

2020 年 6 月，欧盟发布法规（EU）2020/1322，规定了增加 3-MCPD 和 3-MCPD 脂肪酸酯在植物油、鱼及其他海洋生物油、婴幼儿配方食品中的总和的限量要求，并给出了过渡性的措施要求。对于不符合 3-MCPD 及其脂肪酸酯最高含量的，并在该日期之前投放市场的产品，允许在保质期或使用日期之前继续在市场上销售。但是，考虑到缩水甘油脂肪酸酯是具有遗传毒性的致癌物，在 2021 年 1 月 1 日前上市的不符合新的缩水甘油脂肪酸酯最高限量的产品，只能在市场上销售至 2021 年 6 月 30 日。

2020 年 12 月，欧盟发布法规（EU）2020/2040，增加琉璃苣叶、草药茶、孜然籽等食品中吡咯烷核生物碱的最大限量要求。其中，吡咯烷核生物碱在琉璃苣叶、独活草、马郁兰和牛至（干）以及仅由这些干草药组成的混合物中的限量为 1 000 μg/kg，其余干草药中限量为 400 μg/kg，市场最终出售给消费者的琉璃苣叶（新鲜的，冷冻的）的限量为 750 μg/kg，花粉基食品补充剂、花粉和花粉产品中吡咯烷核生物碱的限量为 500 μg/kg。除此之外，还有其他含有草药成分（包括提取物）的食品补充剂中吡咯烷核生物碱的限量为 400 μg/kg，孜然籽（种子香料）中限量为 400 μg/kg 等。

（六）欧盟修订《食品接触的塑料材料和制品》法规

2020 年 9 月 3 日，欧盟委员会发布法规（EU）2020/1245，修订（EU）No 10/2011《食品接触的塑料材料和制品》，内容包括批准使用新物质、更新并迁移限量以及食品加工设备的迁移测试。另外，该法规还制定了可以过渡化的措施，在 2021 年 3 月 23 日之前投放市场且符合《食品接触的塑料材料和制品》要求的食品接触塑料材料制品，可继续投放于市场至 2022 年 9 月 23 日。

本次修订的主要变化包括：

①将 1，3- 苯二胺（CAS 108-45-2）、部分芳香族伯胺的食品或食品模拟物中特定迁移的检出限值从 0.01 mg/kg 降至 0.002 mg/kg。②新增了三种物质，包括仅用于塑料接触材料添加剂的用十六烷基三甲基溴化铵改性的蒙脱土、亚磷酸、三苯酯、C10-16 烷基酯（CAS 1227937-46-3）等，以及用氟化物改性的氧化铝（包括纳米形式）进行表面处理的二氧化钛。③对多个金属元素的特定迁移限制进行了更新。④允许使用整个设备或设备部件进行迁移测试，而不是验证每个单独部分的合规性。

另外，2020 年 12 月，欧盟发布实施法规《关于特定一次性塑料制品标签规范的实施法规》，附件规定了塑料饮料杯底部应该印有的标识，包括标记位置、大小、设计等相关内容。

（七）欧盟补充或修订进出口监管相关法规

欧盟在进口食品和动物产品监管方面，以法规（EU）2016/429（动物健康法）为基础，通过一系列补充法规完善进出口管理规则。2020 年，欧盟针对进口食品安全和动物产品卫生发布了多项实施细则，强化了对第三国食品和动物产品的卫生要求。

2020 年 4 月，欧盟发布委任法规（EU）2020/692，明确了第三国向欧盟出口陆生动物及其产品的卫生要求，包括防控传染病措施和官方卫生证书要求，确保产品的安全性和可追溯性。

2020 年 12 月，欧盟发布实施法规（EU）2020/2235 和实施法规（EU）2020/2236，统一规范了动物及动物产品的健康证书格式和官方认证要求，这些规定自 2021 年 4 月 21 日起适用于所有进入欧盟的相关产品。

欧盟还在委任法规（EU）2019/625 的基础上，通过委任法规（EU）2020/691 规范了水生动物及其产品的进口管理程序，确保食品供应链的安全和可追溯性。

综上所述，欧盟通过一系列补充法规强化了进出口监管体系。这些法规的实施不仅提高了健康证明和官方认证的标准化水平，还加强了边境检查的合规性管理，进一步完善了欧盟的食品安全体系。这一举措旨在有效防控动物疾病的传播，保障欧盟消费者的食品安全，并促进国际贸易的健康发展。

（八）欧盟修订从第三国进口有机产品的实施细则

2020 年 1 月 13 日，欧盟发布实施法规（EU）2020/25，修订法规（EC）No 1235/2008 第 11（1）条的要求，并被列入认可管制机构和管制当局名单以实现等同目的的程序，法规明确表明，欧盟委员会应在收到有关控制机构或控制机构代表的请求后，根据认可的控制机构和控制当局清单的编制和内容，考虑是否在清单中纳入控制机构，且只有在 2020 年 6 月 30 日之前提交完整申请才能考虑更新列表。不仅如此，欧盟还对第 13（2）条进口产品自由流通检验证书的相关内容进行修订，表明检验证书应在货物离开或出口到第三国之前，由相关的控制当局或控制机构签发。检验证书应由相关成员国主管当局认可，并由第一收货人使用电子贸易控制和专家系统（TRACES）进行填写。

2020 年 4 月 1 日，欧盟发布实施法规（EU）2020/479，该法规对法规（EC）No 1235/2008 第 13 条关于进口产品自由流通的检验证书进行了修订，规定包括管制当局或管制机构，只有在根据所有相关检查文件进行文件检查后，才可签发检查证书，除此之外还需要在证书中签署声明。签发检查证书的管制当局或管制机构只有在根据所有有关检查文件检查之后，特别是有关产品的生产计划、商业文件，才可以酌情根据风险评估对托运货物进行实物检查，随后还需要签发检查证书并在证书中签署声明等，最后，如果检查证书的手签印刷品件中没有与运输单证有关的信息，或者这些信息与 TRACES

中的信息不同，相关成员国主管当局和第一收货人在核查和认可检验证书时，应只考虑TRACES 中的信息。

2020 年 6 月 15 日及 12 月 17 日，欧盟分别发布实施法规（EU）2020/786、实施法规（EU）2020/2196 并修订（EC）No 1235/2008，以从第三国进口有机产品的安排为依据来制定理事会条例（EC）No 834/2007 的实施细则，并对各国家相关企业的有机认证机构及代码进行修订。

（九）欧盟发布确保最大农药残留水平的多年度协调控制计划

2020 年 4 月 27 日，欧盟发布了关于确保最大农药残留水平 2021、2022、2023 年的多年度协调控制计划，对食品和植物及动物源性食品中农药残留的暴露情况进行评估，并要求欧盟成员国应在 2021、2022 和 2023 年期间对每一个所列的农药产品组合的样品进行采样分析，根据法规（EC）No 396/2005 中规定的残留定义，需要对所有样品，包括婴幼儿食品和源自有机农业的产品的样本，按规定进行农药残留检测。

第五节　实践指导

一、实践任务

通过本章学习，引导学生了解中国和欧盟转基因食品方面的贸易摩擦，要求学生细读案例并分析，通过观察案例并举一反三，提高自我观察与分析能力，从而更好地了解并熟知中国和欧盟的转基因贸易摩擦。

案例选择：中国和欧盟转基因贸易摩擦

二、实践步骤

（一）分组讨论，找出案例中的关键问题。

（二）确定是否还需查找与已找出的关键问题相关的背景资料。

（三）选定分析此案例的分析思路。

（四）明确自己分析逻辑的依据。

（五）形成文字报告。

三、实践要求

（一）彻底读懂案例——拿到一篇案例时，需要反复阅读，才能对案例中的相关信息有深刻的理解。在阅读案例的过程中，最好分别记录案例中所提到的背景、主要事实及意见、面临的难题、利弊条件及重要论点等内容，以方便自己进行下一个步骤。

（二）分组交流讨论，设身处地进行问题分析——分析案例中提到的主要角色所面临的问题和困境是不可缺少的一个环节，每组必须设身处地地对每一个事实仔细区别、筛选分类、去伪存真，才能保证分析的正确性。

（三）正确概括问题——认真分析案例之后，各小组应该找出问题的所在，并正确概括需要解决的问题。

（四）撰写规范的分析报告——报告中需要准确运用对资料的分析，用所学理论为基础去分析资料；资料的分析要求做到全面、充实，紧扣报告的主题。分析报告要求结构合理、层次清楚、逻辑清晰。

四、实践内容

（一）案例分析

“洋豆”泛滥价低廉 食用豆负重“难堪”

上周，西安市多部门开展了“严查进口转基因大豆流入食品市场的整治活动”，取缔加工转基因大豆的黑窝点，对豆制品市场恶性竞争的源头实施了净化。

对于国产豆逐渐减少的需求主体，南北产区经营商的价格意识出现明显松动。传闻称中储粮公司与中国豆制品协会达成意向，将向食品加工企业投入 10 万吨 2018 年储备豆，缓解企业对原料的需求，以确保民生供应。

转基因大豆泛滥 国产豆遭遇“挤兑”

在国产大豆价格大幅上涨之时，许多受利益驱动的经营商，将低廉的进口转基因大豆推向食品领域，打压了国产豆价格。随着近期进口大豆到港量的增加，我国自巴西、阿根廷、美国进口的转基因大豆港口分销价格明显走低，在 3 800 ~ 3 900 元 / 吨之间，经营商之前筛选后的装车价 4 160 ~ 4 240 元 / 吨也有所下调，在 3 960 ~ 4 000 元 / 吨之间。上周，各地报价再度上调，装车价回升到 4 040 ~ 4 100 元 / 吨。

国产豆在关内的主流价格约为 5 640 ~ 5 800 元 / 吨，东北豆产地装车的主流价格为 5 160 ~ 5 260 元 / 吨，部分优质品种的价格在 5 300 元 / 吨之上，与进口转基因大豆的价差超过历史极限。转基因大豆在国产食用豆失去价格优势后成了“食用豆”的替代源。

豆制品市场有不同的加工主体，小作坊与大型企业因豆制品选用的原料价格差距较大，形成了恶性竞争，直接对大型豆制品加工企业形成挑战。建议国家有关部门实施严格管理，让国产食用豆和进口转基因大豆“各行其道”。

（原载：刘从新 .“洋豆”泛滥价低廉 食用豆负重“难堪”[N]. 粮油市场报，2020 年 05 月 19 日 A03 版 .）

（二）分组讨论

1. 指出并分析中国转基因食品监管制度的缺陷。
2. 观察并分析中国对于转基因食品安全问题的态度及其立法现状。
3. 指出我国目前转基因食品监管架构并提出完善架构的建议。
4. 列出你知道的我国目前有关转基因食品的法律法规。

五、实践范例

（一）中国转基因食品标识制度缺陷

在我国，转基因食品标识尚未有专门的法律法规，而是由法律《中华人民共和国食品安全法》、法规（《农业转基因生物安全管理条例》）、部门规章（《农业转基因生物标识管理办法》）、国家标准（《食品安全国家标准 预包装食品标签通则》）、规范性文件（《关于加强植物食用油标识管理的公告》）以及地方性立法（《黑龙江省食品安全条例》）等一系列法律法规中零星的相关条款拼接而成，其思路、框架与举措主要参考了农业转基因生物标识法律制度，其中又混杂了一部分食品安全管理与消费者权益保护的内容，因而我国转基因食品标识制度难以形成统一的体系，也缺乏了细节。

（二）欧盟对于转基因食品安全的态度

频频发生的食品安全问题，始终让欧盟对转基因食品保持着一个较为警惕的态度，欧盟对转基因食品的商业应用坚持贯彻“风险预防”的原则（Precautionary Principle），最大限度地保障消费者的食品安全。风险预防原则通常在国家环境法领域中使用，通常指的是在科学证明的基础上，采取一定的风险预防措施，以尽可能地降低某项行为对人体和环境的危害。立法者认为，短期内难以证实转基因食品存在危害人体的风险，政府不能一味使用消极政策，否则等到证实转基因食品确实存在危害后再进行弥补，恐怕已经为时已晚。所以，欧盟选择风险预防政策，并通过《食品安全白皮书》等文件，明确在危害尚未得到科学定论前，不禁止转基因食品的应用，但仍然需要采取积极措施以防范可能存在或未来的风险。

（三）为什么欧洲食品安全局和各国科学界已经得出转基因安全的结论，但还要审慎监管

欧洲各国一直对种植和食用转基因农作物保持谨慎的态度，主要压力来自欧盟各成员国。欧盟成员国的主要“反对势力”以法国等国家为首，它们认为转基因农业模式的发展和推广会对法国本土的农业生产造成冲击；相反，几个不以农业为主要产业的国家赞成转基因作物入驻本土。因此，欧盟“共存措施”的设置，是建立在欧盟层面用来协调成员国

利益的需要，更是审慎监管转基因食品的需要。

（四）我国目前转基因食品监管架构

我国目前的转基因食品监管架构相对欧盟来说较为松散。我国转基因生物安全管理的主要职责基本由农业行政主管部门、科技、林业、卫生、商务、环境保护、质检、外交等不同部门以及中国科学院等单位承担；农业部以及省级人民政府的农业主管部门主要负责监管转基因生物的研发、实验、生产、加工、进口与经营等一系列活动。由于相对松散的监管架构，各个单位的主管部门之间存在职权上的重叠、冲突或者缺位的情况。环境保护部在其牵头会签的《卡塔赫纳生物安全议定书》实践中对我国的转基因生物及其产品的研发、实验、进口和产业化参与较少，基本由农业部负责管理相关转基因食品的事务。因此，我国加快完善转基因食品监管架构的进程对我国未来对转基因食品的风险监管来说有非常重大的意义。环境保护部、农业部、市场监督管理总局等其他相关部门应分别针对转基因食品生产到流通的不同环节进行有效监管与有机配合，并在此基础上深度整合与完善我国转基因食品监管架构，才能充分发挥转基因食品监管的最大效能，达到转基因食品监管目的。

（五）我国目前有关转基因的法律法规

目前我国最主要的转基因法律规制来自农业转基因领域。转基因食品并没有专门的法律来进行规制，也没有相应完善的规则。用以规制农业转基因的现有法规与措施包括《农业转基因生物安全管理条例》《农业转基因生物安全评价管理办法》《农业转基因生物进口安全管理办法》《农业转基因生物加工审批办法》以及《农业转基因生物标识管理办法》等。尽管这些法规与措施规范了农业转基因从进口到生产、释放的各个环节，但是没有明确监管思想与理念。在制度设计层面，对消费者权益和生产者权益的保护并不均衡。而在具体法规与措施实施的过程中，我国并没有将“风险预防原则”作为转基因食品监管的首要原则，导致转基因食品流转的各个环节并不能被转基因食品相关法律法规有效地规制。

前沿研究

中欧合作监管食品安全

中国经济网北京 2017 年 4 月 7 日讯（记者 徐惠喜）。中国和欧盟于 4 月 6 日在北京举办高级别国际食品安全研讨会，共同分析如何将食品认证应用到风险控制和防范食品造假行为之中，并讨论食品认证在国际食品贸易中发挥的作用。来自国家质量监督检验检疫总局、国际食品法典委员会成员和欧盟的官员共同探讨如何利用食品认证，让中国和欧盟的消费者真正受益。

欧盟是全球主要的农产品出口地之一。数据统计显示，2015 年 9 月至 2016 年 10 月，欧盟的农产品出口量达 1 299 亿欧元，创下历史新高。中国则是欧盟出口食品发展最快的市场，2015 年，欧盟出口到中国的农产品总价值超过 100 亿欧元，成为欧洲食品的第二大出口目的地市场。对于中国和欧盟的消费者来说，食品安全是首要考虑的问题，政府可以将食品认证作为一种工具，管控食品安全风险，打击食品造假行为。

与会专家认为，当肉类或乳制品等易腐食品通过认证之后，消费者就可以相信该产品的生产符合特定标准。通过认证，监管机构能够辨明市场上不合标准的产品，同时新技术也会使得认证过程更加快捷、高效。欧盟驻华公使衔参赞华杰鸿表示："中国在食品安全问题上取得了惊人的进展。此次研讨会是一个绝好的机会，可以让双方共同讨论食品认证在保护中国消费者和防范食品造假行为中发挥的作用。"

（原载：刘朋．中国经济网《中欧合作监管食品安全》，2017 年 04 月 07 日．）

补充阅读材料

欧洲对转基因农作物和其产品一直保持高度谨慎的状态，欧洲因此成为世界上对转基因农产品管理最为严格的地区之一。但是多种迹象表明，欧洲在转基因农产品种植以及安全性认可问题上已经有了一定的松动。欧盟已经批准了两种转基因农作物，分别是美国孟山都公司的 MON810 转基因玉米和德国巴斯夫公司的 Amflora 转基因土豆。此外，包括 NK603 转基因玉米在内的 44 种转基因农作物也被获准进口到欧盟销售，品种涵盖棉花、大豆、油菜、土豆和甜菜等。

近年来，不少研究机构和科学家相继发声，呼吁破除对转基因产品的制度障碍，推动转基因技术在欧洲加快发展。

而针对转基因农作物可能造成的环境影响，皇家学会在科学指引中说："作物不会简单地因为经过转基因技术改造就对环境产生损害。"

早在 2014 年，就有 20 多位欧洲顶尖植物学家联名致信欧盟，指出，欧洲农业的发展目标将会因为不允许种植转基因农作物而遥遥无期。

自前成员国英国发现疯牛病以来，欧盟区域内食品安全问题不断，在随后的"二噁英"污染、禽流感、口蹄疫等一连串事件的冲击下，欧洲人在食品安全问题上的谨慎导致转基因农产品在欧洲引发诸多是非。

欧洲食品安全局转基因生物专家组前任主席乔·佩里认为，欧盟其实已没有任何科学上的理由去推迟批准一些成熟的转基因农作物在成员国进行商业种植，“唯一的原因也只是政治上的。”

凯西·马丁分析说，欧洲一些农业大国担心引入转基因农产品会损害本国传统农产品市场，因此它们一直倡导欧盟限制甚至禁止转基因农产品，导致研发转基因技术的企业纷纷放弃并退离欧洲市场。

面对这一状况，英国政府咨询机构——科技委员会——发表报告警告说，欧盟在转基因技术管理上已过度保守，繁文缛节导致产品审批流程缓慢，在这一领域已开始落后于美国和中国等国家。（据新华社）

（原载：张家伟．中国金融信息网《转基因农产品在欧洲艰难“破冰”》，2016 年 05 月 28 日 22:16。）

练习与思考

一、名词解释

1. 欧盟有机认证
2. 欧盟 GAP 认证体系
3. 转基因食品标识制度的缺陷
4. EFSA

二、单项选择题

1.《中华人民共和国食品安全法》包括（　　）。

A. 九章共一百零一条

B. 十章共一百零一条

C. 九章共一百零四条

D. 十章共一百五十四条

2. 国家建立（　　），依托传染病网络直报系统、医疗机构建立食物中毒和食源性疾病监测报告系统。

A. 转基因食品安全风险检测制度

B. 食品安全风险监测制度

C. 食品安全风险检测制度

3. 食品安全标准的性质是（　　）。

A. 鼓励性标准

B. 引导性标准

C. 强制性标准

4. 食用农产品批发市场应当配备检验设备和检验人员或者委托符合法规的（　　），对进入该批发市场销售的食用农产品进行抽样检验。

A. 实验室

B. 食品检验机构

C. 第三方检测机构

5. 下面关于食品安全的表述，正确的是（　　）。

A. 经过高温灭菌过程，食品中不含有任何致病微生物。

B. 食品无毒、无害。符合应当有的营养要求。对人体健康不造成任何急性、亚急性或者慢性危害。

C. 原料天然，食品中不含有任何人工合成物质。

三、多项选择题

1. 欧盟委员会主要制定的行政法规包括（　　）。

A.《肉类、软体动物官方监管特殊要求》

B.《实施细则》

C.《非动物源性食品口岸临时强化监管》

D.《通用食品法》

2. 欧盟食品安全法规的性质有（　　）。

A. 一致性

B. 特殊性

C. 风险性

D. 系统性

3. 食品生产者、加工者都需要严格遵照有关环境质量的标准、生产操作规范和投入品控制的有关标准，自觉对各个环节实施严格的管理，其中，各个环节指（　　）。

A. 环境、生产

B. 售卖

C. 运输

D. 加工、包装

4. 在欧盟，针对动物源性食品的要求会相对比较严格，一般需要的证明材料有（　　）。

A. 双壳贝类养殖要求

B. 企业批准

C. 国家许可

D. 卫生证书

5. 欧盟进口食品的监管经过长期的发展和改良已基本形成的管理制度是（　　）。

A. 风险管理

B. 打击非法进口

C. 检验检疫

D. 溯源与召回

E. 质量安全监控

四、简答题

1. 简要分析欧盟与我国食品标准和国际标准的对比。

2. 简要说明中国进口动物源性食品和植物源性食品的条件。

五、论述题

试论述欧盟食品和饲料快速预警系统（RASFF）的运作。

第五章

中国和日本食品进出口标准与法规的对比

学习目标

学完本章，你应该能够：

一、了解食品安全委员会、厚生劳动省和农林水产省的职能和特点；

二、熟知日本食品安全立法现状和监管体制；

三、对比熟知中日食品安全监管体制、法律法规标准体系和进出口食品安全监管机制的区别。

基本概念

食品安全委员会;《食品卫生法》;《食品安全基本法》;《JAS 法》

第一节　中国和日本食品安全监管体制

一、日本食品安全监管体制简介

（一）日本食品安全监管机构及其职责

1. 食品安全委员会

食品安全委员会以 2003 年修改的《食品卫生法》作为参考，并于 2003 年 7 月 1 日正式设立。另外，日本在 2003 年出台了《食品安全基本法》，食品安全委员会基于《食品安全基本法》对食品安全方面实施检查和风险评估工作。此外，食品安全委员会还是一个独立机构，主要由内阁直接领导并协调食品安全监管部门。

食品安全委员会的主要任务是评估食品对人们健康的影响与影响程度，并根据评估结果为农林水产省、厚生劳动省等省厅所采取的对策提供一定高质量建议。各省厅会根据食品安全委员会提供的建议来实施相对应的限制或禁止进口等具体政策，在实施的过程中，食品安全委员会也会针对政策实施的程度适当地安排相对应的监督措施。

该委员会主要由 7 名分别来自毒性学、微生物学、公众卫生等领域的专家组成，在选取这些专家时，相关部门会有意地从民间选取，这一点充分地体现了政府重视民众意愿并实行民主化决策。专家经国会批准，由首相任命，任期为 3 年。食品安全委员会下设事务局（主要负责日常工作）和专门调查会（主要负责专项案件的检查评估）。食品安全委员会的主要职能：一是实施食品安全风险评估，这也是食品安全委员会最主要的职能；二是针对风险评估的结果对风险管理部门进行相应的政策指导与监督；三是建立由政府机构、消费者、生产者等利益相关体广泛参与的风险信息沟通与公开机制，从而确保风险评估结果的公开程度与透明度。

2. 厚生劳动省

厚生劳动省的主要任务是确保食品安全风险管理的实施并保障食品卫生安全。根据《食品卫生法》，厚生劳动省下属医药食品局食品安全部是日本食品安全监管的主要机构，而食品安全部主要由部长、规划信息科、基准审查科和安全监督科构成。

厚生劳动省的主要职能是：一是要针对政策要点来制定法令和措施，通过完善硬核措施，真正达到保护国民健康的目的；二是要制定有关食品添加剂以及药物残留等标准；三是要执行针对食品加工设施的卫生管理，实时监视并指导包含进口食品且贯穿食品流通全过程的安全管理，确保本部门可以在短时间内积极地听取、采纳国民对食品安全管理、各项政策措施及其实施的意见和建议，从而更好地促进部门与民众之间的信息交流，让政策更加贴合国家现状并把其作用尽可能地发挥到极致。

厚生劳动省内设药品食品卫生专家审议会，接受内部各施政部门的技术咨询。厚生劳动省下设 31 个食品卫生检疫所，联合对农产品卫生状况进行严格的监督检查，其中，横滨、神户 2 个检疫所分别内设进口食品检疫检查中心，成田机场、东京、名古屋、大阪、福岗和关西机场 6 个检疫所分别内设检查科，专门负责查明进口农产品中药物添加剂的残留情况，并对其卫生指标进行严格的监督检查。

厚生劳动省下设 7 个地方厚生局，在开展农产设施危害分析和关键点控制 (HACCP) 的制度认证和监督管理工作的同时，也会对农产品从业者遵守规格标准的状况进行严格的监督管理。

厚生劳动省指导各都道府县（47 个）、保健所政令市（93 个）、特别区（23 个）、厚生劳动行政主管部门共同开展辖区内农产品质量安全监督指导计划的制定和实施、有关营业设施标准及监管运营准则的制定和实施、辖区内流通农产品质量安全状况的监督检查、许可证的认定及管理等业务。除此之外，日本还有 78 家备案检测机构，负责对农产品的生产、加工、流通和销售企业开展有偿检测服务。

厚生劳动省在食品卫生监督员管理方面主要采用认证方法。目前，经厚生劳动省认证的食品卫生监督员共有 8 200 余人，主要对市场、商店及饮食店食品质量安全进行监督、指导和检查工作。

3. 农林水产省

农林水产省负责食品安全管理的主要机构是消费安全局，下设消费安全政策、农产安全管理、卫生管理、植物防疫、标示规格、总务 6 个科以及 1 名消费者信息官。该省还在 2006 年正式设立了食品安全危机管理小组，主要负责应对重大食品安全问题。农林水产省的主要管理职能是：一是制定、监督并执行农产品类食品商品的产品标准，二是采取物价对策的方法确保食品安全，三是负责农林水产品在生产阶段的风险管理，四是采取措施防止土壤污染，五是促进消费者和生产者之间的安全信息交流。

农林水产省内设食品安全危机管理小组，其主要职能是制定并指导实施重大食品安全事件对策。农林水产省下设 8 个地方农政局，分别负责监督管理辖区内跨县域水产品的 JAS 制度及生产可追溯制度的实施。

农林水产省主要负责指导各都道府县行政主管部门实施辖区内农产品的 JAS 制度及生产可追溯制度，并对此进行监督管理，除此之外，还会对辖区农产品投入品的使用进行监督，并通过下设的保健所指导规范用药和病害防治。

农林水产省和厚生劳动省是日本农产品质量安全监管的主要部门。农林水产省负责农林水产品从生产到流通环节的安全监管，包括制定政策法规、提供技术指导、监督生产标准执行等；厚生劳动省负责食品卫生管理，制定和实施食品卫生相关法规，监督食品加工、流通和销售环节的卫生安全。两部门通过职责分工和协作机制开展工作。发生农产品质量安全事件时，农林水产省负责生产环节的调查和整改，厚生劳动省负责食品安全风险评估和卫生管理。双方建立了信息共享机制，确保监管工作的有效衔接。在地方层面，都道府县和市町村设立相应的农林部门和卫生部门，负责执行中央部门的政策要求，并结合地方实际开展监管工作。

日本将从两个方面入手，并将其作为监控方向制定的考虑因素。一个是为了顺应经济合作的发展，日本将进一步注重食品全球化，引导国内对健康的追求进入高水平层次，不断地丰富食品种类并满足多样化的消费需求。另一个是要保持进口食品的稳步增长，让进口食品高度依靠制造加工。

未来，日本将不断强化进口食品的监控检查体制，并将此策略作为一个长期战略实施，为保障相关机构可以有效地推进上述计划，还会进一步加强对出口阶段的安全确认。

（二）日本食品安全立法现状

日本食品安全监管主要采用集权与分权相结合的监管体制。本国的食品安全法律法规和标准主要由内阁政府制定，各级管理部门按照相关法律要求进行严格的实时监管。事实上，日本地方政府并没有实际的立法权，按照法律规定在辖区内负责协助中央食品安全监管部门工作，而日本的食品安全委员会、厚生劳动省和农林水产省作为日本的中央食品安全监管部门承担起主要的食品安全监管工作。

《食品安全基本法》和《食品卫生法》是日本食品安全监管的两大基本法律。《食品安全基本法》是在法律层面上将各部门在食品安全监管中的权力与责任进行明确的划分。中央政府的主要职责是统筹规划并落实食品安全的相关政策和措施的实施，地方政府的自治体主要职责是适当地分担中央政府的任务并落实必要措施，食品行业从业者的主要职责是确保食品质量安全，并将其作为自己的责任与义务，采取对应的积极措施，及时向政府报告准确信息，消费者主要职责是了解并掌握食品安全信息，就食品安全方面积极向政府表达个人意见、提供改进建议。同时，该法还明确了制定相关措施与食品监管风险防范的方法。

《食品卫生法》是日本控制食品安全的基本法律，适用于国内产品和进口产品。该法规定了食品的成分规格、农药残留标准、标识标准、卫生设施标准等要求，并明确了进口食品的监管检查流程。2018 年 6 月 13 日，日本修订《食品卫生法》，将 HACCP 卫生管理作为强制要求。该要求适用于食品相关企业和特定进口食品。日本通过《日本农林标准法》（JAS 法）管理农产品和食品质量，建立了农产品质量和标准认证体系。同时，由厚生劳动省负责制定和更新食品农药残留限量标准（MRLs）。

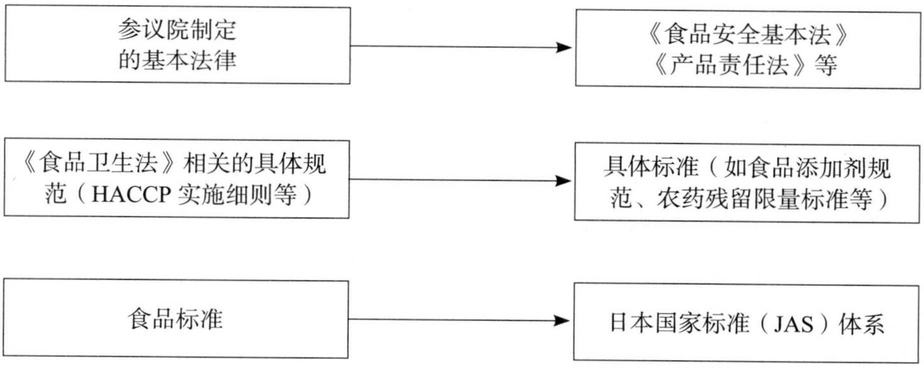

图 5-1　日本食品安全质量法律法规体系图

二、日本与中国食品安全监管体制对比

（一）日本食品安全监管体制的特点

1. 以法律形式明确监管部门权力和责任

日本在食品安全监管中非常注重通过法律的形式来规范相关监管部门的权力与责任。为保障各级监管主体的责任、权力、义务明确且在法律赋予的监管权力范围内可以最大程

度发挥好各自的职能，一旦发现有越权或渎职司法部门的现象发生将严格按照法律法规的规定予以纠正并处罚追究。

2. 集权与分权结合式监管体制将成为主导

日本一直坚持把解决好中央和地方之间监管权限的划分以及联合协调监管放在战略的重要位置上。从食品安全监管体制发展的演进过程来看，无论是集权式还是分权式的监管体制都存在一定的弊端。比如日本会将监管权力高度集中于中央政府，而这种仅依靠中央政府进行监管的做法，会在一定程度上对地方政府监管的积极性产生负面影响并形成一定的限制，使政府难以实施与地方辖区特点相结合且具有高度灵活性和针对性的监管措施，这也会使中央政府的宏观综合监管和整体协调作用难以发挥出来，最终甚至影响监管的效果。因此，日本逐步将集权与分权相结合的监管体制作为日本食品安全监管体制发展的主要方向。

3. 管理结构向集中联合监管方向发展

从日本食品安全管理结构的变化来看，已经出现了由分散化向集中化发展转变的趋势，日本食品安全管理机构涉及并包含了农业、卫生、环境和商业等多个部门，多年来一直坚持把厚生劳动省和农林水产省作为主要管理部门，食品安全委员会成立后由其统一负责食品安全方面的事务管理和风险评估工作，各部门间既相互合作又充分发挥各自的职能和作用，从而确保监管成效。至此，日本的食品安全管理结构也正式向集中联合的监管方向发展。

4. 实行按品种种类全程监管体制

在食品安全监管中，日本采取的是按产品种类“从农田到餐桌”的全程监管体制，比如农林水产省主要负责确保生鲜农产品及其粗加工产品的安全性，其中包括进口农产品的动植物检疫以及国产粮食的安全性检验、国内农产品品质和标识认证以及认证产品的监督管理等。农林水产省主要侧重农产品和农产加工食品的监管，厚生劳动省则主要负责确保其他食品和进口食品的安全性，侧重于进口食品在流通阶段的监管。

5. 监管重点从最终食品检测到风险防控

随着食品安全监管的不断完善和深化，食品安全监管的重点逐渐从食品生产阶段的卫生检查和最终食品质量安全检测转变为食品供应链的全程风险分析与防控，采取以预防为主的风险管理监管体制。例如，食品安全委员会是专门进行食品安全风险评估的机构，而厚生劳动省的主要职责是实施风险管理。

6. 社会公众广泛参与监管趋向明显

想要真正地做好日本的食品安全监管，仅依靠政府的力量是完全不够的，还需要引入除市场和政府之外的第三方力量，比如让社会公众真正地参与到食品安全监管中来。例如，食品安全委员会主要由来自民间的 7 名食品安全专家组成，农林水产消费技术服务中心由 7 个分中心共同负责受理消费者的投诉。这些中心与地方农业服务机构相互协作，积极收集与食品安全有关的情报并接受公众监督。社会公众参与食品安全监管的主要作用在于：可以直接接触到政府监管部门，及时提供详细且准确的食品安全信息；监督食品安全行政监管部门并确保执法过程中的公正性；督促立法机构真正地将民意转化为法律法规，实时完善食品安全立法与食品安全的司法监管，让日本的食品安全监管体制真正做到反映国情、民意与国家现状，努力从根本上解决国家的食品安全问题。

（二）中日食品安全监管体制相同点与不同点

1. 相同点主要体现在以下两点

（1）中日食品安全监管理念相似。中日两国食品安全监管都是基于食品生产、流通、消费的全过程的风险管理和预防、追溯制度以及隐患排查的治理体制。双方监管在理念上较为相似，这也是世界各国对于食品安全监管理念一直遵循的原则。

（2）中日两国食品安全监管体制均涉及多个机构。日本的食品安全机构涉及农业、卫生、商业和环境等多个部门，但多年来主要以食品安全委员会为领导并参与协调，厚生劳动省和农林水产省作为主要部门，主要负责管理各部门间相互合作，协调各方，从而在最大程度上发挥作用，确保监管有效。

中国也有多个机构涉及食品安全监管职能，并以法律形式明确了各部门的权力、义务和责任，使各级机构在法律赋予的权力范围内行使职能。随着 2021 年现行《中华人民共和国食品安全法》的颁布，国务院食品安全监督管理部门针对食品生产经营进行统一化管理，国务院卫生行政部门主要负责食品安全国家标准的制定和公布，县级以上地方人民政府统一负责本行政区域内的食品安全监督管理工作。

2. 不同点主要体现在以下四点

（1）最高协调领导机构不同。日本由内阁大臣担任食品安全最高行政长官（相当于中国中央政治局委员级别）。同时，食品安全委员会由 7 名食品安全专家组成，其中 4 人为专职成员，3 人为兼职成员，由内阁直接领导，职责由《食品基本安全法》规定，其主要职责是协调和监督农林水产省、劳动厚生省的食品管理工作，并提供公正、独立的食品风险评估报告。

中国则由国务院食品安全委员会（简称食安委）负责中国食品议事协调，其职责由国务院规定。食安委主要负责分析食品安全形势、研究部署并统筹指导食品安全工作，提出食品安全监督管理的重大政策措施，督促落实食品安全监督管理责任。国务院食品安全委员会办公室设在市场监督管理总局，由市场监督管理总局承担起国务院食品安全委员会的日常工作。

（2）涉及政府中央部门职能不同。日本食品安全监管在中央层面主要由厚生劳动省与农林水产省负责执行具体的食品安全监管权力。农林水产省主要负责食品的生产和质量保证工作。管辖的领域主要是食品供应链的上游区域，即食品的生产和批发，也就是主要集中在食品安全管理体系的种植养殖、生产、批发领域。厚生劳动省则主要负责稳定的食品分配和食品安全，并负责农兽药残留标准的制定等工作。管辖的领域主要是食品供应链的下游区域，即集中在食品安全管理体系的食品加工、流通和消费领域。

中国由国家发展改革委、工业和信息化部、科学技术部、公安部、财政部、生态环境部、农业农村部、商务部、国家卫生健康委员会、粮食和物资储备局、国家市场监督管理总局、海关总署进出口食品安全局等参与食品安全管理。其中农业农村部、国家卫生健康委、国家市场监督管理总局、海关总署进出口食品安全局四部门是直接具有行政执法管理职责的部门。这些机构都有相应的延伸机构、内部机构设置和相应职责。

农业农村部下设的农产品质量安全监管司、种植业管理司、畜牧兽医局、渔业渔政管理局主要参与初级农产品生产安全监管。国家市场监督管理总局下设的食品生产经营安全监督管理司、特殊食品安全监督管理司、食品安全抽检监测司、食品审评中心主要负责食品的生产经营许可与食品安全、流通、消费全过程的监管。中华人民共和国海关总署进出口食品安全局主要负责食品进出口环节的监管。国家卫生健康委员会食品安全标准与监测评估司主要负责承担食品安全综合协调的职责，组织拟订食品安全国家标准、风险监测、评估和交流的工作。

（3）进出口食品监管机构不同。日本主要采取一元化的管理模式，将国内食品与进出口食品放在同等的位置上，实行同等对待的措施，其主要监管机构还是农林水产省与厚生劳动省。对国际进口食品，农林水产省负责动植物检疫，进口粮食的安全性检验。厚生劳动省则负责其他食品安全检验和食品卫生检疫的工作以及进口食品流通阶段的监管。

中国对国内食品与进出口食品采取相对独立的二元制管理模式。中华人民共和国海关总署进出口食品安全局为进出口食品的主要主管机构，负责拟订进出口食品安全和检验检疫的工作制度，依法承担进口食品企业备案注册和进口食品检验检疫、监督管理工作。

（4）食品监管链条环节不同。日本食品安全监管工作采取的是按产品种类“从农田到餐桌”的全程监管模式。例如，农林水产省主要负责保障生鲜农产品及其粗加工产品的安全，包括进口农产品的动植物检疫、进口和国产粮食的安全性检验、国内农产品品质和标识认证以及认证产品的监督管理等。日本食品安全的监管更加侧重于农产品和农产加工食品且一直将这两类作为监管的大方向。厚生劳动省则负责其他食品和进口食品的安全，并将进口食品流通阶段作为主要监管方向。

中国食品安全监管工作的总体思路主要是在统一监管模式下的多机构参与管理的分级监管模式，把食品从农田到餐桌的过程细分为食品安全标准制定环节、种植养殖环节、生产加工环节、市场流通环节和餐饮消费环节共 5 个阶段。通过法律、法规的授权，按照环节把监管权分配到不同的监管机构上，以此来建立统一监管下的多机构管理体制。简单来说，就是由 5 个主要部门分别监管 1 个环节。其中，国家卫生健康委员会主要负责食品安全标准制定环节，农业农村部主要负责初级农产品生产环节的监管，海关总署进出口食品安全局主要负责食品进出口环节的监管，国家市场监督管理总局主要负责食品生产、流通，餐饮业、食堂等消费环节的监管。

第二节 中国和日本食品法律法规标准体系的比较

一、日本食品安全法律法规标准体系简介

日本食品安全相关部门在分工上十分明确，主要体现在：日本的立法机构为国会，管理机构为食品安全委员会、厚生劳动省、农林水产省，监管机构为中央管理部门、地方政府、从业者、民间机构和消费者。随着日本食品安全管理层的不断努力，日本逐步形成了以政府风险管理机构、地方、从业者、公众共同组成的“四位一体”的管理协调机制。此外，日本政府通过发挥社会监督作用、农产品质量认证、标识认证以及给予农产品质量安全有关环节一定的优惠政策和资金扶持等措施，以多样化的监督管理方式来保障安全健康的食品流通市场。

日本的食品安全监管以《食品安全基本法》为基础，通过《食品卫生法》规范食品的生产、加工、流通和标识等环节，并确立了 HACCP 等具体管理制度。《日本农林标准法》(《JAS 法》) 则建立了农林产品的质量与标识标准。

在执行层面，都道府县可根据中央法律制定相应的实施细则，具体落实食品安全监管要求。同时，日本还制定了《食品标识法》，统一规范食品标识要求，整合了《食品卫生法》《JAS 法》等法律中与标识相关的规定，为消费者提供食品信息。这些法律相互衔接、互为补充，构建了日本的食品安全法律框架。

这些法律法规的制定对整个食品的生产、流通、消费环节具有极其重要的意义，不断指导与约束着食品“从农田到餐桌”的各个环节，使得食品安全在很大程度上得到了保障。尤其是日本政府在 2003 年出台的《食品安全基本法》，详细规定了食品“从农田到餐桌”全过程的管理，明确了风险分析的方法以及在食品安全管理体系中的应用，除此之外，还指定了食品安全委员会对其进行风险评估。

下面主要介绍日本目前最主要的四部法律。

（一）《食品卫生法》

目前，日本的食品安全管理工作主要是在《食品卫生法》的基础上实施的。《食品卫生法》从法律层面出发，包含了食品相关从业者应遵循的规章制度，并规定了国家风险管理部门应采取的具体管理措施。日本要求国内的所有企业，无论是国企还是私企都要严格遵照 HACCP 的规定来实施卫生管理，对于进口食品，目前主要在输日食用肉和食用鸡肉方面会较为显著，后期需要密切关注那些须严格遵照 HACCP 规定的输日产品及其变化，

并及时跟踪省令的发布。

《食品卫生法》主要分为两个部分：一是针对食品从种植、生产、加工、贮存、容器包装规格、流通到销售的全过程的食品卫生要求，包括使用的包装材料、容器、添加剂等方面的管理并制定了相应的规格标准，严格禁止生产、使用、进口和销售违反《食品卫生法》的食品，并且明确规定从业者不得违反《食品卫生法》，不得对食品和添加剂进行虚假标识；二是根据相关食品卫生监管的规定，《食品卫生法》的解释权和执行管理权皆归属于厚生劳动省，厚生劳动大臣有权派遣食品卫生监督员对食品从业者进行必要的检查和指导。

日本的《食品卫生法》在经过多次修改后，目前实施的版本是于2018年6月13日颁布的新版本。此次卫生法的修订旨在强化食品安全管理法和应对措施，主要涉及以下六个方面：一是大规模食物中毒事件的应对强化；二是针对含有需要特别注意的成分的食品，制定了健康危害信息的收集制度；三是为了确保食品用器具和容器包装的安全性和国际规则的一致性，引入"肯定列表制度"；四是逐步实施基于HACCP原则的卫生管理计划；五是制定食品召回制度；六是制定与进出口食品相关的卫生证明书制度。《食品卫生法》作为日本在食品方面最早的一部法律，主要有以下四项要点：

（1）法律涉及对象众多。该法的宗旨及其主要目的是防止消费者因食用食物而受到健康方面的危害。此法规定的主要内容包括食物原料、添加剂、包装材料及盛放材料等方面。除此之外，还涉及食品相关企业的一些活动，如食品制造和食品进口人员的规定，涉及的对象不仅包含食品还包含食品生产者、制造者等。

（2）授权于厚生劳动省。这使得厚生劳动省能够在极短的时间内对相关事项采取相应的法律行动，可以在极大程度上减少因走法律途径所造成的时间延误，达到真正意义上的提高效率。

（3）赋予地方政府管理食品的权力。从公共健康的角度出发，由于需要管理的食品企业基数较大，该法授予地方政府可在其管辖的范围内对一些企业采取必要的措施，使不合法的企业尽可能被取缔。在日本国内，由大部分专家自发组成的组织也在其中发挥了重大作用。

（4）基于HACCP体系建立的全面性卫生控制系统。早在1995年的《食品卫生法》修订过程中，日本政府就建立了这个全过程控制系统。在该系统中，厚生劳动省会将食品进行分类管理，之后再进行各个工序的制造和加工，从而确保食品生产的全过程都控制在统一标准范围内。此外，为防止食品添加剂的泛滥使用，日本在修订《食品卫生法》过程中正式加入了"食品中残留农药、兽药及添加剂肯定列表制度"，并于2006年5月29日起正式实施，这将在下一节做主要介绍。日本在2008年、2012年对该法实施的相关条例进行了相继的修订，且于2013年修订时正式批准了将乳酸钾、硫酸钾作为食品添加剂的安全标准，确立了食品进出口申报要求，尤其是有关婴幼儿食品、牛乳等容易含有放射性物质的食品是确定铯元素安全值的关键，日本官方要求食品安全委员会定期对这些放射性元素进行严格检测，并向社会及时公布相应的检测报告。

（二）《食品安全基本法》

《食品安全基本法》是日本食品安全行政制度实行的基本管理原则和管理标尺。其立法宗旨是确保食品安全，维护国民身体健康。除此之外，日本还确立了通过风险分析来判断食品是否安全的理念，从而加强食品安全风险的提前预测能力。日本会根据科学分析和风险预测的结果来采取必要的管理措施，并对食品风险管理机构提出相应的政策建议。与此同时，日本还确立了风险交流机制（对象涉及风险评估机构、风险管理机构、从业者、消费者），以此来对风险管理机构及其管理政策效果进行评价，从而提出并完善应对食品安全突发事件和重大事件的措施，废止以往只能依靠最终产品来确认食品安全的方法。

日本《食品安全基本法》于 2003 年 5 月由国会批准通过，并于 2003 年 7 月 1 日开始实施。于 2018 年 6 月 15 日公布最新修订版，现行《食品安全基本法》涵盖了以下主要内容：总则、基本政策、食品安全管理、信息公开和交流、食品安全研究与教育。总则部分阐述了《食品安全基本法》制定的目的、食品的定义、食品安全政策的重要性，以及食品安全各环节中每个参与者的责任与义务。施政方针确定了实施食品健康影响评价的目的、策略、结果的使用，信息交流，研究机构，突发事件处理等相关条款，为促进各方参与食品安全管理提供了便捷途径。《食品安全基本法》还确定了食品安全委员会的成立，明确委员会具有风险评估、科学建议、食品安全调研等职能，规定了委员会委员的任期、义务等，保证食品安全委员会的正常运转。

《食品安全基本法》的设立目的是确保国民健康和食品安全。为实现“两个确保”，法律中不仅明确了国家和地方的行政职责，也明确了食品的风险评价体制。该法规定了日本食品安全体系的基本原则和依据，其特点如下：

（1）确保国民健康是最重要的基本理念。食品在供给过程中，从生产到销售的各个阶段都必须采取适当措施，实时关注国际动向和国民的意见，在科学知识的指导下将对国民健康造成的不良影响做到防患于未然。同时，该法律也明确国家、地方和食品相关事业主体的责任及消费者的作用。

（2）将食品健康影响评价作为确保食品安全的实施政策的基本方针。根据评价的结果制定相应的政策，从而促进与消费者相互间信息和意见的交流，建立应对重大食品事故等紧急事态的体制，规定相关行政机关必须彼此密切配合，确保向全社会及时公布已经确定的具体措施的实行情况。

（3）明确地方政府与消费者共同参与的责任。法律明确了食品相关企业需要承担食品安全保障的最主要责任，同时消费者能够受到相关的教育，也能够参与政策的制定。

（4）在内阁府设置由有学识经验者组成的合议制机构——食品安全委员会。其主要工作是针对食品健康影响给予评价并根据对应的评价结果发出劝告。规定委员由两议院同意，由内阁总理任命。日本食品安全的新行政组织特征是“风险评价”与“风险管理”互不干涉。例如，食品安全委员会先对食品中的添加剂、农药残留等对人体健康的影响做出科学评价，再由农林水产省和厚生劳动省基于评价结果采取检查、限制等具体政策。与《食品卫生法》相比，《食品安全基本法》在各方面都有了很大的进步，主要表现在：基本理念从“公共卫生”提升到保证“国民健康”，从“单一管理”到“全过程管理”，从“政府管理”到“企业自身管理”，明确了法规制定的基本方针并设立了食品安全委员会。

《食品安全基本法》的颁布，反映出日本借鉴了欧盟倡导的从整个食品链上保证食品安全的这一理念，这为日本保障国内食品安全提供了可靠的法律保障。

（三）《农林产品标准化与正确标签法》

《农林产品标准化与正确标签法》（简称《JAS 法》），也称《日本农业标准法》。设立该法的主要目的是希望通过制定恰当、合理的农林产品规格并加以普及，在改善农林物资质量、促进生产合理化、交易简便和公正以及农林产品使用和消费合理化的同时，通过对相关农林产品质量进行强制性标识，来帮助普通消费者进行选择，从而提高公共福利。

《JAS 法》主要包括农林物质标准化和质量标识标准化两大部分，这两大部分是构成日本农业标准化管理制度的两个重要基石。农林物质标准化，即 JAS 标准制度，农林水产品自愿接受日本农林水产省监管部门的检查，若符合 JAS 标准，则允许粘贴 JAS 标志的管理制度。另一个基石是质量标识标准化，即标准化的质量标识制度，该制度要求所有生产商、加工商和经销商严格按照日本农林水产省制定的质量标识标准为其产品标注正确的标签，以便消费者识别，进而放心地选购食品。

《JAS 法》的实施不仅保证了食品的安全性，还为消费者提供了准确的食品信息，便于消费者根据自己的需求购买食品。通过《JAS 法》的推行实施，日本可以快速且准确地完成农产品的追踪工作并取得较好的绩效。

（四）《农药取缔法》

《农药取缔法》于 1948 年公布，之后又经过多次修订，主要由农林水产省负责。《农药取缔法》详细规定了农药的活性成分，并对农药的使用及可使用的农作物进行了明确且详细的规定。其立法的主要目的是建立农药登记制度来限制农药的出售和使用，以保证使用者对农药的正确使用。该法规还规定只有经登记过的农药才可以投入出售和使用。

为了完善食品安全法律法规体系，日本又相继制定了法律法规，从而与食品安全配套，监管特定用途的化学物质以及监管流通和销售等。目前已经建立起包括食品卫生、农产品质量、投入品（农药、兽药、添加剂等）、动物防疫、植物保护等方面的食品质量安全法律法规体系，且内容较为完备。目前，日本主要有《食品卫生法》《食品安全基本法》《植物防疫法》《家畜传染病预防法》《JAS 法》《农药管理法》《土壤污染防治法》《包装容器法》《饲料添加剂安全管理法》等与食品安全有关的法律法规。随着日本国内对有机农产品需求的扩大，日本于 1992 年颁布了《有机农产品及特别栽培农产品标志标准》和《有机农产品生产管理要领》。在此基础上，日本于 2000 年制定且于 2001 年 4 月 1 日正式实施了《农林产品标准化与正确标签法》。

《JAS 法》的适用对象包括农产品、林产品、畜产品、水产品及其加工品等，但不包括药品和化妆品。JAS 标准分为一般 JAS、有机 JAS 和特色 JAS 三种类型，分别针对普通产品、有机产品和具有特定特色的农产品。其中，有机 JAS 认证是强制性的，所有进口到日本的有机食品必须获得 JAS 认证。近年来，《JAS 法》经历了多次修订，以适应国际市场的需求和推动日本农林水产品及食品的出口。例如，2022 年的修订将有机酒类纳入 JAS 标准制定对象，并完善了外国评级标签的贴附框架。这些修订旨在促进日本农产品在国际市场的竞争力，并确保其符合国际标准。

从日本食品法律体系中不难看出，日本与食品相关的法律体系早在二十世纪的四五十年代就开始进入发展期，在经过半个多世纪的完善后，已经建立了一个较为全面的法律体系。日本结合自身的国情特点，一直在积极地汲取美国、欧盟的经验，逐步明确保护国民健康的宗旨以及各个行政机关在执法过程中相应的责任与义务。这也是值得我国借鉴之处。

二、食品安全法律法规标准体系的对比

（一）日本食品安全法律法规体系

为了确保食品安全，更好地解决不同社会时期出现的新问题，日本政府在食品的原料生产、加工、流通等各个领域已经建立起了一套较为完善的食品安全保障体系，其中，各个环节都有详细的规定，而且仍在不断地完善中。日本保障食品安全的法律法规体系主要由基本法律和一系列专业、专门法律法规共同组成，目前日本颁布的与食品安全相关的法律法规共有 300 多种，其中《食品卫生法》和《食品安全基本法》是两大基本法律。

《食品卫生法》是日本控制食品质量安全最重要的综合性法典，适用于国内产品和进口产品。该法主要规定了食品的成分规格、农药残留标准、食品的标识标准、食品生产设施标准、管理运营标准等标准设定的框架，同时明确了中央政府对进口食品的监督检查框架及各都道府县政府对国内食品生产、加工、流通、销售从业者的设施监督检查的框架。除此之外，该法还详细明确了有关国内流通与进口食品的质量监督管理程序及处罚规定，不断提高农药残留限量标准、增加限制项目、强化进口检查制度、坚持以人为本、维护公众健康的理念始终是该法修订的基本原则。

《食品安全基本法》规定了食品安全监管体系，明确中央政府职责是统筹制定并实施

确保食品安全的政策和措施，地方自治体职责是合理分担政府任务，制定并实施必要的政策和措施。生产、加工、流通和销售从业者的职责是树立"确保食品质量安全责任重于泰山"的意识，切实落实各项必要措施，及时向政府提供准确信息。消费者的职责是积极学习、深入理解食品质量安全知识，充分利用政府提供的渠道表达个人意见。

（二）中国和日本食品安全法律法规标准体系的比较

在日本，《食品卫生法》和《食品安全基本法》是食品安全管理方面最基本的法律，其中《食品卫生法》是日本食品安全最重要且居于核心地位的一部法律，尤其是根据该法制定的“肯定列表制度”，为日本食品中的化学残留物建立了最为完善的限量标准。《食品安全基本法》的建立主要是为了加强日本食品安全管理，理顺和规范了食品安全管理部门的职责。在制定有关食用农产品的质量标准以及公布食用农产品安全有关信息时，应当严格遵守《食品安全基本法》的有关规定。

1. 日本《食品安全基本法》

该法共分为 3 章，38 条，包括第一章总则，第二章法规制定的基本方针，第三章食品安全委员会。

在总则中规定了《食品安全基本法》的目的、确保食品安全的基本原则、国家的责任、地方政府的责任、相关食品从业者的责任、消费者的作用和法律措施。其中有关确保食品安全的方面，首要任务是采取必要的措施，保护国民健康。国家要将确保食品安全作为基本原则，全面制定和实施食品安全政策。地方政府应该根据其权限来制定相应的食品安全政策，严格遵守国家的食品安全政策。食品从业者包括生产、进口、销售和其他经营者，如化肥、农药、兽药、添加剂、包装等经营者，除了要遵守国家、地方政府的食品安全政策，依法经营外，还要积极配合国家和地方政府实施食品安全政策。特别强调，在食品链的各个环节中，需要采取必要措施来确保食品安全，且在其商业活动中，一般由企业负主要责任。

在总则中，还特别强调了消费者在食品安全管理中的作用：消费者应该在确保食品安全方面，发挥积极作用，努力获取食品安全知识了解食品安全，并努力表达其对食品安全政策的意见，指出问题。

在法规制定的基本方针中，规定了食品危害因子对健康影响的评估（即危害风险评估），依据风险评估的政策制定、信息交流、应急体系，研究教育体系、正确标识、环境影响，以及有关实施食品安全措施“基本问题”的决议及公告等。

2.《中华人民共和国食品安全法》

该法于 2009 年 2 月 28 日经第十一届全国人大常务委员会第七次会议通过，于 2009 年 6 月 1 日正式实施。经过修正后，该法于 2021 年 4 月 29 日经第十三届全国人大常委会第二十八次会议通过，于 2021 年 4 月 29 日起施行。本法共 10 章，154 条，包括总则

13 条、食品安全风险监测和评估 10 条、食品安全标准 9 条、食品生产经营 51 条、食品检验 7 条、食品进出口 11 条、食品安全事故处置 7 条、监督管理 13 条、法律责任 28 条和附则 5 条。

《食品安全基本法》与《中华人民共和国食品安全法》的比较：

《中华人民共和国食品安全法》与日本《食品安全基本法》有许多相似之处，二者都是把保护国民的健康，保证食品安全作为主要目的。在食品安全政策方面，也都借鉴了风险评估的基本原理。不仅如此，二者都在内容中特别强调了食品安全的管理部门、生产经营单位（者）在食品安全中的责任、食品安全应急处置以及食品安全委员会建立等。

二者的不同之处表现在：

一是法律所涵盖的范围不同，《中华人民共和国食品安全法》包括了目前中国食品安全管理机构（包括中央和地方机构）在分工职责设置方面的所有监管内容，尤其是对生产经营的规定极其详细，此外，还详细规定了食品安全标准、食品检验、食品进出口、监督管理、法律责任等。《食品安全基本法》对食品安全管理机构的管理工作、相关食品企业（经营者）的要求作了原则规定，并为后续制定更详细的法律和法规提供了框架和依据。在针对食品安全委员会方面该法作出了非常详细的规定，表明食品安全委员会在日本食品安全管理中所发挥的重要作用。

二是《中华人民共和国食品安全法》有规定“为了保证食品安全，保障公众身体健康和生命安全”，而《食品安全基本法》则规定将“确保食品安全，采取必要措施，保护国民健康作为首要任务”，二者的重视程度是有一定偏差的。

三是《食品安全基本法》赋予“食品安全委员会”明确的工作职责，《中华人民共和国食品安全法》则没有详细规定其职责，二者的法律地位是完全不同的。

四是《中华人民共和国食品安全法》有关于生产经营方面的规定，日本的相关规定则不存在于《食品安全基本法》，而是在《食品卫生法》及其相关法规中。

五是《中华人民共和国食品安全法》规定，食品安全风险主要由国务院卫生行政部门负责组织成立的食品安全风险评估专家委员会来评估，《食品安全基本法》则规定主要由食品安全委员会负责评估。

六是《中华人民共和国食品安全法》对食品安全标准、食品检验、食品进出口作出规定，而日本的这些规定并未出现在《食品安全基本法》中，而是被放在了《食品卫生法》及相关法律法规里。

七是《中华人民共和国食品安全法》对监督管理和法律责任作出了相关规定，而《食品安全基本法》没有对此方面进行详细的规定，仅仅将它们保留在《食品卫生法》及相关法律法规中。

八是《中华人民共和国食品安全法》规定了食品安全标准的内容并将食品安全标准作为强制执行标准，而日本不仅在《食品安全基本法》中没有这样的规定，在《食品卫生法》

中也没有这样的规定，仅仅将标准转化为强制执行的技术法规，如“肯定列表制度”等。《中华人民共和国食品安全法》第二十六条第（七）款对食品检验方法与规程的规定，无论在国际食品法典委员会（CAC）还是在《技术性贸易壁垒协议》(《TBT 协议》) 中，都是被作为通用标准，不存在强制力与约束力。

九是《中华人民共和国食品安全法》针对消费者作用方面没有给予足够的重视，而《食品安全基本法》则强调了消费者的积极作用。《食品安全基本法》有明确规定：“消费者应该在确保食品安全方面，发挥积极作用，努力了解并获取食品安全知识，并努力表达其对食品安全政策的意见，指出问题。”《中华人民共和国食品安全法》的规定是“任何组织或者个人有权举报食品安全违法行为，依法向有关部门了解食品安全信息，对食品安全监督管理工作提出意见和建议”。

3. 日本《食品卫生法》

日本《食品卫生法》是保证日本食品安全最重要的一部法律，其地位相较于《食品安全基本法》甚至要更重要。依据《食品卫生法》制定的众多专业法规，更是日本食品安全管理不可或缺的技术法规，“肯定列表制度”就是一个很好的例子。

4.《中华人民共和国农产品质量安全法》与日本《JAS 法》

《中华人民共和国农产品质量安全法》于 2006 年 11 月 1 日实施，规定了初级农产品（即来源于农业的初级产品，在农业活动中获得的植物、动物、微生物及其产品），也是《中华人民共和国食品安全法》中所指的食用农产品的质量安全标准，其中包括对农产品质量安全标准、农产品产地、农产品生产、农产品包装和标识的规定。

《JAS 法》于 1950 年制定，1970 年修订，21 世纪初全面推广实施。该法最重要的内容是 JAS 标识制度和食品品质标识标准。按照该法律，在日本市场上销售的农林水产品必须有 JAS 标识以及原产地信息。JAS 标识和原产地信息可以帮助消费者全面掌握食品安全相关信息。《JAS 法》建立的产品溯源体系，能更好地帮助监管部门追溯到食品原料产地，包括生产、加工、流通等各个安全环节，这不仅有助于提高食品质量和安全，更有利于追查问题发生的原因，并且能够及时召回所有不合格的食品，在最大程度上减少问题食品对消费者造成的健康危害与不良影响。

5. 日本《农药管理法》与中国农药相关规定

日本《农药管理法》于 1948 年 7 月 1 日实施，2007 年修订。该法详细规定了日本农药的官方标准（由农林水产省制定）、农药登记、质量提高、农药登记人的责任、农药禁止或限止销售、农药的禁止使用、农药进口、监督处罚等条款。其主要目的在于提高农药质量，建立登记制度，从而确保销售、使用安全，保护生存环境和人体健康，真正地保障农业生产的稳定发展。

中国农药管理主要依据以下法律法规和政策：(1)《中华人民共和国农药管理条例》。这是中国农药管理的主要法规，规定了农药的生产、经营、使用、监管等方面的内容。该条例对农药的注册、生产许可、经营许可、进出口管理、使用管理、监督管理等方面都作了详细规定，旨在保护农作物、环境和人体健康。(2)《中华人民共和国农业法》。该法规定了农业生产、经营和管理的总体框架，以及农业资源的保护、合理利用和发展。(3)《中华人民共和国食品安全法》。该法规定了食品安全的总体要求和监管制度，包括农药在内的农业投入品的使用和管理。(4)《农药登记管理办法》。该办法详细规定了农药登记的程序、条件和要求，包括试验、评审、审批等环节。(5)《农药生产许可管理办法》。该办法规定了农药生产企业的许可条件、程序和管理要求。(6)《农药经营许可管理办法》。该办法规定了农药经营企业的许可条件、程序和管理要求。此外，还有一系列部门规章、地方性法规和政策文件对中国农药管理的具体实施进行了补充和细化。这些法律法规和政策旨在保障农药管理的合法、科学、规范和高效，以实现农药的安全、合理、高效使用，保护农作物、环境和人体健康。

6. 日本《家畜传染病预防法》和《中华人民共和国动物防疫法》

日本《家畜传染病预防法》作为该国预防和控制家畜传染病的基础性法律，致力于通过疫病防控保障畜牧业健康发展和公共卫生安全。该法建立了以家畜防疫官为主导的防疫体系，构建疫情报告与监测机制，完善防疫检疫措施，健全应急处置方案。在防控环节，系统规定患病家畜的隔离、治疗或扑杀流程，明确疫区管理和动物移动管控标准，规范疫情调查、病原分析、消毒处理等专业要求。同时，通过设立补偿机制和防疫基金，保障扑杀处置补偿落实到位，并在进出口环节实施严格的检疫标准和监管程序，形成了完整的防疫法律体系。

《中华人民共和国动物防疫法》是我国动物防疫领域的综合性法律，构建了系统完善的防疫管理框架。该法形成了统一领导、分级负责的防疫机制，厘清政府职责分工，规范防疫队伍管理。在制度建设方面，确立了动物疫病预防控制体系和监测预警机制，实施强制免疫制度，制定动物及其产品全过程检疫规范。法律还明确了疫情应急预案、疫情报告、疫病控制和无害化处理等防控环节，配套违法处罚和责任追究机制，并在防疫经费、技术支持和信息化建设等方面提供制度保障，有效促进了防疫工作规范化和制度化。

7. 日本《植物保护法》与中国植物保护相关规定

日本《植物保护法》(又译为《植物防疫法》)，于 1950 年发布，后经多次修订，最新修订版本是于 2023 年 4 月 1 日开始施行的版本。本法共八章四十五条，包括进口植物检疫、出口植物检疫和国内植物检疫等。立法的主要目的在于对进出口植物及国内植物进行检疫，驱除植物上附着的有害动植物，防止有害动植物蔓延，在最大程度上促进和保证农业的安全。

中国植物保护相关的法律法规和政策主要包括以下几个方面：(1)《植物检疫条例》。该法规规定了植物检疫的总体框架，包括植物检疫的目的、对象、范围、制度、措施等，旨在防止有害生物传播，保护农业生产和生态安全。(2)《中华人民共和国植物新品种保护条例》。该条例规定了植物新品种的保护和管理制度，包括植物新品种的申请、审查、授权、权利和义务等，旨在促进植物新品种的创新和利用。(3)《中华人民共和国农业法》。该法中关于植物保护的部分规定了农作物病虫害防治的原则、方法、措施和责任，以及农业科技推广、农业生态保护等方面的内容。(4)《中华人民共和国农药管理条例》。该条例中关于植物保护的部分规定了农药的生产、经营、使用和监管制度，以实现农药安全、合理、高效的使用，保护农作物、环境和人体健康。(5)《农作物病虫害防治条例》。该条例规定了农业病虫害防治的原则、组织、措施和责任，以及国家、地方和农民在农业病虫害防治中的职责和义务。(6)《中华人民共和国生物安全法》。该法规定了生物技术研究、开发和应用中的生物安全保护措施，包括生物安全审查、监管、风险评估等，涉及植物保护领域的生物技术产品。此外，还有一系列部门规章、地方性法规和政策文件对植物保护的具体实施进行了补充和细化。这些法律法规和政策旨在保障植物保护工作的合法、科学、规范和高效，以实现农业生产的可持续发展，保护农作物、环境和人体健康。

第三节　中国和日本进出口食品安全监管机制的比较

中日两国在历史发展的长河中，为防范食品安全问题，逐渐形成了拥有各自特色的食品安全体系，建立了不同的食品安全监管模式、法律法规体系、标准体系以及进口食品监控机制，形成了适宜自己国家发展的食品安全监管机制。

一、中日食品安全监管模式和职责对比

中国采取的食品安全管理方法主要是多部门管理，主要由国务院食品安全委员会领导进行食品安全管理，不断强化对整个食物链的专业化管控。而日本主要以内阁府消费者厅、食品安全委员会、厚生劳动省和农林水产省共同组成的食品安全管理机构为主。有关食品行政方面由消费者厅负责，有关风险评估方面主要由食品安全委员会负责，厚生劳动省和农林水产省则被任命为风险管理机构。日本最为重视的是食品安全行政的一元化管理，摒弃了以往通过最终产品来确认食品安全的理念，可以直接追溯到源头，有利于管理透明化，在一定程度上达到降低风险的目的，更好地实施基于风险评估的风险管理。这极大地体现出中日两国在食品安全监管理念上的不同。中国模式要求政府宏观监管协调能力强，部门间协调紧密、无缝对接。日本模式要求本国政府重视科学的风险交流监管理念，风险管理机构要及时倾听并采取风险评估机构给

予的政策性建议，注重风险交流管理和消费者参与度。换言之，日本的食品安全管理，非常注重消费者的参与度，并积极采纳国民的意见。除此之外，日本还极力主张将消费者的建议直接转化为食品行政政策，既有利于体现民主化，也有利于食品安全管理政策和法规的完善。

二、中日食品监管模式的特点

（一）中日食品监管模式在形式上相同

中国和日本的食品监管模式在形式上大体是相同的，均为分段式管理多部门参与，也都设有风险评估机构和协调机构，其中，协调机构可以起到一定的协调作用。虽然两者的监管模式都完全贯穿且覆盖了整个食物链，但在划分方法方面，两者有较大差异，比如日本主要按照风险职能分段，我国主要依据食物链分段。

（二）日本食品监管模式的优缺点

日本食品监管模式形成了系统化的监管优势：建立以《食品卫生法》《食品安全基本法》为核心的完整法律体系，构建层次分明的法律框架，配套法规细则详实且具有较强操作性，监管标准规范明确。在监管体系方面，形成中央与地方分级管理机制，明确职责分工，实现权责统一，强化多部门协作。技术标准体系健全，建立严格的检验检测标准，完善质量安全评估体系，规范农药残留监测指标。风险防控机制完备，实施风险分析评估，建立预警防范体系和应急处置预案。社会共治格局初步形成，压实企业主体责任，提升行业自律水平，引导消费者深度参与。

同时，日本食品监管模式也面临着一些制约：监管成本投入较大，严格的市场准入标准给企业特别是中小企业带来发展压力；监管体系架构复杂，部门职责与执行程序繁琐；区域发展不够均衡，监管资源配置和执行标准有待统一等问题。

（三）中国食品监管模式的优缺点

中国食品监管模式的优点在于宏观协调能力较强，在应对和处置突发事件时力度较大，处理速度较快且职责明确。我国主要由国务院食品安全委员会统一协调管理和处理食品安全问题，该机构领导人由国务院领导挂帅，宏观协调单位明确，职责分明，具体参与管理机构达 13 个部委，地方政府和行业协会也会参与管理。在中国，监管部门间高效运转、协调一致、监管到位、形成合力，从而确保监管无缝衔接。缺点主要表现为仍存在一定的监管缺位的情况，我国需要努力消除食品监管的盲区。

第四节　日本食品贸易政策与法规

一、进口食品命令检查制度

根据1995年颁布的《食品卫生法》，日本设立了适合本国的“命令检查制度”，主要针对不合乎《食品卫生法》规定的，且不合规概率较高的食品和产品，检查的内容以及对象会通过行政命令进行规定，以命令的形式来指定有关机关进行相关的检查，检查的费用一般会由企业承担。被确定为命令检查对象的产品要采用逐批检验的方式进行检验，基本上检查频率为100%。在检查结果出来前，货物必须停留在港口等待检查结果且不允许办理入关手续，如果检查结果不合格，则这批货物将集中退回、废弃或转为非食用等处置。

2007年3月，日本厚生劳动省公布了2007年度命令检查项目，实施期为2007年4月1日至2008年3月31日。检查对象包括：鸡肉、蜂蜜、生食海胆、养殖河豚、大粒花生，以及养殖鳗鱼、虾、鲫鱼、鳖、二页贝类、蚬、田鳗、鲈鱼、银耳、香菇品、松茸、未成熟豌豆、羽衣甘蓝、圆柏、白菜、韭菜、菠菜等及其加工品。2007年，厚生劳动省下令对中国出口产品包括绿茶、未成熟豌豆（被发现违规的产品为新鲜甜豆）、未成熟扁豆等产品严格实行命令检查。

现行命令检查制度存在以下几点不合理之处：一是不论货物进口量多少，只要被发现出现了第二次超标，就需要实施严格的命令检查。二是不管哪家企业被发现超标还是超标企业数量较少，都需要对所有生产该产品的中国企业实施严格的命令检查。三是有关命令检查解除部分，即使日本的相关法律法规中并无明确的文字规定，厚生劳动省在执行时也千差万别。命令检查有关过程和内容方面的透明公开度极低，且提供的文件不确定性较大。此外，在执行命令检查时存在极度不合理的扩大化情况，会对中国主要农产品对日的出口产生极大的负面影响和壁垒。如一旦发现青葱的指标有问题，有关大葱的所有进出口也将实施严格的命令检查，以此类推。中方对上述问题一直保持全面关注的状态，希望日本可以尽快修改该项制度中的不合理做法，减少对中日正常农产品贸易的阻碍与壁垒，恢复双方的良好合作并增加双方的贸易往来。

二、进口食品监控检查制度

日本根据本国的《食品卫生法》设立了“监控检查制度”。该制度主要针对违反《食品卫生法》概率较低的食品。日本会根据年度计划实施检验检疫，比如监控检查，监控检查的抽查率一般在10%左右，费用基本会由国家承担。一般情况下，报关货物在抽查中如果没有发现问题，相关部门会让这批货物直接进入日本市场。一旦货物进入日本市场后，在抽查中发现了任何问题，日本也会有相对应的措施立即实施召回。在货物上市后，日本会从允许入境的货物中有计划地抽取一定数量的产品进行检验。其间会一直保持监控检查，一旦发现违法货物，将立即采取措施进行退货或废弃处理。如在监控检查中出现一次以上违反《食品卫生法》的事例，所涉产品将立即进入命令检查阶段。

2006年12月25日，厚生劳动省发出第1225001号通知。通知宣布，日本将对2007年进口食品监控检查计划进行修改，在检查项目中追加对水产品残留农药的检查，新增的3种农药分别为禾草丹、溴氰菊酯以及呋喃硫威。在2007年4月1日至2008年3月31日期间，日本实施监控检查的项目共计633个。2007年，在监控检查中所发现的所有违反《食品卫生法》的中国产品有：中国产豌豆（未成熟、带豆荚）、青椒等。

在日本厚生劳动省所公布的中国进口食品违规案例中，水产品及制品、蔬菜及制品、食用菌、茶叶等被通报违规的比例较高。相较于2006年度，日本2007年度对进口鳗鱼的监控检查力度明显增大、检查项目增多、要求更严格。监控检查项目从30个增加到62个，有的项目甚至不包含在"肯定列表制度"对鳗鱼检查的范围之内，且增加了抗生素类药物项目，强化了对杀虫剂、染料类和农药的把控力度，把除草剂等鳗鱼养殖不可能使用的药物也列入了监控范围。日本是中国鳗鱼及其产品的最大出口市场。自2000年以来，日本不断出台技术措施提高进口中国鳗鱼的门槛，先后实施了恩诺沙星、孔雀石绿和呋喃唑酮等药物残留命令检查措施。"肯定列表制度"实施后，对鳗鱼及其产品的农兽药限量检测要求由原来的25项增加到112项，严重影响到中国鳗鱼及其制品对日本的出口。

三、中日食品进口程序

日本进口食品，无论是以海运还是空运的方式进口都必须走下述进口食品清关（Food Import Clearance）程序。

（1）通关前需要按照《食品卫生法》《植物保护法》和《家畜传染病防治法》的要求办理进口许可，并向厚生劳动省及时提交《进口食品等通知单》（"Notification Form for Importation of Foods，etc."）。

（2）进口申报。进口商品必须依据海关规定进行申报，由报关员提交相关申报文件。

（3）海关查验。海关会在必要时审查报关文件，以确认货证相符且归类正确。如果需要进口许可证的，海关还需要确认已完成全部程序。同时查处商标侵权等侵犯知识产权的行为，查处贩毒并避免产地造假行为。

（4）交付关税、消费税。关税[①]：海关价值（CIF 价格 + 杂项附加费）× 关税率。

（5）进口许可。将货物储存在保税区，待海关完成征税等所有必要程序后，海关将货物从保税区放行，允许进口商提货。

（6）销售。进口食品需符合《食品安全基本法》和《食品卫生法》的规定，确保进口商提货时，已满足食品进口许可。由于食品种类与销售方法存在差异化，可能需要依法获得销售许可，销售商必须遵守标签及回收法规的规定。

在中国，《中华人民共和国食品安全法》没有对食品进口通关程序进行明确的规定，但对进口食品有以下标准要求："进口的食品、食品添加剂、食品相关产品应当符合我国食品安全国家标准。进口的食品、食品添加剂应当经出入境检验检疫机构依照进出口商品检验相关法律、行政法规的规定检验合格。"

备案制度："向我国境内出口食品的境外出口商或者代理商、进口食品的进口商应当向国家出入境检验检疫部门备案。向我国境内出口食品的境外食品生产企业应当经国家出入境检验检疫部门注册。"

进口预包装食品要求："进口的预包装食品、食品添加剂应当有中文标签；依法应当有中文说明书的，还应当有中文说明书。标签、说明书应当符合本法以及我国其他有关法律、行政法规的规定和食品安全国家标准的要求，并载明食品的原产地以及境内代理商的名称、地址、联系方式。预包装食品没有中文标签、中文说明书或者标签、说明书不符合本条规定的，不得进口。"

信誉管理制度："国家出入境检验检疫部门应当对进出口食品的进口商、出口商和出口食品生产企业实施信用管理，建立信用记录，并依法向社会公布。对有不良记录的进口商、出口商和出口食品生产企业，应当加强对其进出口食品的检验检疫。"

四、中日食品标签标准

日本根据《JAS 法》规定，最终产品的生产商和零售商，必须在产品上按标准加施质量标签。自 2008 年 7 月 1 日起，日本政府扩大了质量标签标准的适用范围，包含了原料供应商和其他经营商之间的业务（容器 / 包装食品标签已在《食品卫生法》中作了规定）。进口食品如果要售往日本，进口商必须加施日文标签，除此之外还需要提供必要的信息。这样，日本就可以利用标签体系建立起日本食品安全源头追溯体系。

为规范食品标签，中国陆续发布了《中华人民共和国标准化法》《中华人民共和国产品质量法》《中华人民共和国食品安全法》《中华人民共和国反不正当竞争法》《中华人民共和国消费者权益保护法》《中华人民共和国商标法》等法律法规，以及 GB 7718-2011《食

① 海关价值：在计算关税金额时作为标准的价值。杂项附加费：与进口港口运输相关的费用、许可证费用、免费提供给会员的费用等。

品安全国家标准 预包装食品标签通则》、GB 13432-2013《食品安全国家标准 预包装特殊膳食用食品标签通则》等标准来完善我国的食品安全法律体系。

五、日本反倾销法

（一）日本反倾销政策的主要内容

日本是世界上第五个实施反倾销制度的国家，其反倾销制度开始于1920年颁布的《海关关税法》，这一反倾销法立法年代仅次于加拿大（1904年）、澳大利亚（1906年）、南非（1914年）和美国（1916年）。日本的反倾销制度历经修订和完善，目前的反倾销政策体系主要由《海关关税法》《关于反倾销税的内阁法令》以及《关于反倾销及反补贴程序的说明》（本章以下简称《说明》）这三者构成。凡是日本反倾销法律和规则没有涉及的事项，则适用于世界贸易组织（WTO）《反倾销协议》的相关条款和规定。

根据日本的反倾销管理体制，负责处理反倾销事务的行政管理机构主要有三个，即：财务省（原大藏省）、受到倾销损害的有关产业主管省和经济产业省（原通商产业省）。在不涉及农产品的情况下，主要是财务省和经济产业省两个部门负责处理相关事务。财务省设有一个专门的部门即计划和法规科，负责管理反倾销和反倾销税的相关事务。财务省负责受理日本所有有利害关系人的反倾销申诉，并在反倾销调查结束后，负责作出最终的裁决。经济产业省的反倾销事务则由设立于通商管理局的通商政策计划和调查课负责处理。在反倾销调查中，财务省、有关产业主管省和经济产业省这三个机构各自派出若干名职员共同组成调查小组，负责所有的反倾销调查工作，由财务省牵头，负责组织和协调工作。此外，日本的反倾销管理机构还涉及海关总署和外汇关税协调咨询委员会，其中，海关总署是反倾销调查最终裁决的执行机关，而外汇关税协调咨询委员会负责对反倾销案件的裁决提出有关建议，但该委员会只是一个咨询机构，而不是决策机构。

同世界其他各国一样，日本的反倾销政策也是在《关贸总协定》（GATT）第六条以及《关于执行关贸总协定第六条的协议》的基础上建立起来的。日本反倾销政策的具体内容主要体现在两个方面：一是实施反倾销的前提条件，二是反倾销政策的实施步骤及反倾销措施。

1. 实施反倾销的前提条件

（1）存在倾销商品的进口。所谓倾销是指出口商以低于正常价值的价格向国外销售产品的行为。因此，要确定进口的商品是否存在倾销，最关键的是要确定外国出口商出口产品的正常价值和出口价格。根据日本反倾销政策的规定，外国出口商出口产品的正常价值是指在正常贸易过程中，出口国国内销售同类产品的价格。这里所谓的“正常贸易”不包括以下三类交易：一是售价低于成本的交易，即销售价格不足以抵补产品的生产成本和一般管理费用以及在正常交易过程中的合理利润；二是大批量的交易，其产品的销售价格无法使生产商在一段合理的期间内收回产品的生产成本及一般管理费用，三是发生在有关联关系的卖主和买主之间的交易。

如果出口国不存在正常交易过程中同类产品的国内销售价格，或者由于出口国市场的特殊情况而使这种价格缺乏代表性，那么，根据日本《关于反倾销税的内阁法令》的规定，可以将面对第三国出口的出口价格或者结构价值作为正常价值。其中，对第三国的出口价格，是指出口国向除日本以外的任何其他国家销售同类产品的出口价格，而结构价值则是指在进口国国内生产同类产品的生产成本、销售费用、一般管理费用以及合理利润加总而成的价格。对于来自非市场经济国家的进口产品，日本政府会选择一个与进口国经济发展水平相近的第三国作为替代国，并以替代国国内同类产品在正常贸易中的市场价格作为进口产品的正常价值。

对于外国出口商出口产品的价格，主要根据在正常贸易过程中外国出口商向日本进口商销售同类产品的价格来确定。如果没有直接出口价格，或者由于出口商与进口商有关联而导致该产品的出口价格可信度较低，那么应当以进口商首次将进口产品转售给日本国内与出口商无关的独立买方时的售价为主，作为确定该产品出口价格的依据。如果进口产品在进口后且转售前这一时期内经过加工制造，应当以扣除加工制造过程中增值部分后的转售价格作为该产品的出口价格。

为了使出口价格与正常价值之间能进行公平的比较，日本反倾销政策还规定，在比较前应扣除差异性影响因素，将两者调整至同一贸易水平。这些差异性因素主要包括：贸易水平、交易数量、支付条件、产品的质量差别、质量保险、售后服务以及税收等。

（2）日本产业正遭受实质性损害。根据《关于反倾销税的内阁法令》的规定，所谓日本产业，是指其同类产品的产量占整个产品产量主要部分（50%以上）的日本生产商。但如果生产商本身就是进口商，或者与倾销产品的进口商或出口商有一定关联，甚至包括直接或间接控制进口商或出口商，直接或间接被进口商或出口商控制，直接或间接被进口商或出口商控制的第三者控制，而且有理由相信这种关联关系使该生产商的行为和其他国内生产商不同，那么，该生产商将被排除在日本产业的范围之外。然而，如果该生产商在申诉人提出反倾销调查申诉前的6个月内已经不再是倾销产品进口商，或者申诉人仅进口极少量的倾销产品的，那么，这种生产商仍然属于日本产业的范围之内。至于判断倾销对日本产业造成损害的标准，根据《关于执行关贸总协定第六条的协议》的有关规定，这种损害一共包括三个方面：一是倾销会对日本产业造成实质性的损害，二是倾销会对日本产业造成实质性的损害威胁，三是倾销会对日本新建产业的建立造成实质性阻碍。此外，损害一经确定时，还要考虑下列因素：倾销产品的进口量（进口的绝对数量是否增加，与生产或消费相比较后的相对数量是否增加）、进口对国内产品价格的影响（进口价格是否一定程度地低于国内价格，国内价格受到进口价格牵制的情况）、进口对国内生产企业的影响（与国内产业状况有关的所有经济因素，除此之外，还包括产量、销售量、市场占有率、利润、生产率以及投资效益等）。

（3）日本产业所受到的实质性损害与倾销商品的进口之间存在着直接的因果关系。日本反倾销政策规定，在实施反倾销措施时，必须有足够的证据能够证明是由于倾销的影响，倾销进口产品对日本产业造成损害。但同时也要考虑其他非倾销因素对产业的损害影响，并且不应当将这些因素造成的损害归咎于倾销进口产品。这些因素包括：非倾销价格进口数量及需求减少、消费情况的变化、外国生产商或本国生产商的限制性商业习惯以及外国生产商之间的竞争、技术进步和国内产业出口状况、生产率等。

（4）实施反倾销对保护日本产业具有一定的必要性。根据日本反倾销政策，要实施反倾销，除了满足上述三个条件即认定倾销事实以及由此产生实质性损害等事实之外，还必须满足另外一个关键条件，即日本政府认为有必要通过反倾销措施来进一步保护日本的相关产业。也就是说，如果日本政府同倾销国政府一旦达成某种协议之后，日本政府认为没有必要通过采取反倾销措施来保护日本产业时，即使存在倾销和损害，也不必对倾销进口产品实施反倾销措施。

2. 反倾销政策的实施步骤及反倾销措施

（1）反倾销申诉与受理。日本《海关关税法》规定，任何已形成利害关系的日本生产商、日本国内各生产商组成的行业协会以及日本国内各生产商雇用的工人组成的工会，都可以以日本产业的整体名义向财务省提起申诉，要求政府对某种进口产品加征反倾销税。申诉人在向财务省提出申诉的同时，也应当向政府及时提交有关倾销产品进口价格情况以及因进口所造成的重大损害情况的充分证据，同时，还应当向财务省国税局的计划法律部提交申诉书副本。收到申诉后，财务省、有关产业主管省和经济产业省会共同讨论是否有必要进行反倾销调查，并在 2 个月内做出决定。如果申诉书已含有充分的初步证据，三省应当同意受理，并作出决定，尽快进入调查阶段。此时，应当通知进口商、出口商和申诉人，并在政府公报上刊登通告。此外，如果日本政府认为有必要，也可以在无人申诉的情况下自行发动反倾销调查。

（2）反倾销调查。反倾销调查主要由财务省、有关产业主管省以及经济产业省联合进行。调查期间，日本政府在征得有关出口国同意后，可以向该国寄发调查问卷，要求有关出口商提供进一步的证据。日本反倾销政策虽然没有限定调查取样的时间范围，但是调查所需的资料一般是针对在调查开始前 1 年内的经营状况、涉案产品的国内外销售状况、出口商和进口商的关系等。当事人应该在接到调查问卷后 30 日以内填完所需的所有资料，并及时回复日本反倾销当局。必要时，当事人可以向日本当局申请延长期限。当事人没有必须回答调查问卷的法定义务，但是，如果相关当事人在调查中不予合作或者阻碍调查，那么调查小组可以依据 WTO《反倾销协议》的有关规定，根据现有事实材料直接作出裁决。在原则上，反倾销当局应当在调查开始后 1 年内作出结论。但是，如果情况复杂，时间可以有一定的延长，但财务省必须向有关各方发出通知，并详细说明延期的理由。

（3）初步裁决与临时反倾销措施。根据日本反倾销政策，反倾销调查小组必须在开始调查之日起 6 个月内决定是否作出初步裁决。日本的初步裁决只有肯定性裁决，没有否定性裁决。如果初步的反倾销调查没有足够的证据能够表明倾销的存在，则不必作出初步裁决。为了避免进口产品在进一步调查期间受到连续性的损害，日本反倾销当局要在肯定初步裁决后及时采取临时反倾销措施。临时反倾销措施主要包括两种形式：一是征收初步确定的倾销幅度范围之内的临时反倾销税，二是要求缴纳反倾销税金额的保证金。一旦调查小组决定采取临时反倾销措施，应及时通知海关关税委员会执行。临时反倾销措施的执行期限一般为 4 个月，出口商如果在该期限终止之日前 30 日内提出延期请求，则可延长至 6 个月。

（4）价格承诺与中止反倾销调查。所谓价格承诺是指出口商允诺将价格提高到可以消除对进口国产业造成有害影响的水平。日本反倾销政策规定，在反倾销调查结束之前，如果出口商在日本反倾销当局允许的情况下，表示愿意修改价格或者停止以倾销价格向日本出口，就可以立即中止或结束反倾销调查，并不对其采取临时反倾销措施。但前提是反倾销当局必须确保出口商提出的价格承诺能够消除倾销造成的损害，并且出口商在承诺的有效期内会严格遵守价格承诺。根据价格承诺的规定，反倾销当局可以要求出口商定期提供履行价格承诺义务的资料，并核实有关数据。如果出口商拒绝提供和证实有关资料，将会被视为违反价格承诺义务，日本反倾销当局可以立即恢复反倾销调查。

（5）最终裁决与最终反倾销措施。如果出口商没有作出价格承诺或者日本反倾销当局拒绝接受出口商作出的价格承诺，日本反倾销当局就必须在 1 年内结束全部的反倾销调查，并作出最终的裁决。如果调查结论确定存在倾销的事实，并有足够的证据表明该进口产品对日本产业已经造成了实质性的损害，而且倾销与损害之间存在直接的因果关系，那么日本反倾销当局将作出肯定性最终裁决，并可能会采取最终反倾销措施，同时日本反倾销当局会将这一决定及时通知有关当事人以及日本海关关税委员会。日本的最终反倾销措施主要是为了征收反倾销税，并规定征收的反倾销税应在倾销幅度范围之内。相反，如果不能证实倾销、损害或两者之间的因果关系，则不采取最终裁决，但此时也应在政府公报上实时公布，并通知有关各方。

（二）日本反倾销实体法

日本反倾销实体法的内容虽与欧美大同小异，但在措辞上还是有一定的差别，分述如下：

1. 出口国在日本以低于“正常价值”销售是构成倾销的必要条件之一

（1）正常价值的确定。日本《海关关税法》第九条规定，正常价值是在“正常贸易渠道中，供国内消费的同类产品的价格”。日本内阁的《关于反倾销税的内阁法令》第一条规定，正常价值具体体现为下述两种价格：一个是出口国向除日本外的其他国家销售同类产品的出口价格，另一个包括进口产品的生产成本和合理利润及生产国生产相同产品所需一般费用在内的基本价格。如果缺乏正常贸易渠道中供出口国国内消费的同类产品的价格（包括产品国内销售数量太少）的资料，或者国内价格反映的是出口国的特殊市场情况，此时，上述的两种价格将不能作为正常价值。

《关于反倾销税的内阁法令》的《说明》将下列情形视为“非正常贸易渠道”中的销售，故其价格也会被视为不宜作为正常价值看待：

①价格低于生产成本加一般支出费用，且与下述条件相符的销售：第一，在一段拖得很长的时间内进行，且数量基数较大；第二，在正常交易过程中，不能在一段合理期间内及时收回产品生产成本及一般管理费。

②出口国两个有联系的当事人之间的销售。除了属于“非正常贸易渠道”的销售，或正常贸易渠道中由于种种原因（如销售比例过小等），其价格不宜作为正常价格的情形，第三国价格或构成价值均可被视作正常价值。

（2）出口价格的确定。出口价格是用来确定倾销存在与否和倾销幅度大小的两个依据之一。根据《关于反倾销税的内阁法令》第二条的规定，如果没有掌握产品的出口价格，或者产品出口商与进口商有关联关系而不宜采用其出口价格，则该产品的出口价格应当以其首次向与产品进出口商无关联关系的独立购买者销售的价格为依据来确定。“进口商”包括购买产品的任何日本境内实体。如果产品出口商与在日本购买产品的实体有关联关系，即使该进口实体与出口商无关联关系，上述规定也同样适用。

如果产品经过加工制造后作为原材料销售给一个独立的买主，该产品的出口价格应当以扣除加工制造过程中增值的部分后的价格为基础进行确定。

（3）正常价值与出口价格的比较和调整。出口价格与正常价值在原则上应以同一贸易水平（通常是出厂水平）来进行比较，并应尽量选择在销售时进行。《关于反倾销税的内阁法令》第一条第 3 款对此作了简单的规定。该条款指出“《海关关税法》第九条第 1 款规定的正常价值，应当是通过对不同行业相关产品销售的出口价格进行比较，再对产生的价格差别进行比较并进行相应调整后所确定的价格”。

2. 进口产品由于倾销而造成日本工业的重大损害是征收反倾销税的主要条件之一

（1）根据《关于反倾销税的内阁法令》第三条的解释，“日本工业”指的是其同类产品产量占整个产品产量主要部分的日本生产商，不包括该类产品的出口商或进口商。由于“日本工业”的定义和界定直接影响损害调查范围和起诉人资格的认定，《说明》对此作出补充规定：①“主要部分”应解释为 50% 以上；②如果有理由认为或怀疑某些生产商与进出口商的关系会导致其采取不同于其他生产商的行为，则这些生产商将被排除在“日本工业”定义范围之外，包括直接或间接控制进出口商的生产商、直接或间接被进出口商控制的生产商以及直接或间接被进出口商控制的第三者控制的生产商。但以下情况不适用：在收到反倾销税或反补贴税申请前 6 个月内已经不是倾销或补贴产品进口商的生产商，以及仅进口极少量倾销或补贴产品的生产商。这一定义确保了在损害调查和起诉人资格认定过程中，排除那些可能因与进出口商有关系而采取不同行为的生产商，保证了公平性和准确性。

与上述规定相对应，日本《海关关税法》规定“对日本工业有利害关系的任何日本人”都具有申请对某项进口产品征收反倾销税的资格。《说明》规定有申请资格的人包括：①构成日本工业的生产商；②由上述生产商构成的会社；③由上述生产商雇佣的工人组成的劳动联盟。除此之外，征收反倾销税的申请必须以某一日本工业的名义提出。这一要求表明，申请必须符合某一日本工业的整体利益。

（2）损害必须是倾销造成的。日本反倾销法依据《1994 年关贸总协定》和《反倾销协议》的规定，规定倾销进口与重大损害之间必须存在因果关系，才能对其征收反倾销税。根据《1994 年关贸总协定》《反倾销协议》（本章以下简称《协议》），必须有证据能够证明是由于倾销的影响，倾销性进口正在造成《协议》所说的损害。当然，可能还有其他因素会对工业造成损害，但其他因素造成的损害不应归因于倾销性进口。

（3）损害必须是重大损害。《海关关税法》第八条第 1 款和第九条第 1 款规定：“如果存在或可能造成日本工业重大损害以及严重妨碍日本工业设立的倾销或补贴产品进口的事实，一旦被认为是保护有关工业所必需的，可根据《海关关税法》的规定，以附加关税表中的税率，对这类产品征收关税之外的附加税。”依据什么来判断是否存在“重大损害”和“严重妨碍”呢？日本法律规定：确定是否存在重大损害，可采用《守则》第三条第 1、2、3 款的规定；确定是否存在重大损害的威胁或严重妨碍日本工业设立的事实，则可以运用《守则》第三条第 6、7 款的有关规定。

六、肯定列表制度

“肯定列表制度”针对的范围非常广泛，适用于大部分的进出口农产品和食品中设限的规制内容。该制度共涉及近 800 种农业化学品，5 万多个限量标准，还涉及了全部农产品、全部农药和饲料添加剂，其中涵盖了肉类、水产品、蔬菜、水果等几乎所有日本从我国直接进口的农产品。肯定列表制度包含范围较为广泛，且具有多样性。

现行命令检查制度存在以下不合理之处：一是命令检查是否实施与货物进口量的多少无关，只要发现出现二次超标，便会立即实施命令检查；二是一旦有企业的出口产品被发现超标，无论超标程度如何，命令检查都会实施于所有出口该产品的中国企业，检查的覆盖面过于广泛；三是日本的相关法律法规中并无解除命令检查的明确文书规定，导致厚生劳动省在执行时的严格度往往会存在很大的不同。不仅如此，日本的命令检查制度存在透明度极低、要求提供的文件确定性低等问题。另外，命令检查执行时，其范围也会被扩大，这种不合理的扩大化问题，对中国主要农产品出口日本造成了极大的影响。如某件产品一旦检出问题，无论是何等级的问题，都需要对产品立即实施命令检查。以上皆说明了日本对中国进口食品实施的过度化监管。

日本自实施肯定列表制度以来，极大地影响了中国食品和农产品对日的出口，相比较来看，这种影响更多是负面影响。比如中国农产品入境后，不仅需要通过农林水产省的动植物检疫，还需要通过厚生劳动省的卫生防疫检查，检疫、防疫制度苛刻且严厉。对本国交易的同类商品，只需一次性对日本本土的生产厂家做检验即可，审核较为简单且易通过，这对国外进口产品显然具有一定歧视性，壁垒较为严重。

综上所述，“肯定列表制度”对我国等发展中国家的农产品及其他食品出口来讲，无疑是一种较高的“绿色贸易壁垒”。

七、食品标识及监督和处罚制度

食品标识制度主要包括两项重要规定：一是要求在食品包装物及其容器外包装的显要位置详细注明食品构成、功能和标识等内容，二是要求对日出口的食品包装必须包含日文标识，以便日本国民读懂相关内容。这种由日本实行的严格的食品标识规定，可以使包装样式在一定程度上精简，尽可能避免误导和遮蔽消费者，大幅度提升了日本国内进口食品质量的真实性，建立了实施食品安全制度的基础。

监督和处罚制度，是指如果发现产品标签内容明显偏离法律或行政法规，或与实际食品特征不符，地方质量监督部门将对进口食品进行直接处罚，包括限制进口数量和征收违章罚金等。这种制度刚柔并济，虽对进入日本食品市场设置了较高的贸易壁垒，但确保了日本国民的食品安全，也有利于提高日本食品市场的食品质量。

八、特殊食品安全管理制度

特殊食品包括特定保健食品、转基因产品和进口产品等，这些食品有一些共同的特点，如目标群体少、类型多、管理困难等。鉴于这些特点，日本决定建立自己的食品安全规制系统，将通过引入定制化的监管体系，扩大食品安全规制的覆盖领域，实现全方位的监管，从而更好地确保国内消费者的多元化利益，使日本能够建立严格的监管体系，执行高标准的安全规制。这也为提高食品贸易绿色壁垒奠定了基础。

九、过程化管理和安全追溯制度

所谓过程化管理，是指在从生产到流通的所有过程中对食品进行安全控制和监测，是一种基于过程的全面质量监督和管理。只有每个环节都能确保完美符合食品质量标准，才能真正达到日本食品安全规制要求的标准。

安全追溯制度，是指以利用激光码等技术手段全面登记业务为基础，面向具体事件或特定事项搜索问题的机制或系统。其主要功能是：一旦有关部门在市面上发现一定的食品安全问题，可以直接追溯到生产源头，并在短时间内找出所有的相关责任人。因此，日本的安全追溯制度具有责任明确和监督到位的优势，对食品安全具有显著的预防和保障作用。它还极大地提高了日本食品安全监督的透明度，加强了监管机构的可信度。

十、食品中毒报告制度

日本的食品中毒报告制度内容比较繁杂，日本的食品中毒报告制度包括中毒死亡报告制度、报告催促制度和中毒患者报告制度等内容。日本食品中毒事件的报告不仅要确定原因，还要确定中毒程度、中毒人数和中毒时间，并由相关部门根据调查情况编写详细报告归档。一旦存在延误或疏漏情况，食品中毒报告制度的监督作用将变得十分有效。其较为严格的事项报告要求和较为严谨的监管流程为建立科学的食品安全标准和严控食品质量奠定了良好的基础，也为将食品中毒事件的危害降到最低限度创造了良好的条件。

第五节　实践指导

一、实践任务

通过本章学习，引导学生了解在互联网兴盛的大前提下，中日食品贸易中出现的安全隐患，要求学生细读案例情况与分析，通过观察案例并举一反三，提高自我观察与分析能力，从而更好地用新的视角去关注与审视在这个互联网强盛的时代中有关中国和日本食品贸易方面的安全问题。

二、实践步骤

（一）分组讨论交流，找出案例中的关键问题。

（二）确定是否还需查找与已找出的关键问题相关的背景资料。

（三）选定分析此案例的分析思路。

（四）明确构成自己分析逻辑的依据。

（五）形成文字报告。

三、实践要求

（一）彻底读懂案例——拿到一篇案例，需要进行反复阅读，才能对案例中的相关信息深入理解。在阅读的过程中，最好对案例中的背景、主要事实及意见、面临的难题、利弊条件及重要论点等内容进行一一记录，以方便下一个步骤的进行。

（二）分组交流讨论，设身处地进行问题分析——对案例中的主要角色所面临的问题、活动或困难进行分析是不可缺少的一个环节，必须设身处地对每一个事实仔细区别、筛选分类、去伪存真，才能保证分析的正确性。

（三）正确概括问题——在对案例进行认真分析之后，找出问题的症结所在，并对需要解决的问题进行正确概括。

（四）撰写的分析报告要规范——报告中对资料的分析运用要求准确，以所学理论为指导分析资料；资料分析要求全面充实、紧扣主题，分析报告要结构合理、层次清楚，注意逻辑性。

四、实践内容

日本发布《进口食品事前确认制度纲要》的修改

2021 年 6 月 29 日，日本厚生劳动省发布生食发 0629 第 7 号通知，对《进口食品事前确认制度纲要》（以下简称《制度纲要》）进行了大幅修改。修改后的纲要包括进口食品等事前确认制度的适用范围、事前确认内容、事前确认申请手续、注册的有效期、进口手续、出口国在此项制度中担任的角色以及其他几部分的内容。这是继《制度纲要》发布以来时隔二十多年后的第一次修改，对《制度纲要》的各部分都作出了更为具体的要求，对今后食品的进口具有重大的指导意义。详情见表 5-1 和表 5-2。

表 5-1 《制度纲要》修改内容

内容	修改前	修改后	分析
无须事前确认的食品范围说明中的部分定义	其他规定食品	《食品卫生法》第 26 条第 2 款及第 3 款规定中的检查命令对象	依法明确了“其他规定食品”的具体范围
变更手续	需提交《变更申请书》	需提交《变更申请书》及纲要附件 7 所列文件	需提交的文件增多
《进口申请书》	填写“名称”栏	填写“注册号”栏	明确需填写“注册号”栏
申请进口手续办理	线下办理	线下 + 线上办理	新增线上办理，简化办理的流程
监督检查	无时间周期说明	每年按制定的计划实施监督检查	明确了监督检查的时间周期及实施依据
实施时间	自 1994 年 3 月 29 日起施行	2021 年 6 月 29 日以后，新注册或有意进行变更的食品等需按照此纲要办理手续。已注册且未过有效期的食品，在有效期内可继续按原纲要内容执行	明确了新纲要的实施时间及已完成事前确认食品的过渡方式

表 5-2 《制度纲要》修改内容

内容	修改前	修改后	分析
乳制品等的食品规格标准	乳类等相关省令（不包含与标示相关的规定）	乳类及乳制品的成分规格等相关省令	修改后新增乳制品省令内容，且包含与标示相关的规定
设施、食品的卫生管理标准	内容较少，且较为宽泛	本部分进行了大幅修改，此次修订明细了设施、食品的卫生管理标准中各部分的内容	对排水设施等作出了更为严格的要求，并删除了有关时间周期的相关规定
酒精饮料的甲醇限量	0.1% 以下	1.2 mg/mL 以下	限量数值变更
含有量	规定了油炸食品、欧洲野草加工品、海蜇加工品及鱼子酱的含有量要求	亚麻籽、杏子、梅子、苦杏仁、木薯、木薯叶和琵琶籽等既存天然含有氰化物的食品及其加工产品中氰化物含有量不得超过 0.001%	删除了油炸食品、欧洲野草加工品、海蜇加工品及鱼子酱的含有量要求，新增氰化物相关含有量要求
其他部分	用词不够规范	修改了用词、附件表格等内容	例：将厚生省均改为了厚生劳动省

（原载：食品伙伴网食品安全合规事业部．食品标准制修订动态［N］. 2021 年度食品标准法规与食品安全盘点报告，2021 年 02 月 .）

五、实践范例

日本核辐射区食品流入中国 跨境电商、海外购等是主渠道

央广网深圳 3 月 16 日消息（记者肖源）中国之声《新闻纵横》报道，随着互联网的兴盛，网络也成了越来越多老百姓购物的主要渠道，尤其是一些国外产品，通过互联网，可以实现“足不出户、买遍全球”。大米、奶粉等国外食品占据了国内消费者跨境购物的相当一部分份额。

但是，这些国外食品真的安全吗？近日，记者调查发现，有相当数量来自日本核辐射区的食品，正在通过跨境电商、海外购等方式，流入我国。而我国政府主管部门早在 2011 年，就明令禁止日本核辐射区的十个都县的食品、农产品进入我国销售。

今年 2 月份，我国外交部就日本福岛核辐射问题，多次发出安全提醒。外交部新闻发言人表示，对日本福岛核泄漏及其对海洋环境、食品安全和人类健康产生的影响，任何一个负责任的政府都会持续高度关注。

1. 产自日本栃木县的“卡乐比”牌麦片淘宝在售，月售数十万包

2011 年 3 月 11 日，日本福岛核电站发生重大核泄漏事故。此后围绕核污染及应对措施，事件备受国际舆论的关注。“福岛后遗症”的阴影一直难以散去。当年，原国家质量

监督检验检疫总局就下发文件，来自日本福岛、栃木、新潟、东京都等10个都县的食品、食用农产品和饲料，不得进口入境。

但记者调查发现，国内相当数量的电商平台，都有销售涉嫌来自日本核辐射地区的食品。来自深圳市市场稽查局方面的信息，包括京东商城、淘宝、一号店、当当网、中粮我买网、国美在线、苏宁易购、虹领巾等电商平台，都有销售一款产于日本的“卡乐比”牌麦片，其中相当一部分的产地来自栃木，也就是禁止进口的10个都县之一。

事实上，很多商家，对于国家明令禁止进口日本核辐射区的食品，非常清楚。据深圳市市场稽查局方面的统计，近5年来，仅在深圳，通过淘宝平台销售的“卡乐比”牌麦片就达百万包。而淘宝平台上全国此类麦片销售店铺达到上千家，月销量数十万包。通过半年多的调查，近日，深圳市市场稽查局对深圳市有棵树旗下的深圳海豚跨境科技有限公司立案调查。据该公司负责人介绍，公司是中国进口母婴用品最大的供应链平台，为国内众多的电商提供货源，也是目前国内供应“卡乐比”牌麦片的最大批发商。

深圳市市场稽查局工作人员介绍称，目前掌握的数据是销售了超过20万包，销售方式主要分两种：一种是销售给下游批发商，譬如云集，还有一些微店等；另一种是海豚供应链的网站，销售给一部分个人消费者。该公司已经承认，无论是通过销售给二级批发商还是个人，最终产品都是流向消费者。

2. 网售的日本核辐射区食品种类繁多，包括婴儿奶粉、大米等

在电商平台上销售的涉嫌来自日本核辐射区的食品，“卡乐比”牌麦片只是其中一例。根据深圳市市场稽查局发起的“清云行动”，网上销售的日本核辐射区的食品种类繁多，有大米、啤酒、饮料、膨化食品，甚至还有婴儿奶粉。那么，这些国家明令禁止进口的食品，又是怎么越过层层监管，溜进国门呢？

深圳市市场稽查局工作人员介绍，目前，他们查获的涉嫌来自日本核辐射区的食品，种类繁多。“和光堂奶粉的制造者叫和光堂株式会社，注册地址在栃木县。栃木县就属于10个禁止进口地区之一。白米饭上面也标明了，是北海道产的大米。但撕开中文标签可以看到，制造商是佐藤食品株式工业会社，地址在新潟市东区保町。”

而这一现象，也正在从线上蔓延到线下。

无印良品的食品专柜，日文标签显示，产地是东京都。而销售人员表示，没听说有什么核辐射地区一说。

深圳市永旺超市，也有大量涉嫌来自核辐射地区的食品。深圳市市场稽查局执法人员表示，他们的产品都有中文标签。但有个现象是，制造者的注册地址在10个县之内的话，他们的信息都会被中文标签所遮盖。比如日本产酱油，撕开中文标签，生产地址为千叶县。

3. 跨境电商是主要流入途经，保税仓无须经过检疫检验

既然国家明令禁止进口，这些来自日本核辐射区的食品又怎么流进国内市场呢？全球易购公司实体店的一位工作人员坦陈，她也听说过日本部分地区的食品不能卖，但公司说没有问题。"我们也害怕，总不能说因为这点东西到时候再产生什么危害。所以我们也问过公司，公司说食品本身是正常经过海关的，如果真不能过的话，海关肯定就不让过了。"

深圳经典仁源贸易有限公司的一位负责人表示，在香港中转，是渠道之一。"这种东西很敏感的，日本那边核辐射，不让进口食品，怎么办？不让报关啊。有一些没办法，没有通过海关，只能到香港再到深圳，香港的量还是相当大的。"

而深圳海豚跨境科技有限公司的负责人表示，公司的产品是通过保税区进来的。跨境电商先把货大批量地进到国内保税区，是还没有交税的，等到客户下单，包裹出去时再交税。公司在天津、深圳前海、杭州都有保税区仓库。

深圳市市场稽查局的执法人员表示，据他们调查，跨境电商是这些核辐射区食品流入国内的主要途径。主要是通过保税区的仓库销售以及海外直邮两种形式。目前的政策是，产品进入保税仓时，不需要经过检验检疫，基本上处于空白监管范围。通过这种方式，产品再销售给消费者时，是没有经过国家检验检疫部门进行食品安全检验检疫的。

目前，深圳市市场稽查局已经对涉嫌售卖来自日本核辐射区食品的一百多家营业主体，正式立案调查。

（原载：央广网 . http://www.cnr.cn/）

前沿研究

日本允许使用的食品添加剂分为指定添加剂、既存添加剂、天然香料和一般饮食添加剂 4 种。指定添加剂是指对人体健康无害的，被指定为安全的食品添加剂。既存添加剂是指在食品加工中有较长的使用历史，被认为是安全的添加剂。天然香料是指从动植物上提取，以增加食物香味为目的的添加剂。一般饮食添加剂是指既可以作为食品，又可以作为食品添加剂使用的添加剂。

日本制定了《食品、添加剂等的规格标准》和《食品添加剂公定书》，对指定添加剂和既存添加剂的成分规格、生产标准、使用标准以及品质保持方法等进行了规定，添加剂的使用限量和使用范围都必须遵守上述标准法规中的规定。而标准法规中未制定使用范围的食品添加剂，原则上认为其可以用于所有食品中，未明确规定使用限量的食品添加剂，一般是经日本食品安全委员会的风险评估，认为不会对人体健康产生危害，且无须设定使用限量的物质，因此，此类添加剂按需使用即可。

而天然香料用于食品着香时的使用量极少，日本并未设定天然香料的使用范围和使用限量；一般饮食添加剂由于其既可以作为食品，又可以作为食品添加剂的特殊性，日本也未设定该类添加剂的使用范围和使用限量，即原则上，天然香料和一般饮食添加剂在所有食品中均可按需使用。

《食品标示法》明确规定食品销售时必须标示食品名称、添加剂、原材料等相关事项以确保消费者的选择权和知情权。《食品标示标准》则对食品及食品添加剂的标签要求进行了更为详细的标示规定。针对食品中使用的食品添加剂，原则上应以该添加剂的物质名称进行标示；部分添加剂可以使用其用途名称或简称等代替该添加剂的物质标示；当食品添加剂用作甜味剂、着色剂、防腐剂、增稠剂等时，则应同时标示相关添加剂的物质名称和用途名称。

2013 年制定的《食品标示法》和 2015 年制定的《食品标示标准》均未提及不使用添加剂或无添加添加剂的相关规定，这使得部分食品企业在产品包装上任意标示“不使用”或“无添加”字样，造成了部分消费者的误解，因此 2022 年 3 月 30 日，日本消费者厅发布了《不使用食品添加剂相关的标示指南》，规范产品上“不使用”或“无添加”字样的标示。

（原载：食品伙伴网 . http://www.foodmate.net/）

补充阅读材料

需求强劲——日本食品入华节节高

疫情影响下，家庭食品消费需求快速增长，为日本等优质食品出口地提供了更广阔的市场空间。

日本农林水产省在 2 月份公布的数据显示，2020 年，日本农林水产品及其他食品出口总额为 9 223 亿日元（约合人民币 567 亿元），同比增长 1.1%，连续 8 年刷新历史纪录。其中，农产品增长 11.7%，达 6 565 亿日元（约合人民币 403.8 亿元）。

中国市场需求的快速复苏是日本农林水产品和其他食品出口在去年下半年扭转增势回落势头的重要支撑。这也增强了日本拓展食品贸易的信心。有报道称，日本政府计划到 2025 年将农林水产品及其他食品的出口规模提高至 2 万亿日元（约合人民币 1 230 亿元），到 2030 年达到 5 万亿日元（约合人民币 3 075 亿元）。

“中国消费者对日本食品的需求正日益增长。”日本贸易振兴机构（JETRO）上海代表处农林水产食品部部长高岛宽日前在上海出席“日本进口食品 · 酒类品鉴商谈会”时介绍，2020 年，日本出口到中国的农林水产品和其他食品金额为 1 639 亿日元，同比大幅增长 6.6%，在各出口市场排名第二位。

为对接供采需求，日前，由 JETRO 主办、中国食品土畜进出口商会进口食品公共服务平台携手咕嘟妈咪（上海）信息咨询有限公司承办的“日本进口食品·酒类品鉴商谈会”分别举办了上海场和北京场活动。24 家日本食品企业现场展示了超过 100 个 SKU（库存量单位），与逾 60 家中国进口食品企业交流洽谈。企业还以连线方式，交流介绍了每一款品鉴产品的产地文化、酿造工艺、产品特色。现场交流热烈，采购意向强烈。

值得一提的是，在中国对日本进口食品快速释放的需求中，酒类产品的增量尤为显著。

2019 年，中国自日本进口酒类产品同比增加 39.9%，而当期中国进口酒整体增速同比下降 13.3%。其中，以清酒、威士忌为代表的日本烈酒产品进口增长 59.9%，在中国食品进口总额中占比 1%，排名第 24 位，增长空间巨大。

日本驻华大使馆经济处参赞三上善之指出，日本对华酒类出口逐年增加。2020 年，日本对华酒类出口额为 173 亿日元，是 2015 年（24 亿日元）的 7 倍多，中国已经跃升为日本酒类产品的最大买家。

在不少业内人士看来，这一发展态势还将不断稳固。中粮名庄荟国际酒业有限公司总经理焦国强表示，中日两国都是酒水消费大国，随着日本料理受到更多中国消费者的认可，日本威士忌和日本清酒备受追捧，尤其是 95 后和 00 后这一代新消费群体的崛起会带来更大的消费增量。

在中国食品土畜进出口商会（后面简称食土商会）副会长于露看来，未来会有更多日本清酒走上中国家庭的餐桌，这是经济发展到一定水平消费需求释放的必然结果。加之中日同为区域全面经济伙伴关系协定（RCEP）签署国，未来协定的批准实施将为两国农产品及其他食品贸易带来新的机会。

“民以食为天，食品国际贸易是各国贸易和饮食文化交流的重要内容和途径。”中国食土商会进口食品公共服务平台主任马海华表示，日本是中国重要的食品进口来源国，进口额逐年提升。未来，商会进口食品公共服务平台将携手更多日本企业和机构，带来更多高质量和高性价比的产品，以线上对接和线下品鉴的方式促进供采对接，助力各方把握进口食品业务的新契机。他同时提示，企业经营日本进口食品可定位于轻奢时尚的风格，关注创新型产品，注重礼品市场的开发。

（原载：汤莉．贸易·投资［N］．国际商报，2021 年 3 月 30 日 003 版．）

练习与思考

一、名词解释

1. 厚生劳动省
2. 日本食品安全监管体系特点
3.《食品安全基本法》
4. 肯定列表制度

二、单项选择题

1. 下列选项中，不属于食品安全标准应当包括的内容是什么？（　　）
A. 食品添加剂的品种，食用范围，用量
B. 专供婴幼儿和其他特定人群的主辅食品的营养成分
C. 食品标签的制作方法
D. 食品检验方法与规程
2. 日本针对食品安全监管采用什么样的监管体制？（　　）
A. 统一式的监管体制
B. 集权式的监管体制
C. 集权与分权式相结合的监管体制
D. 分权式的监管体制
3. 以下哪个不是日本食品安全监管体系的特点？（　　）
A. 以法律形式明确监管部门的权力和责任
B. 集权与分权结合式监管体制将成为主导
C. 实行按品种种类全程监管体制
D. 集权化，以政府管理为主，严禁人民参与决策

三、多项选择题

1. “肯定列表制度”包含哪些种类？（　　）
A. 肉类
B. 饮料
C. 蔬菜

D. 水果

2. 以下哪些部门不得以广告或其他形式向消费者推荐食品？（　　）

A. 食品安全监管部门

B. 承担食品检验职责的机构

C. 食品行业协会

D. 食品消费者协会

3. 日本最主要的几部法律有哪些？（　　）

A.《食品卫生法》

B.《食品安全基本法》

C.《农林产品标准化与正确标签法》

D.《农药取缔法》

四、简答题

1. 日本厚生劳动省的主要职能有哪些？

2. 请简要回答日本《食品卫生法》规定了哪些内容？

3. 日本食品安全监管的法律法规体系主要分为哪三个层次？

五、论述题

1. 请详细论述日本的“肯定列表制度”的主要内容。

2. 请简单论述中国和日本有关食品安全法律法规体系的相同点和不同点。

第六章

中国和韩国食品进出口标准与法规的对比

学习目标

学完本章，你应该能够：

一、了解中国和韩国有关食品安全的监管体制的基本概念；

二、认识中国和韩国食品安全的构成要素；

三、认识中国和韩国食品安全的认证体系；

四、掌握中国和韩国在进出口食品方面标准与规则的具体内容。

基本概念

韩国食品安全体系；韩国 HACCP 认证体系

第一节　中国和韩国食品安全监管体系

一、韩国食品安全监管体系的简介

（一）韩国食品安全监管立法现状

进入 21 世纪以来，伴随着人们对食品安全问题认识的不断深入，以及食品质量安全方面新问题的出现，与其相关的法规和标准也一直被修订。特别是对于农产品生长过程中使用的农药、转基因产品和食品添加剂及食品生产技术，提出了更多标准和要求。例如，韩国制定有关转基因食品安全管理的法律法规，就是面对新形势采取的举措。韩国对食品安全十分重视，近年来，韩国就对《食品卫生法》《保健（功能）食品法规》《食品法典》等法律法规进行了多次修订。

（二）韩国食品安全监管机构及其职责

韩国的食品安全监管体系由多个部门组成，形成了职责明确、分工协作的监管格局。食品药品安全部(Ministry of Food and Drug Safety, MFDS)作为韩国最高食品安全监管机构，统筹负责食品安全监督管理。该部门不仅制定食品安全政策和标准，还承担着对进出口食品的检验检疫、食品生产经营企业的监督以及食品安全事故和危机的处置等重要职责。

农林畜产食品部（Ministry of Agriculture, Food and Rural Affairs, MAFRA）则专门负责农产品和畜产品从生产到销售的全过程质量安全监管。该部门的职责范围包括制定相关产业发展政策、开展农产品认证以及管理农产品批发市场等。同时，海洋水产部（Ministry of Oceans and Fisheries, MOF）主要承担水产品质量安全监管工作,负责制定渔业发展政策，并对水产品产地市场进行管理和水产养殖环境的监管。

在地方层面，各地方政府设有隶属于食品药品安全部的专门的食品安全管理部门，负责执行中央政府制定的食品安全政策。这些地方部门的主要职责包括对辖区内食品生产经营单位进行日常监管、开展食品安全抽检，以及查处食品安全违法行为。

为确保监管工作的有效开展，韩国建立了完善的部门协调配合机制。这一机制包括部际联席会议制度、信息共享平台、执法计划制定以及监督检查等多个方面。通过这种多部门协作的方式，韩国在食品生产加工环节的卫生控制、食品添加剂使用管理、农药兽药残留控制、转基因食品安全评估、进出口食品检验检疫、食品标签标识管理以及食品安全事故应急处置等领域都实现了有效监管。

这种多层次、多部门协同的监管体系使韩国能够较好地应对日益复杂的食品安全挑战，有效保障了消费者的食品安全权益。同时，这一体系也为其他国家的食品安全监管体系建设提供了有益的参考。

二、中国和韩国食品安全法律法规标准监管体系的对比

（一）韩国食品安全监管体系的特点

中韩两国都有食品安全标准制度、食品安全认证制度、食品安全监测（检测）制度、食品召回制度、进出口食品监督制度、农产品监管制度等一系列制度，对食品安全从生产到经营的各个环节进行规制，以确保食品安全质量。

在食品安全标准制度方面，韩国的食品安全标准已形成一个较为完善的标准体系，并随着社会科技的发展进步而不断修改。其食品安全标准涵盖了食品生产经营的各个方面，较好地满足了食品安全保障的需要。韩国针对不同种类的食品安全制定了相应的标准，这

些标准均设定了具体的限量指标要求和适用规则，保障了标准的闭合性，提高了标准的适用范围。韩国对国内食品生产经营适用较为严格的食品安全标准也为韩国食品的出口奠定了良好的基础。

在食品安全认证制度方面，韩国的食品安全认证区分自愿认证和强制认证，自愿认证很好地发挥了市场自身的调整和引导作用，强制认证又保证了政府对食品安全的强制监管，从市场和行政监管两方面来保障食品安全质量。但韩国的 HACCP 认证也存在问题，即认证成本较高，如何使中小企业也能够充分加入这一认证体系并接受政府的帮助与监管成为亟待解决的问题。

在食品安全追溯制度方面，韩国已经建立了较为完善的食品信息追溯网，从食品生产源头保障食品安全，也为消费者维权提供了便捷的途径。但食品信息追溯制度中，由于生产环节涉及复杂的环境系统以及化合物应用，保障和监控的难度较大。在这之后直到被消费者购买之前，食品还要经历加工、运输、存储、销售等多个环节，仍然有可能面临二次污染的风险。如何对食品生产环节的信息进行进一步追溯也是韩国食品信息追溯制度需要解决的问题。

在食品安全监督制度方面，韩国鼓励广大消费者和其他食品经营者积极参与，对假冒伪劣产品进行举报，并配套严格的惩罚机制。

韩国食品安全监管体系有五大特色：

1. 韩国食品安全管理体系复杂多变

韩国的食品安全管理体系涉及多个部门，产品分工管理和阶段分工管理混杂。同时，韩国的食品安全管理涉及数十部法规及庞大的规格标准系统，法规之间缺乏有效衔接。上述两方面特点使得韩国食品安全管理体系非常复杂。另一方面，韩国的食品安全管理部门及法规标准调整也非常频繁。食品药品安全部自 1996 年成立以来，已有多次机构和职能调整。仅在 2008，韩国就对《食品卫生法》进行了两次大规模修订，对《保健（功能）食品法规》进行了 5 次修订，对《食品法典》进行了 7 次修订。

2. 韩国强调风险预防和控制过程

在食品安全管理过程中，韩国高度重视提前防范食品安全风险。为此，保健福利家庭部食药厅（现已改组为食品药品安全部）在总部专门设立了风险预防政策局，在各地直属机构设立了风险物质分析科，以进行政策研究和管理。特别是韩国将危害分析与关键控制点（HACCP）作为提高食品安全水平的出发点。通过 HACCP 体系的强制推广，实现了食品安全风险预防和过程控制。

3. 韩国食品安全风险信息高度透明

韩国规定，对于国内出现的食品安全问题及进口食品中发现的食品安全问题，均在官方网站上公布，用于提高公众对于食品安全问题信息收集的透明度。

4. 韩国注重技术支持和指导培训

人员的素质和业务水平组成了食品安全管理的基础。目前韩国已经着手建立起一套系统化的食品安全管理有关人员的培训体系，并初见成效。

5. 韩国注重社会舆论，全国参与食品安全管理

韩国食品安全管理非常注重发挥研究机构等方面的作用。同时，韩国还加大宣传力度，让全社会客观科学地了解食品安全问题存在的原因及解决办法，形成了良好的社会氛围。他们还积极鼓励消费者参与食品安全的管理过程，壮大食品安全管理的力量。

韩国的食品安全监管体系是以保护消费者安全为核心，以提高品质和市场竞争力为重点的发展格局。从监管对象看，对进口食品的安全管理严于国内产品。从监管措施看，对进口产品以强制性检验检疫和市场检查为重点，对国内产品则以技术服务和认证为重点。

近年来，通过不断探索和完善，我国已建立了比较完善的进出口食品安全管理体系。与韩国进出口食品安全管理体系相比，进出口食品安全监管标准体系、食品安全监管机制、食品安全检验体系和食品安全认证体系等法律法规都有各自的特点，总的来说，中韩两国在进出口食品安全管理理念、制度上有很多相似之处，但在制度职能的划分、监管链的划分，尤其是对法律建设的重视、监管体系的完善等方面存在很大的差异。两国进出口食品监管制度的法规和标准体系的不同，与两国在社会制度、经济发展水平、食品安全等方面的差异有关。

（二）中韩食品安全监管体系的相同点

韩国的食品安全监管体系是一种以食品药品安全部、农林畜产食品部和海洋水产部等相关机构为主的多部门分类监管模式，各监管机构根据法律法规有明确的职责分工，从食品生产和销售等各个环节严格监管，确保韩国国民的食品安全和健康。

中韩两国的食品安全监管体系有很大的相似性，都是一种多元机构在统一监管管理模式下的分类监管，我国的食品安全监管体系为国务院食品安全监督管理部门对食品生产经营进行统一管理，国务院卫生行政部门会同负责食品、国家标准的制定和发布，县级以上地方人民政府统一负责本行政区域内的食品安全监督管理。

中韩两国食品安全管理均基于全过程管理、风险管理、预防、追溯及多方协作管理原则，监管理念非常相似。这也是目前世界各国食品安全管理遵循的普遍原则。

想一想：在以下三个方面，中韩食品安全监管体系是否相同?

1. 中韩食品安全监管模式。
2. 中韩食品安全监管理念。
3. 中韩食品安全监管的职能机关。

（三）中韩食品安全监管体系的不同点

1. 食品监管链条总体划分不同

中国食品安全监管工作的总体思路是市场监管体系，从分段、分领域监管向统一、综合监管的转变。

《中华人民共和国食品安全法》第五条规定：国务院设立食品安全委员会，其职责由国务院规定。国务院食品安全监督管理部门依照本法和国务院规定的职责，对食品生产经营活动实施监督管理。国务院卫生行政部门依照本法和国务院规定的职责，组织开展食品安全风险监测和风险评估，会同国务院食品安全监督管理部门制定并公布食品安全国家标准。国务院其他有关部门依照本法和国务院规定的职责，承担有关食品安全工作。

国家市场监督管理总局负责食品安全监督管理综合协调，组织制定食品安全重大政策并组织实施；负责食品安全应急体系建设，组织指导重大食品安全事件应急处置和调查处理工作；建立健全食品安全重要信息直报制度，承担国务院食品安全委员会日常工作；同时负责食品安全监督管理，建立覆盖食品生产、流通、消费全过程的监督检查制度和隐患排查治理机制并组织实施，防范区域性、系统性食品安全风险；推动建立食品生产经营者落实主体责任的机制，健全食品安全追溯体系；组织开展食品安全监督抽检、风险监测、核查处置和风险预警、风险交流工作；组织实施特殊食品注册、备案和监督管理。

韩国采取了以产品类别为主、分段监管为辅的模式。具体来说：在生产阶段，农林畜产食品部负责农产品及畜产品的管理，海洋水产部负责水产品的管理，MFDS 总管；制造加工阶段，MFDS 总管加工食品及食品添加剂、健康功能食品及食品接触材料相关事务，具体事务由地方政府执行；进口阶段，农畜水产品加工食品、食品添加剂，健康功能食品及食品接触材料均由 MFDS 负责；农水产品、加工食品、食品添加剂、健康功能食品及食品接触材料的流通及餐饮等消费阶段的管理则是由 MFDS 总管、各地方政府具体执行。

2. 中央层面食品监管机构的职能分工不同

中国在中央层面涉及的食品安全监管机构的主要职能如下。

食品生产经营安全监督管理司：组织生产流通领域的监督管理。食品安全协调司：统筹协调食品监管问题和推动健全食品。食品安全抽检监测司：监督不合格食品和参与制定监测计划。特殊食品安全监督管理司：监督管理特殊食品的安全。国家市场监督管理总局食品审评中心：承担特殊食品和中药品种的保护注册、备案的受理、技术审评以及进口保健食品备案等工作。

韩国在中央层面涉及的食品安全监管机构主要有以下三个：

农林畜产食品部（MAFRA）：负责农产品和畜产品从生产到销售的质量安全监管，制定相关产业发展政策，开展农产品认证，以及管理农产品批发市场等。

食品药品安全部（MFDS）：作为最高食品安全监管机构，负责制定食品安全政策和标准，承担进出口食品的检验检疫、食品生产经营企业的监督以及食品安全事故和危机的处置等职责。

保健福祉部（MOHW）：负责制定《健康功能食品法》《健康增进法》《防止误解广告法》等与食品和健康相关的法律。

3. 地方层面食品安全监管机构的职能分工不同

在中国的地方层面，县级以上地方人民政府对本行政区域的食品安全监督管理工作负责，统一领导、组织、协调本行政区域的食品安全监督管理工作以及食品安全突发事件应对工作，建立健全食品安全全程监督管理工作机制和信息共享机制。县级以上地方人民政府依照《中华人民共和国食品安全法》和国务院的规定，确定本级食品安全监督管理、卫生行政部门和其他有关部门的职责。有关部门在各自职责范围内负责本行政区域的食品安全监督管理工作。县级人民政府食品安全监督管理部门可以在乡镇或者特定区域设立派出机构。

韩国地方政府在食品安全方面承担着重要的责任。他们需要根据国家制定的食品安全控制总计划，制定并实施地方性的食品安全管理计划，以确保公众能够健康、安全地饮食。地方政府还需要确保拥有实施总计划和实施计划所需的人力资源和其他资源，并在发生食品安全事故或存在潜在风险时，与中央政府和其他相关机构合作，采取必要的应急措施，防止或减少对公众健康的影响。此外，地方政府还需要配合中央政府和其他相关机构进行食品安全追溯调查，以确定污染源和传播途径，并制定政策，支持消费者进行安全、自主和负责任的食品选择。最后，地方政府还需要与中央政府和其他相关机构共享食品安全信息，包括国内外食品安全状况、食品安全标准等信息。

小知识：

为整合市场监管资源，形成市场监管权力，加强食品安全监管，提高市场监管水平，已将国家工商行政管理总局、国家质量监督检验检疫总局、食品药品监管局食品监管部分、国务院食品安全办公室、商务部市场秩序管理、反垄断职能合并组建到国家市场监督管理总局。

第二节　中国和韩国食品安全法律法规及标准体系的比较

一、韩国食品安全法律法规标准体系简介

（一）食品安全立法概况

1962年开始，韩国就制定了第一部《食品卫生法》。《食品卫生法》对食品卫生监管措施、食品行业监管机构及其职能划分、食品行业市场主体的行为规范等多方面进行了立法。后

经过多次修订，已经能够全面涵盖食品安全领域的基本规则，还包括一些伦理性规范和技术性规范。其立法目的是明确关于食品安全的国民的权利和义务以及国家和地方自治团体的责任，并通过规定关于食品安全的相关政策，以保证国民能够过上健康安全的饮食生活。

《食品安全框架法》是韩国食品安全立法领域的另一项重要基本法。《食品安全框架法》以管理人民健康和安全的饮食生活为基础，规定了食品安全政策体系的基本原则和依据，并规定了政府的职责。《食品安全框架法》中的食品安全行政检查主要包括食品安全政策委员会的组成、食品安全行政检查的科学性、食品安全行政检查信息的披露、食品安全管理机构之间的相互合作、公众参与食品安全行政的检查等。

此外，韩国食品安全立法围绕《食品卫生法》和《食品安全框架法》两大基本法展开，陆续制定了《食品卫生法施行令》《食品卫生法实施规则》《食品安全框架法施行令》《畜产品加工处理法》《植物防疫法》《水产品检验法》《农药管理法》等相关法律法规。

（二）韩国《食品卫生法》简介

《食品卫生法》是韩国食品安全领域的两大基本法之一，颁布于1962年2月。《食品卫生法》自施行以来，应社会经济发展需要已进行了多次修订和修改，最近一次全面修订于2022年6月10日公布，于2022年12月11日正式实施。修订后的《食品卫生法》对食品卫生监管措施、食品行业监管机构及其职能划分、食品行业市场主体的行为等多方面进行了规范。

《食品卫生法》的具体内容大致如下。该法第二章对禁止销售的食品类型以及食品添加剂的标准和规格进行了规定。第三章对食品的包装、容器等器具的生产制造标准及规格进行了规范。第四章对食品标记相关的标准进行了规定。第六章对食品卫生、食品安全检查及监督作出了详细规定。第七章建立了食品行业营业者的行为规范和食品行业的市场准入制度，确立了食品履历跟踪管理制度。第九章和第十章规定了食品安全监管机构的建立、运行机制和职能划分。第十一至第十三章确立了食品卫生安全责任制度。《食品卫生法》经过多次修订，已经基本符合韩国目前的食品市场安全现状，为韩国的食品安全监管奠定了良好的法律基础。

（三）韩国《食品安全框架法》简介

《食品安全框架法》是韩国食品安全立法领域另一重要的基本法。《食品安全框架法》于2008年6月颁布，该法最新修订版公布于2022年6月10日，于2022年9月11日正式实施。《食品安全框架法》以管理人民的健康和安全的饮食生活为基点，对食品安全政策体系的基本原则和依据作出了规定，并规定了政府应承担的责任。

《食品安全框架法》的主要内容大致如下。该法第二章对食品安全政策的制定以及食品安全管理基本计划进行了规定，规定应设立食品安全政策委员会，并对委员会的组织机构和人员构成进行了更加细化的规定。第三章确立了食品安全事故的紧急应对体系以及食品安全事故的跟踪调查、回收机制。第四章规定了食品安全管理制度的标准及危害性评价监管方式。第五章对市场主体、监管机构及其信息公开制度进行了规定，确立以促进信息流通的方式实现食品安全的市场化监管。第六章明确了消费者参与食品安全监管的可行性，赋予消费者可以要求对食品进行检测和分析的权利。

二、中国和韩国食品安全法律法规标准体系的对比

（一）韩国食品安全法律法规标准体系

韩国历来重视食品安全法律法规体系的建设，其制定的《食品卫生法》颁行至今为适应社会的发展已历经多次修改。《食品卫生法》在第一条规定了该法的立法目的在于预防和制止食品卫生问题及由此带来的危害、促进食品营养品质的提高，从而促进国民健康。为此，《食品卫生法》主要针对食品本身、食品添加剂规范、食品外在包装（容器具等）与标示、食品经营许可与检查标准及食品卫生问题处罚标准等进行了较为细致的规定，并配套出台了《食品卫生法实施令》《食品卫生法实施规则》，共同构筑起科学、系统的韩国食品卫生法律监管的基本制度体系。应该说，韩国《食品卫生法》更加侧重于食品卫生安全、质量安全方面的规制。

而随着社会的发展，人们对食品安全的认知与要求已经更加深刻和细致，追求内涵更加丰富的安全目标。为此，为完善法律法规体系，韩国借鉴了日本和欧盟先进的监管原则和理念，于 2008 年颁布了《食品安全框架法》。该法共有六章，是目前韩国食品安全领域最重要的基本法。其立法目的在于通过该法明确规定国家食品安全政策与食品安全规制体系的基本原则；明确与食品安全相关的国民的权利与义务、国家及地方自治团体的权利、义务与责任；通过食品安全政策的制定与实施等保障健康、安全的食品供给。其内容主要涉及食品安全政策的制定与实施、食品安全事件的应急措施与调查、食品安全风险因素的评估、科学化的食品安全管理办法、问题食品的销售禁止与跟踪调查、食品安全监管中的消费者参与问题、信息公开机制与合作机制等。通过《食品安全框架法》的颁行，韩国统一了食品安全政策的制定和实施权限，提高了行政效力。此外，韩国与食品安全相关的法律、法规还有《无公害农业法》《食品企业振兴法》《消费者基本法》《食品产业振兴法》《产业标准化法》《保健食品法》《海洋事务和渔业发展基本法》《农渔业、农渔村及食品产业基本法》《人参产业法》《肥料管理法》《农产品品质管理法》《牲畜及牛肉可追溯法》《畜产法》《家畜产品卫生管理法》《食品添加剂分析法》《农水产物品质管理法》《水产品品质管理法》《粮谷管理法》《药事法》《自来水法》《食用水管理法》《食盐管理法》《饲料管理法》《家禽传染病防治法》《农药管理法》《治理保健犯罪特别法》《儿童饮食生活安全管理特别法》《对外贸易法》《林业基本法》《亲环境养成法》《转基因产品国家间流通的法律》《国民健康增进法》等几十部法律，囊括食品安全规制的各个方面，可谓非常丰富和详细，基本做到了与食品安全相关的各个行业、各个环节都有法可依。

（二）中韩食品安全法律法规标准体系的比较

韩国食品安全法律法规体系相对完善，并且能够根据不断发展和变化的食品安全新情况、新问题进行新的制定，或者修订、补充原有法律法规。中国的食品安全法律法规体系建设起步相对较晚，1995 年 10 月 30 日才发布了《中华人民共和国食品卫生法》。随着我国食品行业的不断发展壮大，进出口食品贸易的不断加强，我国也在不断制定和完善自身食品安全法律法规和标准。2009 年 6 月 1 日我国正式出台《中华人民共和国食品安全法》，其中确立了以食品安全风险监测和评估为基础的科学管理制度，明确食品安全风险评估结果作为制定、修订食品安全标准和对食品安全实施监督管理的科学依据。《中华人民共和国食品安全法（2015 修订）》由第十二届全国人民代表大会常务委员会第十四次会议于 2015 年 4 月 24 日修订通过，自 2015 年 10 月 1 日起施行。而后在 2018 年、2021 年，该法又历经两次修正。2018 年 3 月，根据第十三届全国人民代表大会第一次会议批准的国务院机构改革方案，将国家工商行政管理总局、国家质量监督检验检疫总局、国家食品药品监督管理总局、国家发展和改革委员会的价格监督检查与反垄断执法、商务部的经营者集中反垄断执法以及国务院反垄断委员会办公室等部门的职责进行整合，组建国家市场监督管理总局，作为国务院直属机构之一。食品安全监督管理的综合协调工作由新组建的国家市场监督管理总局负责，具体工作由食品安全协调司、食品生产经营安全监督管理司、特殊食品安全监督管理司及食品安全抽检监测司等内设机构负责。而药品安全的监督管理工作则由国家药品监督管理局承担，其也由国家市场监督管理总局管理。将食品与药品的监督管理分割开来，从而明确区分了食品与药品的不同性质，使食品与药品的监督管理步入科学的管理轨道，有助于实现食品安全的长治久安。

第三节　中国和韩国进出口食品安全认证体系的比较

一、韩国食品安全认证制度

韩国的食品安全认证制度大致可以分为自愿认证制度和强制认证制度。

自愿认证制度通过韩国食品药品安全部进行，由其负责对合格的境内产品颁发生产和销售许可证，这种认证实际上也成为韩国食品进入市场的一种准入规则。韩国的食品市场并不过多强调行政准入，而是更多引入政府引导的市场自主调节，基本手段即是通过完善有公信力的食品认证体系对食品性质进行标识，通过消费者的自主选择促进食品卫生水平的整体改善。这就说明韩国的这种认证制度是市场准入和食品认证的结合。

韩国的强制认证制度包括良好农业规范认证（Good Agricultural Practice，简称 GAP 认证）、绿色无公害认证和 HACCP 认证。这三种认证主要确保食品供应链的安全性。

良好农业规范认证（GAP 认证）主要针对农产品的生产环节，通过规范化的管理确保农产品从生产到收获的全过程安全。该认证要求对生产环境、生产过程等进行规范管理，建立完整的生产记录，实施可追溯管理。

绿色无公害认证主要针对农产品生产过程的规范管理。认证标准包括生产环境要求、生产过程控制、产品质量要求等方面，通过科学管理确保产品质量安全。

HACCP 认证始于 1995 年韩国颁布的《食品卫生法》。认证范围包括食品、饮料等。随着经济和科学技术水平的发展，韩国在不同的食品领域推行 HACCP 认证。2006 年 11 月，韩国建立了 HACCP 认证中心，对食品的生产、加工、销售和消费环节实施认证管理。HACCP 认证分为自愿申请与强制申请两种，强制申请的对象是规模以上生产企业，为鼓励企业参与认证，政府提供资金支持、技术指导等支持。韩国还建立了许可追溯系统认证等其他认证制度，分别涉及食品生产或销售的不同环节。

二、中国食品安全认证制度

根据我国现行法律法规，我国食品安全认证可分为体系认证和产品（服务）认证。生产企业的认证有质量管理体系、环境管理体系等，具体有 ISO 9000 系列标准认证和 HACCP 认证。产品认证分为强制性产品认证（China Compulsory Certification，简称 CCC 认证），以及自愿性产品认证（China Voluntary Certification，简称 CVC 认证）。强制性产品认证，是指对某些特定类型的产品，制定强制性产品认证的目录。强制认证目录中并未包含食品类产品，即食品类的全部认证种类都属于自愿性认证。

三、中国和韩国 HACCP 认证体系的比较

中韩两国基础情况不同，在 HACCP 体系实施方面也存在一些不同之处，如韩国 HACCP 认证全部由官方进行，一般不将农兽药残留视为显著危害等，但就 HACCP 的基本原理和建立步骤来说，两者之间不存在大的差异。具体项目区分详情见表 6-1。

表 6-1 中韩 HACCP 认证体系比较图

比较项目	韩国 HACCP 认证	中国 HACCP 认证
法律依据	以《食品卫生法》为基础，配套相关实施细则	以食品安全相关法律法规为基础，配套 HACCP 认证管理规定
管理机构	食品药品安全部及其认证机构	市场监督管理部门及其授权的认证机构
认证性质及对象	特定食品生产企业强制实施，其他企业自愿申请	食品生产经营企业自愿申请
认证流程	申请→审核（文件审查，及必要时的现场调查）→认证→变更与管理→调查评估与监督→教育与培训	认证申请→认证受理→签订认证合同→审核策划→审核实施→认证决定→监督活动

说明：此表仅列出基本比较项目，内容均基于公开信息整理。表格中的内容应根据最新法规政策适时更新。

第四节　韩国食品进出口贸易法规政策

一、法律法规体系

韩国食品进出口贸易的法律体系以《食品卫生法》《食品安全框架法》和《对外贸易法》为基础，配套相关实施细则和标准规范，构建了食品进出口管理的基本框架。

在具体法律规范方面，《食品卫生法》规定了食品进出口的基本要求、检验检疫制度和标签标识规定等内容。《食品安全框架法》确立了食品安全管理的基本原则和制度框架。《对外贸易法》则规定了贸易管理的基本制度。

在监管机构设置方面，食品药品安全部（MFDS）作为主要监管部门负责进出口农产品、水产品和畜产品（主要负责残留有害物质基准）的安全管理，农林畜产食品部（MAFRA）负责农产品和畜产品的进出口管理，形成了多部门协作的监管体系。各部门制定相应的实施细则，细化管理要求。

二、进口食品管理制度

（一）准入管理

韩国实行进口食品准入制度管理。进口商需获得相关许可，建立食品安全管理体系，配备专业人员。在进口前，企业需提交资质证明、产品评估资料和生产工艺说明等文件进行注册登记。

注册登记内容包括企业基本信息、生产加工能力、质量管理体系、检验检测能力等方面。同时，还需要提供产品配方、生产工艺、质量标准等技术资料，以及原产地证明等相关文件。

（二）检验检疫

进口食品检验检疫采取分类管理方式，根据不同情况确定检验频率和项目。检验程序包括申报查验、现场检查、实验室检测和结果评定等环节。

检验检疫部门根据产品特性、原产地、企业信用等因素，确定具体的检验方式和内容。检验合格后出具相关证书，作为准予进口的依据。

（三）标签管理

进口食品标签管理要求使用韩文标示。标签需包含产品名称、原产地信息、生产日期、保质期、营养成分信息、储存条件和使用说明等内容。标签管理的具体要求包括标示内容、格式要求、字体大小等。进口商须确保标签信息真实准确，符合韩国相关法规要求。

三、出口食品管理制度

（一）质量控制

韩国建立了出口食品质量控制体系。出口食品生产企业需获得相关认证，对原料采购、生产过程、产品检验和仓储运输等环节进行管理。企业应建立完整的质量管理体系，包括原料控制、生产过程控制、产品检验、仓储运输等环节。同时需要建立相应的记录制度，保证产品质量可追溯。

（二）政府支持

韩国政府为支持食品出口提供服务，包括市场信息、技术指导和标准咨询等支持；协助企业参加展会、开展贸易洽谈等市场开拓活动。政府部门通过各种方式收集和发布国际市场信息，帮助企业了解目标市场的要求。同时提供技术培训和指导，帮助企业提升质量管理水平。

四、国际合作与发展

（一）双边合作

韩国通过建立食品安全合作机制推进双边合作。主要内容包括建立定期磋商制度、开展技术交流活动、实施信息通报机制等。同时，通过签署合作文件，就食品安全标准互认、检验结果互认等方面开展合作。在具体实施过程中，与贸易伙伴就食品安全管理体系、检验检测方法、风险评估等领域进行交流。

（二）多边合作

韩国参与国际食品法典委员会等国际组织活动，参与食品安全国际标准的制定工作。通过参加区域贸易协定谈判，推动食品贸易便利化发展。在标准制定过程中，提供本国实践经验，同时积极采用国际通行标准，推动标准协调统一。

（三）贸易促进

韩国通过优化通关程序，实施通关无纸化，提高通关效率。加强检验检测能力建设，配备先进检测设备，完善检测方法。建立食品追溯体系，实施全程信息化管理。通过这些措施，为食品贸易发展提供基础支持。

五、监督管理与执法

（一）日常监管

韩国实施企业信用管理制度，建立企业信用档案，根据企业信用状况实施分类管理。监管部门制定年度检查计划，对进出口企业开展定期检查。同时通过随机抽查等方式，加强日常监督检查。建立食品安全预警系统，制定应急处置预案，实施食品召回制度。

（二）违法处理

针对违法行为制定了处罚措施体系，包括警告、罚款、责令整改、吊销许可证等。执法部门按照法定程序开展调查取证工作，依法作出处理决定。建立案件信息管理系统，对违法企业实施跟踪管理。通过案例通报等方式，发挥案件警示作用。

六、进口食品通关程序

（一）申报准备

进口食品通关前，需准备相关单证材料。贸易单据包括合同、发票、装箱单、提单等；原产地证明材料包括原产地证书等；质量证明材料包括生产许可证、卫生证书、检验报告等。所有材料需符合规定要求，保证完整有效。

（二）通关流程

进口食品通关程序包括：进行电子申报，提交相关单证；海关部门进行单证审核，必要时进行现场查验；检验检疫部门按规定实施检验，出具检验结果；对合格产品办理通关手续；实施后续监管。在通关过程中实行联合查验，提高通关效率。

七、出口食品管理要求

（一）基本要求

出口食品生产企业需了解目标市场的法规要求，包括准入条件、质量标准、标签要求等。企业应建立与出口国要求相适应的质量管理体系，配备相应的生产设施和检验设备，保证生产条件符合要求。

（二）过程管理

企业应加强生产过程管理，建立原料采购控制制度，实施生产过程质量控制，执行产品检验制度。对关键控制点进行重点管理，做好相关记录。建立产品追溯系统，实现生产全过程可追溯。

（三）政府服务

政府部门通过多种方式为企业提供服务支持。定期发布国际市场信息，解读国外技术法规，提供政策咨询。组织开展质量管理培训，帮助企业提升管理水平。为企业开拓国际市场提供指导和服务

在现代农业生产中，农药的过度使用将导致土壤微生物的减少，土壤和水的污染和农药残留。过量使用化肥会导致土壤酸化、盐分积累和地表水富营养化。畜禽粪便管理不当会导致地表水富营养化甚至污染。在这样的背景下，有机农业应运而生。韩国政府认识到有机农业的潜在好处，鼓励农民发展有机农业，并通过财政奖励的方式支持有机农业的研究和推广。受日本的影响，韩国的有机农业技术与欧洲、北美、南美和大洋洲的有机农业技术不同，形成了自己的特色有机农业体系。

第五节　实践指导

一、实践任务

通过本章学习，引导学生了解中韩食品安全的监管体系，认识中国和韩国食品安全的构成要素。要求学生掌握两国在进出口食品方面的法律法规的具体内容，并尝试运用实践案例进行分析并了解中国和韩国食品安全的认证体系。收集有关案例资料，借助案例分析加强对中韩食品安全的认识，从而更好地实现课程教学目标。

二、实践步骤

（一）分组讨论并进行交流，找出分析案例中的关键问题。

（二）确定是否还需查找与已找出关键问题相关的背景资料。

（三）筛选并优化分析此案例的答题思路。

（四）明确构成小组分析逻辑的依据，并展开进一步的逻辑整理。

（五）小组形成文字报告并进行汇报。

三、实践要求

（一）彻底读懂案例——当小组分发到一篇案例时，成员需要对案例进行反复阅读，对案例中的重要信息尝试消化理解。在阅读的过程中，对案例中的背景资料、主要事实、面临的难题及难点、重要论点、重要结论和针对性的对策建议等内容进行一一记录，以方便下一个步骤的进行。

（二）分组交流讨论，大胆提出自己对问题的看法——对案例中的主要角色所面临的问题进行分析，尝试对案例所给的背景资料进行仔细阅读、筛选分类、归纳总结，若需要引证资料来佐证个人观点，可以依靠电子资料、图书馆实体资料等，获取相关领域的多方面知识，保证分析的正确性。

（三）全面并正确概括问题——在对案例进行认真分析之后，小组尝试根据案例的相关资料找出问题的症结所在，并对需要解决的问题进行正确概括，注意概括问题的逻辑性与针对性。

（四）撰写分析报告——报告中对资料的分析运用要求准确，以所学理论为指导分析资料；资料分析要求全面充实、紧扣主题、结构合理、层次清楚、中心突出。除此之外，提交的报告要注意格式规范、用词准确、表达通顺。

四、实践内容

【案例介绍】

我国泡菜出口韩国面临的技术壁垒及对策

泡菜是我国出口韩国的重要产品之一，在中国泡菜大量出口的同时，韩国对进口泡菜采取了较为严格的技术性贸易措施。环球印象韩国事业部整理了 2010 年以来我国泡菜出口韩国的受阻情况，对比了中韩两国泡菜质量安全标准，分析了我国出口泡菜应对韩国技术壁垒存在的困难及原因，并提出促进泡菜出口的对策建议。

泡菜是韩国最具代表性的传统食品，也是韩民族日常饮食中的必备食品。大约在 1 300 年的前韩半岛三国时代，中国酱菜制作工艺传入韩国，结合韩民族饮食文化逐渐演变为今日的韩国泡菜。韩国食药厅（现改组为食品药品安全部）对泡菜的定义为：以大白菜为主要原料，经腌渍、抹料、发酵的产品或其加工品。我国是泡菜出口大国，韩国是我国泡菜出口的重要目标市场，2017 年韩国进口泡菜产品中 99% 来自我国。韩国关税厅发布的贸易统计数据显示，2017 年韩国泡菜的贸易逆差为 503 亿韩元（约合 3 亿元人民币），比 2016 年增长 11%。与此同时，韩国泡菜的进出口数量差距也创下新纪录——2017 年韩国进口泡菜 27.56 万吨，是出口量的 10 倍，逆差规模已经超越了 2016 年创下的历史最高值。在中国泡菜大量出口的同时，韩国对进口泡菜采取了较为严格的技术性贸易措施。

（一）我国泡菜产品出口韩国受阻分析

1. 我国泡菜产品出口韩国口岸扣留情况

2010 年以来，韩国对我国出口泡菜产品查验较为严格，共扣留我国泡菜产品 31 批次，每年均有泡菜产品遭遇韩国口岸扣留。

韩国扣留我国出口泡菜产品的原因包括违规使用添加剂、检出异物、标示不合格等，具体包括：①防腐剂超标，主要表现为违规添加山梨酸、脱氢醋酸、丙酸、苯甲酸；②甜味剂超标，主要表现为甜蜜素、糖精钠、安赛蜜使用不规范；③着色剂超标，主要表现为违规使用胭脂红色素；④检出异物；⑤标示不合格，主要表现为检测出未申报的食品添加剂、保质期标示错误；⑥微生物超标，主要表现为大肠菌群超标。其中防腐剂超标被扣留的批次数量最多，约占总扣留批次的 52%，是导致我国泡菜出口受阻最主要的原因，需重点应对。从通报日期来看，防腐剂超标遭扣留多发生在夏季，夏季泡菜生产过程中温度控制不当或腌渍水更换不及时易造成产品保存期较短的问题，企业添加防腐剂保存产品现象时有发生。此外，甜味剂、着色剂超标，检出异物，标示不合格，微生物超标等问题也是我国泡菜出口遭遇扣留的重要原因。虽然因微生物超标而扣留的批次较少，但韩国对泡菜中致病菌及病毒的检测也较为重视。2013 年韩国食药厅提出因韩国中小学食物中毒流行，开始对中国出口到韩国的泡菜实行诺如病毒专项检查，要求贸易商在进口申报时逐批附带诺如病毒检测报告，接受口岸精密检查，大大增加了企业的出口成本。同年，韩国对我国 3 家出口泡菜企业实施致病性大肠杆菌的强化检查。因此，出口韩国泡菜企业对微生物问题也需重点关注。

2. 韩国对我国泡菜企业实地检查情况

2016 年韩国《进口食品安全管理特别法》将需实地检查的“境外生产企业”范围扩大到所有食品，拒绝实地检查的或实地检查不合格的将停止进口，此前只有畜产品和水产品生产企业需登记并接受实地检查。2017 年，韩国首次对我国出口泡菜生产企业实施实地检查，共检查 12 家企业，其中 3 家企业现场检查不合格，现场审核境外生产企业不合格率达 25.0%。2018 年共检查 8 家出口泡菜企业，其中 2 家企业检查未通过，不合格率达 25.0%。实地考察不合格的企业在出口时需接受韩国官方 100% 的抽检比例直至整改合格，若 1 年内仍旧整改不合格则中止其产品进口。据被检查企业反映，韩国官方对每个车间现场检查时间为 1 ～ 2 天，具体分为车间现场检查和文件审核。车间现场检查重点关注车间安全卫生管理状况，如排水口滤网安置、金属探测器的使用、避免交叉污染采取的措施、食品防护计划的实施及化验室的运转状况；文件资料重点审核工厂的质量管理手册、各类程序文件、产品追溯体系等。韩国实地检查的项目涵盖面广、检查时间长、关注点较多，给我国出口泡菜企业带来挑战和压力，迎接检查耗费时间、财力，检查不合格将接受一系列口岸精密检查措施，增加了泡菜企业出口成本。

（原载：宋欣欣，刘文鹏，刘书慧，等．我国泡菜出口韩国面临的技术壁垒及对策［J］．中国蔬菜，2019（06）：6-9.）

五、实践范例

我国出口泡菜应对韩国技术壁垒存在的困难及原因

出口泡菜面临日益严格的技术性贸易壁垒

近年来，韩国对进口农产品要求越发苛刻。泡菜作为韩民族日常饮食中的必备食品，成为韩国进口监控的重点产品。从我国泡菜产品遭遇口岸扣留的情况来看，韩国对泡菜中添加剂的使用要求严格，如要求泡菜产品中不得检出防腐剂、着色剂，我国泡菜产品因此多次遭遇口岸扣留。从中韩标准来看，两国对泡菜产品微生物、重金属限量和食品添加剂使用要求存在一定差异，这可能对我国泡菜产品的出口产生贸易风险。2016 年韩国颁布了《进口食品安全管理特别法》，该法规强化了全过程管理的理念，对中韩食品的检查从口岸环节延伸到产品生产时的境外实地检查，该法规的实施进一步提高了我国出口韩国泡菜的市场准入门槛。

“三低一小”制约行业后续发展

目前，我国出口韩国泡菜面临“价格低、利润低、进口商信用低、市场小”四大困境。尽管占据韩国进口泡菜的绝对市场，但因多年来采用代加工生产模式，在韩国市场自主品牌极少，也无话语权，加上企业之间相互压价，导致“质优价廉”。目前，我国出口韩国泡菜单价仅 0.50 美元每千克，而韩国产泡菜出口价为 3.36 美元每千克，价差近 7 倍。同时，生产成本上涨、本币汇率上升、辅料价格波动等因素导致我国泡菜出口利润不断下降，出口数量增长的红利基本被抵消。出口泡菜生产企业反映，目前出口泡菜利润仅为 10%，且逐年下降。

韩国坚守农业保护作为国家战略

在中韩自贸协定谈判中，韩国对农产品贸易自由化议题尤为谨慎，更是将大米、辣椒、大蒜等农产品排除在关税减让范围之外。以泡菜为例：此前出口韩国关税为 20%，根据自贸协定，至 2018 年关税仅优惠 1%，且未许诺继续减免；而根据自贸协定，我国会在 20 年内将韩国产泡菜的关税降为零。另外，韩国舆论关于加强对泡菜产业保护的呼声不断，对中国泡菜进口量快速增长紧咬不放，2018 年 1 月《韩媒亚洲经济新闻》对韩国“泡菜宗主国”的地位不保进行了报道，并提出韩国民众对看到韩国餐馆和家庭里都在用中国泡菜感到不满；《韩联社》则称其为“泡菜宗主国的耻辱”。

促进我国泡菜出口韩国的对策和建议

加强沟通协调，减少贸易摩擦

分析研究韩国相关技术性贸易壁垒措施，及时评估涉及安全卫生的新法规、新标准，积极参与 WTO/TBT 和 WTO/SPS 协议的争端解决机制。监管部门应关注韩国泡菜产品相关技术标准和监管要求，加强研究解读，及时向出口企业通报检出情况，开展面对企业的政策培训，指导企业有效规避贸易壁垒。

针对有关贸易保护措施，应加大对外交涉力度，降低技术性贸易措施造成的影响。此外，加强与韩国在泡菜产品安全技术标准、企业注册、快速通关、检验检测等方面的双边合作，实现中韩泡菜产品安全监管互认，推荐更多对韩出口企业进入韩方优秀企业名单，为企业争取更多通关便利。

提高出口企业质量管理水平，打造泡菜品牌形象

支持泡菜企业高质量发展，加强关键技术研究和标准制定，在泡菜生产、加工、销售各个环节推行标准化生产，引领产业升级，提高企业内部质量安全控制水平。发挥行业协会的示范作用，通过协会来加强行业内自律，促进企业调整产品结构，规范出口秩序，解决出口中的无序竞争、低价竞争、低端市场竞争问题。加强品牌培育和形象塑造，以优势区域品牌、龙头企业品牌带动，通过国际展会、节庆活动捆绑宣传推介我国泡菜产品品牌形象。同时，结合出口市场需求，鼓励企业积极研发新型生产设备，改良泡菜生产工艺，开发多种类型泡菜以顺应国际口味。

加大政策和资金支持力度

出口泡菜企业受资金短缺制约，提升质量安全生产管理水平的难度较大，政府应进一步加大对泡菜出口企业在政策和资金方面的扶持力度，出台财政补贴扶持、金融参股、政策性贷款、投融资支持等综合性扶持政策，加大对订单多、资信好出口企业的信贷支持力度。此外，优化资源配置以及人才、技术、政策环境，帮助经营主体做大做强。

建立“走出去”服务平台

泡菜加工业缺乏政府统一的指导、管理、规划和协调，导致产业内部协调性差，整个行业的整体竞争力下降。政府部门应加强对泡菜及相关产业的合理规划和引导，完善相关农业支撑和风险保障体系，支持企业推进实施品牌战略，提升产品附加值。跟踪韩国法律法规的调整动态和市场需求的变化，完善信息收集、预警发布机制，发动企业、行业共同应对，引导企业合理安排泡菜出口贸易。

（原载：宋欣欣，刘文鹏，刘书慧，等．我国泡菜出口韩国面临的技术壁垒及对策［J］．中国蔬菜，2019（06）：6-9.）

前沿研究

韩国食品安全监管经验对我国的参考价值

（一）完善我国食品安全监管立法

近年来，我国食品安全监管市场的法律法规体系得到了很大的完善，食品安全监管市场开始走上了真正意义上的有法可依的法治道路，但是食品安全法律法规体系仍有不断完善的空间。具体有以下几个方面。

（1）建立完善的食品安全法律法规体系，使食品安全监管做到有法可依。随着我国食品安全法律体系的不断完善，国内关于食品安全的立法不断增多。基于此，应及时对现有法律进行整合，建立门类齐全、结构严密、内在协调的食品安全法律体系。随着科技与经济的不断发展，食品市场也不断涌现出新的产品种类。为了适应食品种类的不断更迭，法律条文也应与时俱进、及时更新，确保食品市场的监管有法可依。各地方人大也应出台相关的地方性法规，以指导、落实地方性食品市场监管的行政执法，有效落实《中华人民共和国食品安全法》的具体规定。

（2）及时补充、更新我国的食品安全标准。当下经济全球化与区域经济一体化是全球经济发展的趋势，食品市场也不断涌现出新技术、新产品，必须不断完善食品安全标准，才能更好地维护食品市场的秩序。同时，转基因技术与食品添加剂等技术的发展，为食品市场带来了极大的不确定因素，为了消除不确定性因素，必须及时进行立法规制，及时完善相关鉴定标准等准则。

（3）促进食品质量安全法规、标准国际化，建立与国际接轨的食品安全法律法规体系。随着世界经济一体化和国际贸易的发展，一些国家的食品质量安全法规、标准逐渐得到其他国家的认可，不同国家倾向于达成统一的食品质量安全法规、标准，这在经济高度一体化的地区表现得尤为明显。因此，我国食品质量安全法规、标准应尽快与国际接轨，使我国食品质量安全法规、标准和世界先进的法规、标准保持同步，以促进我国食品安全立法的国际化发展。

（二）完善我国食品安全监管执法

2018 年，我国重新修正了《中华人民共和国食品安全法》，并组建了国家市场监督管理总局，负责食品市场的监管、协调等工作。食品安全监管在不断完善，但是行政执法重叠、执法效率较低、发生食品安全事故后各部门相互推卸责任的情况仍然存在，基于此，食品安全监管执法条文仍需要继续完善。应当明确各行政部门的执法依据，避免各部门依据不同的法律进行执法；明确各行政部门在执法重叠领域的联合执法准则，防止重叠执法以及出现食品安全事故后相互推卸责任的情况，更好地指导食品安全的共同行政执法。具体有以下几个方面：

（1）划定、明确各行政机构的监管范围，细化监管的具体措施。食品市场的监管涉及“从农田到餐桌”各个领域，涉及农业、加工业、运输业、贮藏业、销售业完整的监管链条，在实际行政监管过程中很容易出现重叠监管的情况。据此应当制定重叠监管联合执法的规定，详细制定联合执法细则，防止行政部门在重叠执法领域不作为，造成行政监管空白，进而出现发生食品安全事故后相互推卸责任的情况。同时，应当细化分工领域以及具体职责，明确规定行政机构的监管事宜，避免行政执法的空白与重复。

（2）树立事前预防为主的监管理念。食品安全事故频发与我国在食品市场“以罚代管”的执法方式有一定关系，对此，行政部门应当对食品安全的事前预防以及事后处理作出明确的规定。要改变事后监管为主的态度，树立以“事前预防为主，事后处罚为辅”的监管理念并完善事前预防的行政执法细则：通过不定时的抽检、完善食品备案登记、关键环节设置食品安全员等方式进行具体落实；同时要加大处罚力度，增加企业违法犯罪的成本，使企业不敢轻易逾越法律的红线。

（3）加大对流动摊贩、小作坊等的监管力度。随着经济的发展以及我国城市化进程的推进，流动摊贩的数量增长迅速，为食品市场带来了更多不稳定性因素。由于其数量多、流动性大、覆盖范围广的特点，必须加大对其的监管力度。通过设立小规模商贩登记机构、规定其原料的进货渠道、对其不定期检查等来完善监管。设置罚款、责令停产停业、吊销营业执照、行政拘留、刑事处罚等严密而具体的处罚方式，加大处罚力度，通过增加其违法成本使其不敢逾越法律的红线。建立流动商贩征信制度，在处罚不良商贩的同时在征信网站公布其相关信息。对于违法情节严重、不及时改正的商家可以强制其退出食品市场，同时将信用良好的流动商贩在网站进行公示，通过奖惩结合的方式对商家进行监管。

（原载：王玲，何玉凤，魏晨晨. 中韩食品安全监管问题比较研究[J]. 山东理工大学学报（社会科学版），2022，38（03）：45-51.）

补充阅读材料

韩国食品添加剂合规要求

为使相关企业能深入了解各国家/地区食品添加剂监管的差异，食品伙伴网前几期为大家梳理了美国、欧盟、日本、加拿大等国家/地区食品添加剂监管要求，本期介绍韩国食品添加剂合规要求。

（一）韩国食品添加剂的监管

韩国对食品添加剂定义如下："食品添加剂"是指在食品生产、加工、烹饪或保存过程中，以增加甜味、着色、漂白或防止氧化等为目的，用于食品的物质。在这种情况下，包含了用于对器具、容器、包装进行杀菌、消毒，可能间接迁移到食品中的物质。

经过韩国食品药品安全部批准的食品添加剂才可以使用，其中《食品添加剂法典》规定了在各类食品中可以使用的食品添加剂及其使用标准。针对韩国法典中未规定的食品添加剂，企业可以向韩国食品药品安全部提出申请，经食品药品安全部指定的食品试验、检查机构等的研讨决定是否认定为食品添加剂。

（二）韩国食品添加剂合规要求

韩国《食品添加剂法典》规定了在各类食品中可以使用的食品添加剂，食品添加剂的使用限量、使用范围、使用用途等都必须遵守该规定。

为更好地理解韩国食品添加剂合规要求，下面以具体实例进行说明：

硫酸铝铵能否在草莓罐头中使用?

（1）确定食品类别：草莓罐头属于果蔬制品；

（2）确认硫酸铝铵在果蔬制品中的使用。

根据《食品添加剂法典》可知，食品类别果蔬制品确认可以使用的食品添加剂含有硫酸铝铵。

（三）韩国食品添加剂的标示

韩国的《食品等的标签标准》明确规定了对食品添加剂的标识义务，以确保食品的安全性和透明度。依照这一标准，食品制造商必须在产品包装上明示所使用的食品添加剂，并采用规范化的命名方式来描述它们。这一规定使消费者能够轻松识别食品中的添加剂，并对其性质和用途有所了解。这一举措旨在确保消费者能够作出知情的购买决策，特别是对于那些可能对某些食品添加剂过敏或敏感的人群而言，其重要性不可忽视。

（原载：食品合规中心 . http://law.foodmate.net/show-219937.html）

练习与思考

一、名词解释

HACCP 认证

二、简答题

1. 韩国食品安全领域的两大基本法是什么？

2. 在以下三个方面中韩食品安全监管体系是否相同？中韩食品安全监管模式；中韩食品安全监管理念；中韩食品安全监管的职能机关。

三、论述题

1. 对韩国《食品卫生法》进行介绍。

2. 对中韩 HACCP 认证体系的区别进行比较。

参考文献

[1] 林茂峰．中韩食品安全监管制度比较研究［D］．北京：中国地质大学（北京），2019.

[2] 全国人民代表大会常务委员会关于修改《中华人民共和国道路交通安全法》等八部法律的决定［J］．中华人民共和国全国人民代表大会常务委员会公报，2021，(04)：737-841.

[3] 全国人民代表大会常务委员会关于修改《中华人民共和国产品质量法》等五部法律的决定［J］．中华人民共和国全国人民代表大会常务委员会公报，2019，(01)：66-123.

[4] 杨辉．我国食品安全法律保障体系的完善［J］．口岸卫生控制，2011，16(01)：1-8.

[5] 新修订《中华人民共和国标准化法》2018 年 1 月 1 日施行［J］．纺织检测与标准，2017，3(06)：51-55.

[6] 中华人民共和国标准化法［J］．中华人民共和国公安部公报，2017(06)：25-29.

[7] 柳经纬，聂爱轩．我国标准化法制的现代转型——以《标准化法》的修订为对象［J］．浙江大学学报（人文社会科学版），2021，51(01)：69-80.

[8] 王菁，刘文．新型食品流通标准体系构建初探［J］．食品科技，2006(06)：6-9.

[9] 李照敬，陈梅．解读新修订《中华人民共和国标准化法》的相关规定［J］．铁路通信信号工程技术，2018，15(03)：85-88.

[10] 王梦玮，廖洪波，蒲霜，等．我国食品安全国家标准体系浅析［J］．质量探索，2020，17(04)：18-22.

[11] 中华人民共和国食品安全法［J］．乳业科学与技术，2015，38(06)：38-46.

[12] 苑社强，刘亚琼．关于食品安全引发因素及控制措施的探讨［J］．河北农业大学学报（农林教育版），2010，12(04)：561-564.

[13] 齐萌 . 中国食品安全监管：历史嬗变、现实图景与未来进路［J］. 社科纵横，2020，35（12）：94-99.

[14] 马艳 .2021 年食品安全与健康热点发布［N］. 中国工业报，2022-02-08（004）.

[15] 万静 . 借助数字化全链条监管食品安全［N］. 法治日报，2021-11-25（004）.

[16] 胡志民，施延亮，戴建荣编著 . 经济法［M］. 上海：上海财经大学出版社，2006.

[17] 国务院常务会议通过《中华人民共和国食品安全法实施条例（草案）》[J]. 食品工程，2019（01）：1.

[18] 刘中勇，相大鹏，蔡纯编著 . 国内外进出口食品安全管理［M］. 北京：中国标准出版社，2016.

[19] 韩大平 . 中美食品贸易案例解析［M］. 成都：西南财经大学出版社，2018.

[20] 韩松妍 . 构建进出口食品安全国际共治格局［N］. 中国食品报，2021-08-02（001）.

[21] 马艳 .2021 年食品安全与健康热点发布［N］. 中国工业报，2022-02-08（004）.

[22] 宋华 . 中国进出口食品监管工作中的问题与对策研究［D］. 苏州：苏州大学，2017.

[23] 洪阳 . WTO 体制下食品安全法律规制研究［D］. 郑州：郑州大学，2016.

[24] 韦晓群，林伟，李建军，等 . 浅谈国际市场经济下的进出口食品安全监管［J］. 检验检疫学刊，2016，26（02）：55-58+34.

[25] 李建军，吴娟，宋晓燕，等 . 进出口食品安全"国际共治"策略研究［J］. 口岸卫生控制，2021，26（02）：43-45+58.

[26] 惟真 . 全国专业标准化技术委员会管理规定［J］. 石油工业技术监督，2009，25（04）：60-64.

[27] 陆军 . 标准化技术委员会知识简介［J］. 中国自行车，2013（03）：74-76.

[28] 朱铁辉 . 中国农业产业化的"四阶段"论［D］. 北京：中国农业科学院，2006.

[29] 陈律 . 浅谈案例教学法在营销类课程中的应用［J］. 企业家天地，2008（04）：228.

[30] 薛强 . 对新形势下标准化技术委员会风险管理工作的思考[J]. 中国标准化，2011（10）：59-61.

[31] ISO9000——基本概念［J］. 商业经理人，2001（04）：56-59.

[32] 张晓晨 . 开展质量认证　提高产品市场竞争力［J］. 农机质量与监督，2001（01）：34.

[33] 张晓晨 . 企业申请认证应考虑的问题［J］. 农业机械，2001（02）：59.

[34] 韩大平 . 中美食品贸易案例解析［M］. 成都：西南财经大学出版社，2018.

[35] 樊红平，牟少飞，叶志华．美国农产品质量安全认证体系及对中国的启示［J］．世界农业，2007（09）：39-42.

[36] 樊红平．中国农产品质量安全认证体系与运行机制研究［D］．北京：中国农业科学院，2007.

[37] 孔嘉文．美国对华反倾销研究［D］．贵阳：贵州财经大学，2013.

[38] 宋明睿．中美食品贸易发展现状及趋势研究［J］．现代营销（经营版），2020（11）：74-75.

[39] 石晶晶．中美食品贸易发展现状和未来趋势的研究［J］．纳税，2017（19）：100-101.

[40] 高帅．中美食品贸易发展现状及趋势研究［J］．今日财富（中国知识产权），2021（05）：19-20.

[41] 杨丽．美国食品安全体系［J］．中国食物与营养，2004（06）：14-17.

[42] 胡南乾．我国食品质量安全认证问题研究［D］．广州：华南理工大学，2011.

[43] 涂佳．论美国食品安全标准贸易壁垒［D］．湘潭：湘潭大学，2013.

[44] 蒋宗勇，陈琴苓，刘炜，等．中国食品安全认证现状与发展思考［J］．科技管理研究，2004（01）：8-11.

[45] GAP，从源头降低农产品质量安全风险［J］．蔬菜，2008（11）：1-4.

[46] 段孟鑫．中美农产品贸易研究［J］．黑龙江科技信息，2014（11）：244.

[47] 蒋乐．中美农产品贸易争端现状与原因分析［J］．大众商务，2009（10）：36.

[48] 吴良志．中美食品安全监管机构之比较［J］．食品与发酵工业，2005（11）：78-84.

[49] 宋大维．中外食品安全监管的比较研究［D］．北京：中国人民大学，2008.

[50] 孙伟东．对中美食品安全管理体系的比较研究［D］．烟台：烟台大学，2012.

[51] 郭华麟，韩国全．基于美国 FSMA 法规对我国食品安全监管体系的思考［J］．检验检疫学刊，2018，28（02）：30-33，10.

[52] 姚斯洁，代汉慧，李杏，等．欧盟与中国食品添加剂法规标准的对比分析［J］．职业与健康，2011，27（12）：1332-1338.

[53] 闻哲．德国的食品安全监督体制［J］．中国药品监管，2003（03）：49-52.

[54] 欧盟食品农药残留限量标准［S/OL］. https://ec.europa.eu/food/plant/pesticides/eu-pesticides-database/start/screen/mrls, 2005-02-23.

[55] 李晓晖 . 欧盟食品安全监管体系与制度 [J]. 中国公共安全（学术版），2006（04）：131-133.

[56] 赵雅玲，王殿华 . 欧盟食品安全标准对我国食品出口的影响 [J]. 国际经贸探索，2010，26（08）：65-69.

[57] 刘从新 . "洋豆" 泛滥价低廉 食用豆负重 "难堪" [N]. 粮油市场报，2020-05-19（A03）

[58] 李响 . 论我国转基因食品标识的立法规制 [J]. 山西农业大学学报（社会科学版），2021，20（05）：62-70.

[59] 刘丽霞 . 转基因食品风险法律规制的国际经验与启示 [J]. 食品与机械，2021，37（12）：76-79，131.

[60] 刘婷 . 欧盟转基因食品审慎监管经验及对我国的启示 [J]. 食品科学，2020，41（05）：282-289.

[61] 宋利芳 . 日本反倾销政策及其特点探析 [J]. 亚太经济，2006（06）：101-104.

[62] 徐世文 .2007 年度中国主要贸易伙伴技术壁垒、卫生与植物卫生措施实施情况回顾（连载四）[J]. 口岸卫生控制，2009，14（04）：57-62.

[63] 边红彪 . 中日食品安全监管机制的对比研究 [J].WTO 经济导刊，2012（09）：86-89.

[64] 边红彪，刘环，张锡全，等 . 中日食品安全监管机制对比研究 [J]. 中国标准化，2012（07）：56-59.

[65] 商务部公平贸易局 . 出口企业，这些国际贸易壁垒你了解吗？[N]. 国际商报，2008-04-15（C06）.

[66] 海关总署第 249 号令（关于公布《中华人民共和国进出口食品安全管理办法》的令）[DB/OL]. http://www.customs.gov.cn//customs/302249/2480148/3619657/index.html，2021-0 4-12.

[67] 王伟铭 . 日本、韩国反倾销法律制度研究 [D]. 天津：天津财经大学，2006.

[68] 刘咏海 . 日本的反倾销、反补贴法及其实践 [J]. 国际贸易问题，1990（05）：24-29.

[69] 苗莉青 . 对发展中国家补贴标准的认定及反补贴的适用范围 [D]. 北京：对外经济贸易大学，2006.

[70] 赵晓娜 . 入世对中国反倾销法律制度的影响 [D]. 大连：大连海事大学，2002.

[71] 韩春花，李明权 . 浅析日本的食品安全风险分析体系及其对我国的启示 [J]. 农业

经济，2009（06）：71-73.

［72］王爱兰，储诚山.日本食品安全监管体制的特点及经验借鉴［J］.东北亚学刊，2013（04）：52-54.

［73］任智华.日本食品安全监督管理体系现状分析［J］.农业经济，2010（06）：93-94.

［74］郭可汾.基于食品安全法的水产品质量安全监管［D］.青岛：中国海洋大学，2010.

［75］常燕亭.主要发达国家食品安全法律规制研究［J］.内蒙古农业大学学报（社会科学版），2009，11（05）：39-41.

［76］李南南.我国食品安全监管模式研究［D］.无锡：江南大学，2010.

［77］中华人民共和国食品安全法实施条例［J］.中华人民共和国国务院公报，2019（32）：25-33.

［78］中华人民共和国食品安全法实施条例［J］.饲料与畜牧，2019（12）：6-12.

［79］刘晓明.平原县食品安全监管问题及对策研究［D］.秦皇岛：燕山大学，2019.

［80］边红彪.日本食品管理机构的变化及其协调机制［J］.食品安全质量检测学报，2011，2（01）：26-31.

［81］中华人民共和国食品安全法实施条例［J］.口腔护理用品工业，2019，29（06）：53-58.

［82］中华人民共和国食品安全法实施条例［N］.农民日报，2019-11-01（003）.

［83］边红彪.解读2019年日本进口食品监控检查指导计划［J］.食品安全质量检测学报，2019，10（21）：7433-7437.

［84］李江华，木泰华，张蓓蓓，等.中日食品安全法律体系比较研究［J］.食品科技，2006（11）：12-16.

［85］福建省食品安全条例［N］.福建日报，2021-08-06（006）.

［86］景亚南.立法保障“舌尖上的安全”［J］.人民政坛，2017（08）：9-11.

［87］山东省人民政府办公厅关于设立山东省食品安全委员会的通知［J］.山东政报，2011（10）：31-33.

［88］本刊评论员.食品安全立法彰显立法者的智慧和温情［J］.人民政坛，2017（08）：1.

［89］李涛.食品大省因地制宜 努力确保食品安全［N］.中国食品安全报，2011-11-01（A01）.

［90］程悦.福建省公众参与食品安全治理行为及其影响因素研究［D］.福州：福建农林大学，2020.

［91］宋利芳．日本反倾销政策及其特点探析［J］．亚太经济，2006（06）：101-104.

［92］中华人民共和国食品安全法［N］．中国食品安全报，2015-04-26（E01）.

［93］中华人民共和国食品安全法［N］．人民日报，2016-03-18（019）.

［94］中华人民共和国食品安全法［J］．乳业科学与技术，2015，38（06）：38-46.

［95］杨辉．我国食品安全法律保障体系的完善［J］．口岸卫生控制，2011，16（01）：1-8.

［96］边红彪．中国食品安全监管的进程智慧和经验［J］．食品安全质量检测学报，2021，12（04）：1600-1606.

［97］王菁，刘文．新型食品流通标准体系构建初探［J］．食品科技，2006（06）：6-9.

［98］苏景玲．关注中国防伪标准化的发展进程——访全国防伪标准化技术委员会秘书长王恒义［J］．中国品牌与防伪，2006（10）：8-19.

［99］许开慧．试论“标准化”对食品质量安全的保障［J］．江苏调味副食品，2005（03）：7-9.

［100］蒋静智．建立什么样的开放分类标准——关于资料分类现代化的几点思考［J］．中国传媒科技，2004（11）：14-16.

［101］伍琳．中国食品安全协同治理改革：动因、进展与现存挑战［J］．兰州学刊，2021（02）：72-86.

［102］许博舟，魏国云，许秀丽，等．国内外肉类食品安全监管模式比较研究［J］．食品科学技术学报，2021，39（03）：167-175.

［103］许倩倩．中日韩食品贸易案例解析［M］．成都：西南财经大学出版社，2019.

［104］宋欣欣，刘文鹏，刘书慧，等．我国泡菜出口韩国面临的技术壁垒及对策［J］．中国蔬菜，2019（06）：6-9.